上市公司财务分析
——以贵州省为例

周晋兰　著

科学出版社

北京

内 容 简 介

本书作者已经连续多年对上市公司进行分析与研究，现已经积累了大量的数据及研究成果。本书通过对贵州省 2015 年 20 家上市公司公开披露的财务报告及财务信息的收集、整理、研究，对 20 家上市公司做了全面、深入的分析与评价。本书由 20 章组成，各章主要内容为公司简介、行业分析、财务报告分析、结论及建议。

本书适合作为高等院校会计学、财务管理、审计学、金融学、投资学、市场营销等专业的本科生上市公司案例分析教材，以及相关专业硕士研究生入学考试的参考教材，可作为企业、银行、证券和保险业工作者的学习参考书，也可为政府部门、证券管理部门、金融机构提供投资、融资决策的信息支持。

图书在版编目（CIP）数据

上市公司财务分析：以贵州省为例 / 周晋兰著. —北京：科学出版社，2019.2

ISBN 978-7-03-054514-5

Ⅰ.①上… Ⅱ.①周… Ⅲ.①上市公司－会计分析－研究－贵州 Ⅳ.①F279.246

中国版本图书馆 CIP 数据核字（2017）第 229396 号

责任编辑：马 跃 李 嘉 / 责任校对：贾娜娜
责任印制：张 伟 / 封面设计：无极书装

科 学 出 版 社 出版
北京东黄城根北街 16 号
邮政编码：100717
http://www.sciencep.com

北京虎彩文化传播有限公司 印刷
科学出版社发行 各地新华书店经销
*

2019 年 2 月第 一 版 开本：720×1000 1/16
2019 年 2 月第一次印刷 印张：17 5/8
字数：360 000

定价：142.00 元
（如有印装质量问题，我社负责调换）

前　　言

　　上市公司作为我国最具活力的企业群体,其发展得益于我国经济和金融体系的改革,随着我国资本市场各项功能的逐步建立健全,它也推动了我国经济和金融体制的改革,引领了一系列经济、金融体系和企业制度的变革,促进了国民经济的增长。在现代经济中,上市公司作为调整产业结构、推动区域经济发展的重要工具,已与区域经济融为一体,成为区域经济的主要组成部分。上市公司大多数是区域内的优势产业、支柱产业,规模大、业绩优的上市公司往往是区域行业的龙头,起着带动区域经济腾飞的作用。

　　贵州是我国西部多民族聚集的省份,也是贫困问题最突出的欠发达省份。为改变贫穷落后的面貌,贵州各级党委、政府和各族人民进行了长期的探索和艰苦努力。西部大开发以来,贵州抢抓机遇、加快发展,各项工作取得了长足进步,经济社会发展产生了深刻的变化。特别是近年来,贵州省委、省政府在过去工作的基础上,确立了加速发展、加快转型、推动跨越的主基调,大力实施工业强省、城镇化带动战略,全省经济社会发展呈现出发展提速、转型加快、效益较好、民生改善、后劲增强的良好态势。贵州上市公司作为贵州的支柱产业、龙头企业,对促进贵州区域经济发展、实现西部大开发发挥着不可替代的作用。

　　作者连续多年对贵州上市公司进行分析与研究,现已经积累了大量的数据及历年的研究成果。通过对贵州上市公司的分析研究,旨在为政府部门、证券管理部门、金融机构提供投资、融资决策的信息支持,为投资者及会计信息使用者提供贵州上市公司的投资价值及发展潜力的分析,为财经类院校的师生提供财务分析案例研究的范本。

　　1993 年 5 月,贵州证券登记公司成立,专职负责登记、开户、清算业务。1994 年 2 月 2 日,黔中天 A(现更名为中天城投)正式在深圳证券交易所挂牌上市。从此,在 20 多年的时间里,随着全国资本市场、证券市场、股票市场的发展壮大,贵州地方资本市场也从无到有、从小到大地逐步发展起来。1994~1999 年,贵州平均每年的证券融资量不足 4 亿元,大体只占到全国年融资总量的 1% 以下,属于证券不发达省份。2000 年以来这一状况得到了改善。以证券融资总量和上市公司数量为主要标志与突破口,贵州的区域资本市场上了一个台阶,大大缩小了与证券发达省份的差距,贵州的区域资本市场初具规模。上市公司的数量、融资总量、证券化率是衡量一个区域资本市场发展程度的重要指标。在这几方面,贵州都有了较大的发展。截至 2015 年底，贵州辖区 20 家 A 股上市公司总市值为 5009.01 亿元。

本书根据贵州上市公司披露的财务信息及非财务信息，以贵州省 2015 年 20 家上市公司为背景做全面的研究、分析与评价，其研究思路、方法、步骤如下。

（1）公司简介：上市公司简介包括公司基本情况介绍及主要经营业务介绍。

（2）行业分析：行业分析包括行业背景分析、行业发展现状分析及行业发展前景分析。

（3）财务报告分析：财务报告分析包括资产负债表、利润表及现金流量表三大会计报表的分析及财务指标分析、杜邦分析等。通过财务报告分析，可以了解上市公司资产的规模，并对上市公司资产结构、资本结构做出分析与评价；对上市公司营业收入、营业成本、利润构成及经营业绩做出分析与评价；对上市公司目前及未来现金流量的充裕性做出分析与预测；对上市公司的盈利能力、偿债能力、营运能力和发展能力等进行分析和评价。

（4）结论及建议：通过以上各个步骤的计算分析，对上市公司的财务状况、经营成果及现金流量做出全面分析与评价，对企业存在的问题提出建议，对企业未来发展可能存在的风险进行预测并提出防范措施。

由于作者水平有限，书中难免存在疏漏之处，敬请读者指正！

周晋兰

2018 年 1 月

目　　录

第1章 贵州茅台2015年报告分析

贵州茅台酒股份有限公司（以下简称贵州茅台）是全国唯一集国家一级企业、国家特大型企业、全国优秀企业（金马奖）、全国质量效益型先进企业于一身的白酒生产企业。贵州茅台酒被称为中国的"国酒"，与英国苏格兰威士忌和法国科涅克白兰地并称为"世界三大名酒"。当前中国白酒行业发生巨大变化并进入新常态，这对贵州茅台的发展前景提出新挑战，包括贵州茅台在内的中国白酒企业也应就当前市场环境变化做出积极反应，以便更好地立足市场。

1.1 公司简介

贵州茅台是由中国贵州茅台酒厂有限责任公司、贵州茅台酒厂技术开发公司、贵州省轻纺集体工业联社、深圳清华大学研究院、中国食品发酵工业研究所、北京糖业烟酒公司、江苏省糖烟酒总公司、上海捷强烟草糖酒（集团）有限公司等八家公司共同发起，并经过贵州省人民政府批准设立的股份有限公司，注册资本为18 500万元。2001年8月，贵州茅台股票（600519）在上海证券交易所挂牌上市。

公司主营贵州茅台酒系列产品的生产和销售，同时进行饮料、食品、包装材料的生产和销售，防伪技术开发，以及信息产业相关产品的研制开发。目前，贵州茅台的茅台酒年生产量已突破三万吨；43°、38°、33°茅台酒拓展了茅台酒家族低度酒的发展空间；茅台王子酒、茅台迎宾酒满足了中低档消费者的需求；15年、30年、50年、80年陈年茅台酒填补了我国极品酒、年份酒、陈年老窖的空白；茅台酒在国内独创年代梯级式的产品开发模式，形成了低度、高中低档、极品三大系列100多个规格品种，全方位跻身市场，从而占据了白酒市场制高点，称雄于中国极品酒市场。

1.2 白酒行业分析

随着我国经济发展进入增长速度换挡期、结构调整阵痛期、前期刺激政策消化期"三期叠加"的新常态，当前我国白酒行业仍处于深度调整的巩底期，面临多重挑战，白酒行业也进入新常态，这主要体现在以下几个方面：一是进入低速增长的新常态。白酒消费活跃度整体降低，进入低速增长的新常态。二是回归大众消费的新常态。去公务消费、去政务消费将是白酒行业未来的新常态，商务性消费、个人消费等大众消费将成为主流。三是开启智能营销的新常态。白酒行业将深度"触电"，利用互联网实现智能化卖酒成为新常态。四是经济发展动力和政策发生变化带来的新常态。白酒企业将从机会型向互制型、速度型向质量型，以及粗放型向集约型、精细型转变。

1.3　SWOT①分析

1.3.1　优势

一是公司拥有著名的品牌、卓越的品质、悠久的文化、独有的环境、特殊的工艺等五大优势所组成的核心竞争力。茅台的核心竞争力主要是品牌优势，作为"国酒"，茅台在国内外享有很高的声誉，其悠久的历史文化为其奠定了良好的品牌基础。多年来，茅台一直通过"巩固和塑造茅台高端品牌，做好酒文章"来提升自身品牌竞争力。多年以来，贵州茅台坚持走酒业专业化战略（差异化战略），如能有效打开国际市场，贵州茅台的发展前景将会一片光明。

二是茅台酒是中国白酒行业唯一一个集绿色食品、有机食品、国家地理标志保护产品和国家非物质文化遗产为一身的民族品牌。

三是作为白酒行业龙头，公司经过多年发展，奠定了坚实基础，具有较强的抗风险能力。

四是公司坚持质量立企，诚信经营，坚持"崇本守道、坚守工艺、储足陈酿、不卖新酒"的质量观，拥有较稳定的消费者群体基础和良好的渠道网络。贵州茅台荣膺"杰出绿色健康食品奖"，入选中欧地理标志互认产品名单。2014 年茅台获得白酒品牌网络口碑的第一名、品牌知名度第一名、质量认可度第一名，好口碑成为百姓消费新的"风向标"。

1.3.2　劣势

一是高端酒市场受到挤压。2013～2014 年我国白酒行业经历了十余年来规模和影响最大的一次行业调整，受到国内经济增速放缓、国家出台八项规定等政策影响，以贵州茅台和五粮液为代表的高端酒价格开始逐渐回落，在 2013 年出现价格腰斩之后，价格继续下落，2015 年的茅台价格在 830 元/瓶左右，挤压了次高端白酒的市场空间，泸州老窖、水井坊、沱牌舍得、酒鬼酒、郎酒、

---

① SWOT 分析是指优势（strengths）、劣势（weaknesses）、机会（opportunities）和威胁（threats）分析。

古井贡酒、洋河等次高端酒出现滞销，高端酒不再是宠儿，酒企纷纷向中低价位酒市场扩张。

二是贵州茅台酱香系列产品将面对更为激烈的市场竞争，市场份额偏小，品牌号召力偏弱。

三是传统的营销模式或渠道很难满足现行经济的需求，贵州茅台需要不断进行渠道或营销模式的创新。

四是贵州茅台主要产品税负很高，降低了利润空间，一定程度上阻碍了公司的长期发展。

1.3.3　机会

一是全球经济继续保持复苏带来新活力。我国宏观经济总体良好，发展仍处于重要战略机遇期，虽然经济增速下降和结构调整，但经济总量仍在增长，同时简政放权、财税体制、金融改革等有望激发经济增长活力。

二是"新四化"建设深入推动提供新动力。工业化、城镇化、信息化和农业现代化有利于持续、稳定扩大内需和推动消费产品的增长，从而驱动白酒消费的增长。

三是国家实施"一带一路"倡议和长江经济带、珠江-西江经济带战略带来新机遇。公司近海、近边、近江的潜在优势逐步变为现实优势。

四是白酒行业掀起混合所有制改革大潮带来新契机。

五是全球经济一体化推动中国白酒走出国门。随着我国的综合国力不断增强，在全球经济格局中扮演的角色越来越重要，中国商品越来越受到更多国家和民族的关注，像茅台这样的民族精品更是深受青睐。

六是开放、改革、创新有利于化解各种风险和成长中的烦恼。只要我们坚持改革开放，坚持不断创新，找准切入点和着力点，就能催生市场活力。

七是基础设施建设进一步改善发展环境。贵州高速公路突破 4000 千米，贵广高铁正式通车，坛茅公路已通车，中茅老路改造已完成。

八是随着依法治企的全面加强，企业的生产经营管理、品牌保护、环境整治等将在法治的轨道上运行。

1.3.4　威胁

从行业自身看，2002～2012 年，我国白酒行业发展可以说是走过了"黄金十年"。10 多年的高速增长，我国白酒行业发展困难较多，形势也较为严峻。在消费、生产、流通等环节积累了大量问题和矛盾，高端消费信心受挫，需求发生明显变化。传统营销模式受阻，新兴互联网营销模式仍不成熟。行业产能过剩与市场需求放缓的矛盾更加剧烈。假冒伪劣、虚假宣传等现象对整个白酒行业诚信造成极大影响并带来了巨大损失。

2012 年来我国出台的一系列相关政策，使白酒行业由"黄金十年"转入了"寒冬期"，行业的市场环境发生剧烈变化，这给贵州茅台带来巨大威胁和挑战。此外，生态环境风险、打假保知压力、税收负担过重等都制约着公司的发展（表 1-1）。

表 1-1　贵州茅台大事件摘要（2012～2013 年）

序号	时间	事件	影响
1	2012 年	《关于禁止使用公款消费茅台酒的提案》	在全社会引起了广泛讨论
2	2012 年底	《改进工作作风、密切联系群众的八项规定》《中央军委加强自身作风建设十项规定》	使得以茅台为首的高端白酒销售遭遇"寒冬"
3	2012 年 12 月	白酒行业"塑化剂风波"	贵州茅台的股价由曾经的 250 多元，最低曾经剧降到 198 元左右
4	2013 年 3 月	国家发展和改革委员会对茅台、五粮液开出 4.49 亿元的反垄断罚单	市场壁垒受到冲击
5	2013 年	新交通法规实施	使得各种宴会、聚餐对白酒需求大幅下降

1.4　报表分析

1.4.1　利润表分析

贵州茅台 2015 年营业收入和营业成本见表 1-2。

表 1-2　贵州茅台 2015 年营业收入和营业成本列示表　　　　单位：元

项目	本期发生额		上期发生额	
	收入	成本	收入	成本
主营业务	32 654 046 822.87	2 534 281 879.93	31 572 875 951.45	2 338 494 103.41
其他业务	5 536 902.41	4 055 569.13	1 052 579.49	56 428.92
合计	32 659 583 725.28	2 538 337 449.06	31 573 928 530.94	2 338 550 532.33

1. 营业收入分析

贵州茅台的营业收入排在同行业企业前列，仅次于五粮液，而且呈逐年上升趋势，2015 年营业收入 326.6 亿元，相对 2010 年涨幅为 280.74%。公司 2015 年年报表明，全年实现主营业务收入 326.5 亿元，同比增长 3.4%，实现归属于上市公司股东的净利润 155 亿元，同比增长 1%，符合 2014 年财务预算。这说明，贵州茅台未来发展前景良好。

2. 营业税金及附加分析

中国白酒业中，不乏泸州老窖和五粮液等老牌酒业公司曾被曝偷逃消费税款的新闻，因此我们特地留意贵州茅台的营业税金及附加这个会计科目，以探寻这个公司是否也有偷逃消费税的嫌疑（表 1-3）。

表 1-3　2015 年贵州茅台营业税金及附加明细表　　　　单位：元

项目	本期发生额	上期发生额
消费税	2 485 935 914.37	1 923 152 196.67
营业税	1 651 685.72	1 836 000.20
城市维护建设税	503 497 677.81	470 579 429.08
教育费附加	247 763 324.26	201 741 012.37
地方教育费附加	147 666 835.62	134 495 817.44
价调基金	62 655 199.62	57 189 980.29
合计	3 449 170 637.40	2 788 994 436.05

经过进一步了解得知，大部分中高端白酒公司都有设立负责销售的子公司，厂家生产出白酒之后以较低价格销售给负责销售的子公司，然后子公司再以较高价格对外出售，而白酒的消费税仅在出厂环节征收，所以很多白酒公司实际缴纳的消费税占集团合并报表营业收入的比例远低于 20%。

针对这个情况，为了避免白酒企业逃避消费税，国税函〔2009〕38 号规定，酒类企业合并报表收入的 50%～70% 应缴纳消费税，按照白酒比例税率 20% 计算，在未包括从量税的基础上，当期的消费税额至少要占收入的 10% 以上。

贵州茅台 2015 年年报显示，其营业税金及附加为 34 亿元（其中消费税为 25 亿元），占营业收入的 10.56%，因此基本可以消除其偷逃消费税的嫌疑。

3. 销售费用分析

2011～2015 年贵州茅台销售费用占营业收入的比重为 3%～6%，其中 2015 年销售费用约为 14.8 亿元，占营业收入的比例为 4.55%（表 1-4）。

表1-4　贵州茅台营业收入与销售费用明细表

项目	2011 年	2012 年	2013 年	2014 年	2015 年
营业收入/元	18 402 055 500.21	26 455 251 445.86	30 921 391 282.59	31 572 875 951.45	32 659 583 752.28
销售费用/元	720 327 727.89	1 224 553 444.02	1 858 132 722.71	1 674 733 451.06	1 484 961 519.21
销售费用占营业收入的比例/%	3.91	4.63	6.01	5.30	4.55

　　销售费用理论上来说应与营业收入成正向关系，但是通过比较表1-4中贵州茅台 2011～2015 年销售费用与营业收入两者数值可以发现，2013～2014 年，营业收入持续上升时，销售费用不升反降，这似乎很不符合逻辑。下面我们进一步对其原因进行分析。

　　通过市场调查，我们发现 2012 年底八项规定等政策的实施，使得贵州茅台公费消费这一块"蛋糕"巨额缩水，2013 年销售量开始下滑，贵州茅台很多专卖店在生意不佳的情况下，选择关门。所以"专卖店装修费"在 2012～2015 年中比重下降，没有单列出来（表1-5）。

表1-5　贵州茅台销售费用明细表　　　　　　　　单位：元

项目	2011 年	2012 年	2013 年	2014 年	2015 年
广告宣传及市场拓展费用	524 552 721.21	1 053 385 321.02	1 660 674 349.72	1 493 135 352.99	1 231 606 744.51
运输费用及运输保险费用	58 514 109.65	85 463 500.21	89 219 997.51	86 005 826.10	117 065 865.85
促销费用	46 831 796.36	—	—	—	—
营销差旅费、办公费	18 597 806.31	28 782 704.10	38 797 836.42	37 996 484.94	43 486 842.34
货物运输保险费用	16 958 585.91	—	—	—	—
打假费用	15 258 879.72	—	—	—	—
专卖店装修费	6 679 990.00	—	—	—	—
业务招待费	2 764 751.30	—	—	—	—
其他	30 169 087.43	56 921 918.69	69 440 539.06	57 595 787.03	92 802 066.51
合计	720 327 727.89	1 224 553 444.02	1 858 132 722.71	1 674 733 451.06	1 484 961 519.21

　　"业务招待费"这项比较敏感的项目，在我国大力倡导反腐倡廉的大环境下贵州茅台也没有选择单列进行说明，而是放在"其他"项目中。明细表（表1-5）中还显示，"广告宣传及市场拓展费用"占销售费用超过 70%，2015 年高达 82.9%，

这也是受贵州茅台要打造国酒品牌的差异化竞争战略和提供强力度的市场推广抵抗 2013 年以来的行业调整期进而安全度过行业"寒冬"所驱动的。因为身处当代商业社会,酒香也怕巷子深,适度投放广告,保持曝光率很有必要,贵州茅台 2012 年初投入超过 5 亿元竞得央视的新标王。同时,贵州茅台在内的一线酒企官方旗舰店悉数加入电商平台,标志着白酒行业第一次整体迈向"互联网营销"模式,不断探索尝试新的模式,寻求多元化营销渠道,拓展产品销路。

1.4.2 资产负债表分析

贵州茅台资产负债表主要项目结构见表 1-6。

表 1-6 贵州茅台资产负债表主要项目结构百分比分析 单位:%

项目	2011 年	2012 年	2013 年	2014 年	2015 年
货币资金	52.30	49.03	45.42	42.07	42.64
应收账款	0.01	0.04	0.00	0.01	0.00
预付款项	5.33	8.61	7.76	4.35	1.71
存货	20.59	21.48	21.35	22.74	20.87
流动资产合计	79.74	80.50	75.61	72.22	75.32
持有至到期投资	0.17	0.11	0.09	0.09	—
长期股权投资	0.01	0.01	0.01	—	
固定资产	15.55	15.13	15.37	15.75	13.23
无形资产	2.32	1.92	6.43	5.44	4.15
非流动资产合计	20.26	19.50	24.39	27.78	24.68
资产总计	100.00	100.00	100.00	100.00	100.00
短期借款	—	—	—	0.09	—
应付账款	0.49	0.77	0.51	1.07	1.02
预收款项	20.13	11.31	5.49	2.24	9.57
应付职工薪酬	1.65	0.60	0.47	1.50	1.13
流动负债合计	27.16	21.17	20.39	16.01	23.23
长期借款	—	—	—	—	—
非流动负债合计	0.05	0.04	0.03	0.03	0.02
负债合计	27.21	21.21	20.42	16.03	23.25
未分配利润	57.12	63.78	64.87	69.17	63.59
所有者权益合计	72.79	78.79	79.58	83.97	76.75
负债和所有者权益总计	100.00	100.00	100.00	100.00	100.00

1. 货币资金

贵州茅台的货币资金非常充足，2011～2015 年货币资金占总资产比重在 40% 以上，充分说明贵州茅台产品畅销，货币资金回笼良好，2015 年贵州茅台资产总额 863 亿元，货币资金高达 368 亿元。

一般来说，这种情况是由多方面原因造成的。例如，公司具有超强的盈利能力，能持续不断地创造利润；公司赚取的利润能很好地转化成现金流入；公司所在的地区投资渠道不畅，或者因为公司高级管理人员过于谨慎，不愿过多地再将资金投资到资本市场和其他能产生较高回报的项目。接下来的分析将一一验证以上推测是否成立。

2. 应收账款分析

贵州茅台应收账款从 2011～2015 年其数值和占总资产的比重很低，说明贵州茅台产品畅销，主要以现金销售为主。

通过研读 2015 年贵州茅台年报附注，我们得知应收账款减少主要是子公司本期收回应收销售款所致。特别是 2012 年底八项规定的出台，使得贵州茅台调整其现金管理，回收应收销售款，增强其现金保有能力，以应对 2013 年以来的行业深度调整期。

通过贵州茅台 2015 年的财务报表附注中摘取的应收账款的账龄分析表（表 1-7）我们可以看出，账龄为 5 年以上的应收账款占应收账款总额的 82.6%，这部分账款几乎无法收回，通过附注我们得出该部分主要来源于云南昆明远威经贸有限公司、天津飞萌实业有限公司、上海国际名酒发展有限责任公司、云南省富源县泰宇经贸有限责任公司、深圳友谊商场等经销商。

表 1-7　贵州茅台 2015 年应收账款账龄分析表

账龄	期末余额/元	坏账准备/元	计提比例/%
1 年以内（含 1 年）	—	—	
1～2 年	—	—	
2～3 年	—	—	
3～4 年	41 307.99	16 523.20	40.00
4～5 年	588 526.00	382 541.90	65.00
5 年以上	2 981 784.04	2 981 784.04	100.00
合计	3 611 618.03	3 380 849.14	93.61

3. 预付款项分析

与应收账款形成鲜明对比的是，贵州茅台 2011～2015 年预付款项的数额大大高于应收账款，2012 年为 38.72 亿元，占公司总资产的 8.61%，2015 年下降为 14.78 亿元（表 1-8）。

表 1-8　贵州茅台 2015 年预付款项按账龄列示

账龄	期末余额		期初余额	
	金额/元	比例/%	金额/元	比例/%
1 年以内（含 1 年）	503 796 785.77	34.09	1 905 185 178.63	66.52
1～2 年	416 087 585.15	28.16	638 816 360.66	22.30
2～3 年	383 904 910.98	25.98	288 833 501.99	10.08
3 年以上	173 945 578.00	11.77	31 375 363.00	1.10
合计	1 477 734 859.90	100.00	2 864 210 404.28	100.00

4. 金融资产分析

可供出售金融资产增加主要是由于公司参与投资设立贵州茅台集团电子商务股份有限公司。报表显示，贵州茅台没有交易性金融资产和可供出售金融资产，没有房地产存货，也没有投资性房地产，只有少量（仅 5000 万元的）持有至到期投资（主要为商业银行次级定期债券和国债），2015 年年报附注中得知，持有至到期投资减少主要是商业银行次级定期债券到期收回所致。

2015 年，贵州茅台拥有货币资金 368 亿元，为什么不仿照雅戈尔等企业，将其投入到资本市场或者近年来无比热门的房地产市场，以赚取更多的利润呢？这是否说明公司在一定程度上没有很好地充分运用盈余资金进行投资管理呢？

我们认为，除去管理层的风险理念和资金管理水平的因素外，更加重要的原因应该是目前我国资本市场的体系还不够完善，不适合一般的投资者进行投资。再加上国内投资者进入国外资本市场的渠道不够顺畅，所以贵州茅台持有大量现金却拥有极少金融资产这一现象是可以理解的。

此外，在进行公司战略分析的时候我们提到茅台酒业的主要战略是"坚持打造国酒品牌和世界蒸馏酒第一品牌"，这或许说明贵州茅台的管理层志在坚守主业，不愿意过多涉及多元化。公司主业的毛利率和净利率都比房地产行业的高，所以管理层没有进入房地产行业也是可以理解的，毕竟进入这么一个与主业不相关且需要投入大量资金的行业存在巨大的风险。

5. 短期借款和长期借款分析

贵州茅台的短期借款和长期借款数额为零，只有少量长期应付款，说明公司没有对外举债。因为公司没有过多投资与主业不相关且需要大量资金的产业，而且本身拥有大量资金，足够支持企业的运营，所以不需要举债。

6. 预收款项分析

从公司 2015 年年报看，虽然收入和利润有所下降，但预收款项达到 82.6 亿元，环比三季度末增加 26.6 亿元，较 2014 年底增加 68 亿元，说明贵州茅台蓄水池持续蓄水，经销商打款意愿、现金回笼能力不断增强，从 2014 年 6 月底的 5.4 亿元持续增长到 2015 年的 82 亿元，说明白酒行业自 2012 年调整以来到 2015 年，贵州茅台作为龙头企业凭借品牌力已率先走出低谷，经营情况不断向好。

1.4.3　现金流量表分析

表 1-9 显示，贵州茅台 2011～2015 年连续 5 年的经营活动产生的现金流量净额为正数，且基本呈现连年增加的态势，投资活动产生的现金流量净额为负数、筹资活动产生的现金流量净额为负数，说明贵州茅台产品适销对路、销售能力强、货币回笼能力强，可以用经营活动产生的现金流量进行投资和支付股利。

表 1-9　贵州茅台现金流量净额

项目	2011 年	2012 年	2013 年	2014 年	2015 年
经营活动产生的现金流量净额	10 148 564 689.53	11 921 310 609.25	12 655 024 861.92	12 632 522 436.60	17 436 340 141.72
投资活动产生的现金流量净额	−2 120 418 049.91	−4 199 476 298.27	−5 339 311 399.95	−4 580 159 580.19	−2 048 790 264.59
筹资活动产生的现金流量净额	−2 661 850 366.87	−3 914 524 622.85	−7 385 971 074.47	−5 041 426 729.33	−5 588 019 638.61
期末现金及现金等价物余额	5 366 296 272.75	3 807 309 688.13	−70 257 612.50	3 005 486 960.09	9 783 256 706.81

表 1-10 显示，贵州茅台从 2011～2015 年连续 5 年的现金流入主要是经营活

动产生的现金流入，经营活动产生的现金流入占总现金流入的 97% 以上，可以看出贵州茅台现金流入量以经营活动为主，说明其造血功能非常强。在经营活动产生的现金流入量中，又以销售商品、提供劳务收到的现金为主，说明贵州茅台的产品畅销、货币资金回笼良好、货币资金充裕。

表 1-10　贵州茅台现金流入结构分析表　　　　单位：%

项目	2011 年	2012 年	2013 年	2014 年	2015 年
经营活动现金流入小计	99.10	97.52	97.96	99.36	99.68
投资活动现金流入小计	0.90	1.18	2.03	0.35	0.26
筹资活动现金流入小计	0.00	1.30	0.02	0.29	0.05
现金流入合计	100.00	100.00	100.00	100.00	100.00

表 1-11 显示，贵州茅台从 2011～2015 年连续 5 年的现金流出主要是经营活动产生的现金流出量，经营活动产生的现金流出占现金流出合计的 64% 以上，说明贵州茅台的资金主要占用在经营活动中，2012～2013 年投资活动现金流出量所占比重有所提高，说明贵州茅台在进行投资以获取更多的收益。筹资活动的现金流出量 2015 年较 2014 年比重有所提升，由于贵州茅台没有向银行申请长、短期借款，该项现金流出主要是回报股东所支付的现金股利，由此可见贵州茅台的派现比例是较高的。

表 1-11　贵州茅台现金流出结构分析表　　　　单位：%

项目	2011 年	2012 年	2013 年	2014 年	2015 年
经营活动现金流出小计	73.26	66.23	64.07	69.89	74.41
投资活动现金流出小计	12.50	17.36	16.24	14.39	7.10
筹资活动现金流出小计	14.24	16.41	19.69	15.73	18.49
现金流出合计	100.00	100.00	100.00	100.00	100.00

1.5　经营业绩评价

1.5.1　盈利能力分析

表 1-12 显示，2011～2015 年，贵州茅台的销售毛利率基本保持在 92% 左右，

然而销售净利率则与销售毛利率有些出入，但总体也保持 30%左右，但 2012 年除外，我们看到，2012 年销售毛利率保持在 92.27%时，其销售净利率却跌至 14.95%，但贵州茅台销售净利率 2014 年、2015 年迅速恢复，甚至超越 2011 年的水平。这说明虽然 2012 年出现盈利能力下降现象，但贵州茅台对市场反应迅速，盈利空间大，盈利效率得以提升，盈利能力好。

表 1-12　贵州茅台盈利能力指标分析表　　　　　　单位：%

项目	2011 年	2012 年	2013 年	2014 年	2015 年
销售毛利率	91.57	92.27	92.90	92.59	92.24
销售净利率	25.22	14.95	38.30	32.58	29.43
净资产收益率	26.19	20.97	55.47	38.36	30.04
总资产利润率	24.34	17.55	36.41	21.86	18.26

1.5.2　营运能力分析

表 1-13 显示，2011～2015 年，贵州茅台的应收账款周转率呈现出大范围波动，特别是 2013 年急剧攀升至 17 882 次，是 2012 年的 497 倍，说明贵州茅台赊销行为比较少，这与贵州茅台采取经销商预付款项再销售商品的特有销售模式有关。

表 1-13　贵州茅台营运能力指标分析表　　　　　　单位：次

项目	2011 年	2012 年	2013 年	2014 年	2015 年
应收账款周转率	13	36	17 882	213	201
存货周转率	0.26	0.26	0.21	0.18	0.16
流动资产周转率	1.41	1.78	1.42	0.49	0.26
固定资产周转率	3.84	4.38	4.16	3.50	3.14
总资产周转率	0.97	1.17	0.95	0.67	0.62

贵州茅台存货周转率保持在 0.16～0.26，说明贵州茅台销售能力较好，但 2013～2015 年略有下降，验证前面 2013 年行业处于进行深度调整期的解释。

1.5.3　偿债能力分析

表 1-14 显示，2011～2015 年，贵州茅台流动比率远远高于国际公认标准 200%，

速动比率也远远高于国际公认标准 100%，说明短期偿债能力强。资产负债率低于
国际公认标准 50%，说明长期偿债能力强，但是，较低的资产负债率也意味着贵
州茅台没能充分利用财务杠杆。

表 1-14　贵州茅台偿债能力指标分析表　　　　　　　　单位：%

项目	2011 年	2012 年	2013 年	2014 年	2015 年
流动比率	293.54	380.26	370.84	451.17	324.18
速动比率	217.73	278.80	266.15	309.08	234.35
资产负债率	27.21	21.21	20.42	16.03	23.25

1.5.4　发展能力分析

表 1-15 显示，贵州茅台 2011 年经营业绩快速增长，2011 年净利润增长率
高达 73.23%。2012 年，党中央和中央军委出台了八项规定、禁酒令等相关政策，
贵州茅台经营业绩增速放缓。2015 年，随着白酒行业的复苏，贵州茅台的营业
收入较 2014 年略有回升，贵州茅台凭借其"著名的品牌、卓越的品质、悠久的
文化、独有的环境、特殊的工艺"五大核心竞争力，继续保持白酒行业的领先
地位。

表 1-15　贵州茅台成长能力指标分析表　　　　　　　　单位：%

项目	2011 年	2012 年	2013 年	2014 年	2015 年
营业收入增长率	58.19	43.76	16.88	2.11	3.44
净利润增长率	73.23	51.44	13.97	1.91	1.14
总资产增长率	36.95	39.56	24.47	25.34	19.75
资本积累率	36.40	28.93	23.24	18.79	31.01

1.6　结论及建议

贵州茅台始终坚持"酿造高品位的生活"使命及"坚持打造国酒品牌和世界
蒸馏酒第一品牌"的目标，致力于为消费者提供高品位的产品、服务和文化，为

员工创造高品位人生，为股东提供丰厚的回报，努力成为各利益相关方最信赖的合作伙伴，奉行"大品牌有大担当"理念，塑造值得尊敬的企业公民形象。

根据企业战略规划，未来贵州茅台将坚持"稳中求进，提速转型"的总方针，深入贯彻落实"三个转型，五个转变"，继续推进"发展壮企、改革促企、质量立企、管理固企、环境护企、科技兴企、和谐旺企、安全稳企、人才强企、文化扬企"战略实施，引领带动贵州酒业和地方经济社会发展，努力承担社会责任，为巩固和提升茅台酒世界蒸馏酒第一品牌地位而努力奋斗。

贵州茅台将牢牢把握发展酱香酒这一主导产业地位不动摇，以"做强茅台酒，做大系列酒"为战略定位，坚定茅台酒高品质、高品位的路线，保持高端白酒优势地位，确保高端市场稳定增长；同时进行下属子、副品牌的有机整合、升级，实施"大力培育中坚品牌"战略，推进营销模式转型，至少打造两个系列酒品牌成为全国化中高端品牌，成为公司的主要业绩增长点，实现中低端市场有效扩张。最终形成品牌占优、价格领先、销量抗衡的市场格局，确保贵州茅台在中国白酒市场，特别是在酱香酒市场的绝对领先地位。

黎星恋　周晋兰

第 2 章　中天城投 2015 年报告分析

中天城投集团股份有限公司（以下简称中天城投）是贵州省首批上市公司和全省唯一一家房地产上市公司，同时也是贵州省两个具有一级开发资质的企业之一，无论土地资源储备、开发规模、资金实力，还是企业的影响力、治理结构、管理基础，始终保持贵州省内房地产行业龙头企业的地位，是贵州省房地产著名品牌。中天城投在中国房地产行业内也具有较高的知名度和区域代表性，是万科企业股份有限公司（以下简称万科）等国内知名房地产企业发起的"中城联盟"首批成员企业。中天城投在贵州省会城市成功地开发了中天花园、中天广场、中天·世纪新城、中天·托斯卡纳等多个贵阳标志性大型房地产项目，中天城投目前在贵州省房地产市场处于领军地位，有较高的知名度和美誉度。

2.1　公　司　简　介

中天城投是由贵阳市城镇建设用地综合开发公司进行资产整合之后成立的一家大型房地产公司，公司创建的时间是 1994 年，在 2008 年 1 月 31 号这一天，公司正式由世纪中天投资股份有限公司更名为中天城投集团股份有限公司，这一过程是经过国家有关部门批准的，具有法律效应。自 2008 年 2 月 5 日开始，公司的股票名称被简化成"中天城投"。

现阶段，中天城投是一家综合实力非常强劲的大企业，公司经营的项目已经遍及社会的方方面面，但房地产行业依旧是公司的龙头产业，从销售房子到物业的管理，中天城投以其优美的小区环境、合理的产型结构及优质的物业服务赢得了消费者的信赖。

2.2　房地产行业现状

2.2.1　房地产需求超出市场预测，供大于求

2015 年商品住房总库存达 39.96 亿平方米，其中，期房库存即在建房待售面积 35.7 亿平方米，去化周期达 4.5 年，现房待售面积方面，库存 4.26 亿平方米，去化周期为 23 个月。值得注意的是，按照最大合理库存存销比例，商品住房合理

总库存仅为 22 亿平方米，其中，现房库存去化周期 18 个月，面积为 3.21 亿平方米，期房去化周期 24 个月，面积为 15.78 亿平方米。

2.2.2　房地产市场"结构性过剩"问题突出

当前我国住房市场一个很突出的问题是，住房市场发展严重失衡，结构性过剩与结构性短缺并存。一线城市住房供求矛盾突出，房价畸高；三四线城市及部分二线城市住房市场呈现阶段性过剩，库存高企，房价下跌。2015 年全国住宅待售面积继续高位攀升，全国住宅市场去库存压力依然较大。在需求大量释放及供应端减量的双重作用下，去库存效果显现，多地库存量下滑。在全国库存量上涨的背景下，一线及大部分重点城市库存量减少，说明三四线城市库存量未减反增，整体来看城市间分化明显。

2.2.3　中央银行降准、降息，放宽金融政策

近年来，我国房地产行业增速放缓，2015 年，为促进经济稳步发展，金融环境由稳健趋于宽松。在国家一系列政策的刺激下，房地产行业呈现缓慢复苏的趋势。中央银行五次降准、五次降息，一方面使更多资金流向市场；另一方面，降低购房还贷成本，对需求入市有较大的刺激作用。同时，中央 330 新政策中降低二套房贷款比例有利于楼市去库存化。

在楼市利好政策刺激下，一线及重点城市新房交易量火爆，三四线城市住宅市场依然疲软。2015 年全国住宅市场整体上并未出现成交量大涨现象，全国住宅销售量与 2014 年相比略有下降。

2.3　报 表 分 析

2.3.1　资产负债表分析

近年来，中天城投的资产总额增长较快，资产总额从 2011 年的 180 亿元上升到 2015 年的 554 亿元，说明中天城投近年来发展势头良好。中天城投的资产以流动资产为主，从 2011 年起，流动资产占资产总额的比重在 75% 以上，尤其 2014 年，流动资产占资产总额的比重高达 87.29%。在流动资产中主要是存货，说明中天城投积压了大量的在建房屋及已建成的房屋，目前各房地产公司大量开发建设商品房，大量的库存会带来较大的风险（表 2-1）。[①]

---

① 因表中项目太多，本书中表格中的项目未完整列出。

表 2-1　资产负债表主要项目　　　　单位：元

项目	2011 年	2012 年	2013 年	2014 年	2015 年
货币资金	1 193 425 396.14	2 140 915 510.56	3 922 532 603.15	5 203 869 876.15	8 354 909 133.76
存货	11 082 409 535.60	18 640 288 399.32	25 340 058 501.83	30 138 459 933.93	33 011 881 278.83
流动资产合计	13 625 709 049.59	21 975 124 528.11	31 448 099 210.60	37 879 263 192.15	43 842 327 829.63
非流动资产合计	4 385 051 655.65	3 923 384 228.18	5 002 390 572.85	5 515 695 919.78	11 557 818 079.18
资产总计	18 010 760 705.24	25 898 508 756.29	36 450 489 783.45	43 394 959 111.93	55 400 145 908.81
预收账款	4 369 844 326.57	8 221 708 609.23	13 569 815 612.91	14 084 514 857.51	11 103 960 793.83
流动负债合计	12 777 224 481.92	16 408 871 581.05	23 683 651 799.86	27 398 604 045.04	29 090 573 425.57
非流动负债合计	2 776 462 940.52	6 862 758 446.26	9 112 913 113.70	8 361 034 309.33	13 351 383 529.34
负债合计	15 553 687 422.44	23 271 630 027.31	32 796 564 913.56	35 759 638 354.37	42 441 956 954.91
所有者权益合计	2 457 073 282.80	2 626 878 728.98	3 653 924 869.89	7 635 320 757.56	12 958 188 953.90
负债和所有者权益总计	18 010 760 705.24	25 898 508 756.29	36 450 489 783.45	43 394 959 111.93	55 400 145 908.81

中天城投资本结构以负债为主，除 2015 年外，中天城投的资产负债率均在 80% 以上，中天城投的负债以流动负债为主，其中流动负债主要是预收账款，说明中天城投产品具有较强的品牌影响力（表 2-2）。

表 2-2　资产负债表主要项目结构百分比分析　　　　单位：%

项目	2011 年	2012 年	2013 年	2014 年	2015 年
货币资金	6.63	8.27	10.76	11.99	15.08
存货	61.53	71.97	69.52	69.45	59.59
流动资产合计	75.65	84.85	86.28	87.29	79.14
非流动资产合计	24.35	15.15	13.72	12.71	20.86
资产总计	100.00	100.00	100.00	100.00	100.00
预收账款	24.26	31.75	37.23	32.46	20.04
流动负债合计	70.94	63.36	64.97	63.14	52.51
非流动负债合计	15.42	26.50	25.01	19.27	24.10
负债合计	86.36	89.86	89.98	82.41	76.61
所有者权益合计	13.64	10.14	10.02	17.59	23.39
负债和所有者权益总计	100.00	100.00	100.00	100.00	100.00

2.3.2 利润表分析

近年来，中天城投营业收入增长幅度较快，营业收入从 2011 年的 33 亿元增长到 2015 年的 154 亿元，说明其品牌影响力较强（表 2-3）。净利润增长主要来源于营业利润的增长，表明公司的盈利发展趋势较为稳定（表 2-4）。

表 2-3　利润表主要项目　　　　单位：元

项目	2011 年	2012 年	2013 年	2014 年	2015 年
营业收入	3 330 444 457.55	3 554 251 620.07	7 576 260 479.98	11 390 908 365.34	15 386 094 716.52
营业成本	2 086 353 785.11	2 345 106 798.60	4 399 260 738.54	7 826 568 792.39	9 933 455 294.09
营业税金及附加	326 439 106.77	328 409 749.35	846 341 417.71	1 009 459 094.01	1 530 913 944.41
销售费用	214 624 444.87	318 051 568.56	391 509 589.95	462 651 514.09	521 168 619.45
管理费用	210 210 686.44	252 854 085.89	324 653 188.88	296 028 818.16	562 838 610.11
财务费用	9 144 405.22	107 540 642.88	184 783 635.29	108 495 699.36	163 302 543.06
营业利润	470 838 860.99	190 681 850.89	1 387 231 372.32	1 664 860 546.27	2 687 296 144.47
利润总额	732 573 929.44	601 023 150.91	1 470 578 529.39	2 130 819 785.71	2 920 529 555.64
净利润	529 681 045.93	438 339 795.35	1 081 723 398.19	1 602 307 796.95	2 614 337 250.99

表 2-4　利润表主要项目结构百分比分析　　　　单位：%

项目	2011 年	2012 年	2013 年	2014 年	2015 年
营业收入	100.00	100.00	100.00	100.00	100.00
营业成本	62.64	65.98	58.07	68.71	64.56
营业税金及附加	9.80	9.24	11.17	8.86	9.95
销售费用	6.44	8.95	5.17	4.06	3.39
管理费用	6.31	7.11	4.29	2.60	3.66
财务费用	0.27	3.03	2.44	0.95	1.06
营业利润	14.14	5.36	18.31	14.62	17.47
利润总额	22.00	16.91	19.41	18.71	18.98
净利润	15.90	12.33	14.28	14.07	16.99

2.3.3 现金流量表分析

从表 2-5 可知，除了 2014 年，公司经营活动产生的现金流量净额均为负数，说明中天城投近年来销售房屋收到的现金不足抵补经营活动中产生的各项开销，经营活动创现能力不容乐观，现金流量紧张。2011～2015 年，投资活动产生的现金流量净额均为负数，表明企业在经营活动现金流量不理想的情况下仍然不断追加投资，寻求新的利润增长点。除 2014 年外，筹资活动产生的现金流量净额均为正，表明企业主要依靠对外筹资来解决资金问题。考虑到中天城投正在进行战略转移，通过负债筹资和股权筹资方式对外筹集大量资金，如果战略转移失败，公司将面临非常大的偿债风险（表 2-5）。

表 2-5　现金流量净额分析　　　　　　　　　单位：元

项目	2011 年	2012 年	2013 年	2014 年	2015 年
经营活动产生的现金流量净额	−1 642 826 054.65	−1 552 449 429.31	−162 271 416.23	1 598 977 866.87	−97 348 571.05
投资活动产生的现金流量净额	−73 325 986.06	−179 160 319.99	−1 814 694 820.03	−158 988 432.51	−4 771 396 054.18
筹资活动产生的现金流量净额	886 312 713.83	2 679 099 863.72	2 230 383 328.85	−648 652 161.36	8 572 855 530.23

2.4　杜邦分析

近年来，中天城投股东权益报酬率维持在较高水平，除 2012 年以外，其余 4 年的股东权益报酬率均高于 20%。通过表 2-6 杜邦分析计算表可以看出，中天城投销售净利率均高于 10%，总资产周转率从 2013 年起逐年提升，说明近年来中天城投资产得到充分利用，成本费用控制也较为理想。但同时也应看到中天城投的权益乘数远远高于国际公认标准（权益乘数国际公认标准为 2），说明中天城投负债经营，债务风险较高，应引起管理层足够的重视（表 2-6）。

表 2-6　杜邦分析计算表

项目	2011 年	2012 年	2013 年	2014 年	2015 年
销售净利率/%	15.90	12.33	14.28	14.07	16.99
总资产周转率/次	0.22	0.16	0.24	0.29	0.31
权益乘数	7.33	9.86	9.98	5.68	4.28
股东权益报酬率/%	25.64	19.45	34.20	23.18	22.54

2.5　结论及建议

近年来，我国房地产行业高速发展，已经出现了供大于求的局面，许多地方的楼市已经进入了滞销的阶段。市场需求也在放缓，造成了房地产过剩的局面。中天城投应对房地产需求现状作深入调研，不应盲目扩大开发，应避免过多存货，防止房产积压、现金流短缺等危险情况发生。对于内部，中天城投更要优化结构、理顺发展方略、明确自己的目标，从而为企业的发展提供更广阔的空间。

2.5.1　营业利润稳步增长，品牌效应彰显

国家政策向西部的倾斜及贵阳正在进行的新区开发、轻轨修建等城市建设及旅游城市的打造，间接地带动了房地产行业的发展。因此，贵阳的房地产行业虽然在近几年有所波动，但总体上看是稳中有进的。中天城投作为贵阳唯一一家上市房地产企业，享有当地政策扶持、政策优惠是较大的，中天城投的营业收入、营业利润稳定增长。

2011～2015 年，中天城投预收账款占资本总额的比重均超过 20%，2015 年中天城投资本总额 554 亿元，预收账款 111 亿元，占资本总额的 20%，说明中天城投在贵州信誉良好，赢得了消费者的信任，能够吸引消费者对中天城投的投资。目前房地产业之间的竞争已经不单纯是价格战，业主在买房时已经从单纯看价格转移到看品牌，中天城投应继续树立良好的企业形象，在楼盘设计、企业管理、品牌塑造方面下功夫。

2.5.2　资产负债率过高，财务风险加大

2011～2014 年中天城投资产负债率高达 80%以上，2015 年资产负债率较 2014 年略有下降，但也高达 76.61%，远高于行业均值，说明在 2011～2015 年的发展中，长期债务压力很大。中天城投目前正在推进大健康、大金融战略，需要通过融资进行投资。现金流量表（表 2-5）中中天城投除了 2014 年，经营活动产生的现金流量净额均为负数，说明企业尽管销售额逐年增长，但由于购地成本较高，现金流入不能抵补现金流出，经营活动现金流量存出缺口，需要依赖融资进行经营活动和投资活动。在 2015 年，企业发行 59 亿元的债券，新增 58 亿元的长期借款和 17 亿元的短期借款，并将大部分投放于大金融、大健康产业。企业 2015 年货币资金总额为 83 亿元，不考虑应付账款的情况下，其货币资金也已经不足以偿

还借款和债券总额。可以预计在今后的几年，依然需要对金融和健康产业进行大量资金投入，企业也只有依靠不断地融资进行资金筹集。

　　建议中天城投应加强市场评估这个环节，不能盲目扩大开发，应避免过多存货，防止房产积压、现金流坏死等危险情况发生。对于内部，更要优化结构、理顺发展方略、明确自己的目标，从而为企业的发展提供更广阔的空间。

胡双燕　周晋兰

第3章 黔源电力 2015 年报告分析

　　贵州黔源电力股份有限公司（以下简称黔源电力）作为贵州第一家电力上市公司，自成立发展至今资产规模已达近两百亿元。作为贵州水电行业支柱性企业，其发展所产生的影响力巨大。本章通过对其 2011～2015 年的财务报告进行分析，发现在其强劲发展的同时，也暴露出关系到企业发展命脉的问题。本章结合财务数据，综合运用科学的财务报表分析框架，针对其发展所存在的问题提出相应的研究对策。同时本章也对水电行业的发展背景及发展趋势进行了总结与展望。

3.1 公 司 简 介

3.1.1 公司发展历程

　　黔源电力是于 1993 年 10 月 12 日经贵州省体制改革委员会批准，由贵州省电力投资公司、国能中型水电实业开发公司、贵州新能实业发展公司、贵州省普定县资源开发公司联合发起，以定向募集方式成立的股份有限公司。2005 年 3 月 3 日公司股票"黔源电力"（股票代码 002039）在深圳证券交易所成功发行上市，黔源电力成为贵州省第一家电力上市公司，同时，也是中国华电集团公司控股的四家上市公司之一。目前，黔源电力控股企业有三家，即贵州北盘江电力股份有限公司、贵州北源电力股份有限公司、贵州西源发电有限责任公司。各控股企业情况如下：贵州北盘江电力股份有限公司由黔源电力控股 51%，主要负责贵州北盘江干流梯级流域水电开发；贵州北源电力股份有限公司由黔源电力控股 51.94%，主要负责芙蓉江干（支）流梯级流域水电开发；贵州西源发电有限责任公司由黔源电力控股 30%，主要负责贵州北盘江流域善泥坡水电站开发。

3.1.2 公司经营范围

　　公司成立以来，致力于贵州"两江一河"（北盘江、芙蓉江、三岔河）流域梯级水电开发，截至 2015 年 6 月底，公司已经建成投产九座大中型水电站，装机容量 3230.5 兆瓦，资产规模 181 亿元。其中，光照电站 1040 兆瓦、董箐电站 880 兆瓦、马马崖电站 558 兆瓦、引子渡电站 360 兆瓦、善泥坡电站 185.5 兆瓦、普定电站 84 兆瓦、鱼塘电站 75 兆瓦、清溪电站 28 兆瓦、牛都电站 20 兆瓦。目前，公司已发展成为以水电开发建设和生产经营管理为主的大型发电企业。经过二十多年的努力，公司的总资产由成立之初的 9025.6 万元，发展到现在将近 200 亿元。2009 年 4 月，黔源电力、贵州黔源引子渡发电有限责任公司被贵州省国家税务局、贵州省地方税务局评为 2006~2007 年贵州省 A 级纳税信用企业，并被授予《纳税人信用 A 级证书》。2015 年公司总资产达到 182.30 亿元，主营业务收入达到 269.99 亿元，经营活动产生的现金净流量 21.84 亿元，实现税收 5.04 亿元。

3.2 行业现状分析

3.2.1 国家政策分析

国家能源局公布的《水电发展"十三五"规划（征求意见稿）》中指出，"十三五"期间，水电将保持合理建设规模：全国新开工常规水电和抽水蓄能电站各 6000 万千瓦，共计 1.2 亿千瓦；新增投产水电 6000 万千瓦，2020 年水电总装机达到 3.8 亿千瓦，其中常规水电 3.4 亿千瓦，抽水蓄能 4000 万千瓦；年发电量 1.25 万亿千瓦时，折合标煤约 4 亿吨，在非化石能源消费中的比重维持在 50% 以上；"西电东送"能力不断扩大，2020 年水电送电规模达到 1 亿千瓦。预计 2025 年全国水电装机容量达到 4.7 亿千瓦，其中常规水电 3.8 亿千瓦，抽水蓄能约 9000 万千瓦；年发电量 1.4 万亿千瓦时。"十三五"期间，水电建设投资需求约 5000 亿元，其中大中型常规水电约 3500 亿元，小水电 500 亿元，抽水蓄能 1000 亿元。同时，2014 年，财政部下发《关于大型水电企业增值税政策的通知》（财税〔2014〕10 号）。对大型水电企业给予增值税优惠政策：装机容量超过 100 万千瓦的水力发电站（含抽水蓄能电站）销售自产电力产品，自 2013 年 1 月 1 日至 2015 年 12 月 31 日，对其增值税实际税负超过 8% 的部分实行即征即退政策；自 2016 年 1 月 1 日至 2017 年 12 月 31 日，对其增值税实际税负超过 12% 的部分实行即征即退政策。

3.2.2 发展条件分析

贵州全省水能资源丰富、分布广泛、潜力大、开发条件好。贵州河流分属长江、珠江两大流域，大于 10 千米的河流就达 984 条。由于河网密度大，河流坡度陡，天然落差大，产水模数高，故而水能资源丰富。全省水能理论蕴藏量达 1874.5 万千瓦，占全国总量的 2.8%，少于西藏、四川、重庆、云南等省（自治区、直辖市），排名全国第六位，按单位国土面积占有量计，拥有 106 千瓦/平方千米，是全国平均水平的 1.5 倍，列居第三。水能可开发量 1683 万千瓦，占全国可开发总量的 4.4%，其中大型、中型电站分别达 1009 万千瓦与 419 万千瓦。

中国 70%的水能资源集中在西南地区，但大多分布在海拔高、交通条件差、人口稀少、电力外输距离长等不利开发的区域，而贵州可开发的水能则地处祖国西南中心的有利地段，对于实施"西电东送"较之其他省（自治区、直辖市）具有较大的优势。由此可见，水力发电在我国市场前景相当广阔，就贵州省来看，水力发电更是前景巨大。对黔源电力这种以水力发电相关项目为主要业务的企业来说，无疑是巨大利好消息，将会极大程度促进企业的持续发展，同时主业的市场广阔、前景光明，在极大程度上对黔源电力的综合发展将起到促进作用。所以黔源电力的发展前景就目前来看还是十分利好的。

3.2.3　风险分析

1. 经营风险

利用自然水利资源进行经营的企业，在经营上有很大不确定性，因为自然资源是不可控制、很难预测的。随着全球气候的不断变化，其不确定性越来越大。现阶段水力发电依靠的水利资源基本上都是地表水，很大程度上来自降水，不同年份、不同月份降水量都会有差别，对未来的降水量更是不能准确预测，所以这给企业经营也带来了极大的不确定性。

2. 政策性风险

虽然在上述国家政策中提出，要利用地区丰富的水利资源，大力发展水力发电产业，扩大装机容量，但随着经济发展，水力发电修建的各种电站也被人们和各专家学者质疑。就像世界瞩目的三峡大坝，虽然项目宏伟、雄冠古今，每年所带来的电力资源惠及千家万户，但随着经济发展也在不断备受质疑，它对生态环境、地质和下游航运等的影响始终引发讨论。我们暂且不考虑这些问题是否会发生，起码人们已经开始思考这些大规模水电站对人们生产、生活所带来的不可忽视的威胁。

3.3　报　表　分　析

3.3.1　利润表分析

利润表是反映企业在一定期间生产经营成果的财务报表。通过利润表我们可以了解企业的经营成果和获利能力，了解企业成本控制水平，了解企业各项费用的开支比例。

根据表 3-1 和表 3-2 数据我们可以发现，黔源电力 2011 年营业利润为负，净利润也为负，其比例大致相当，2012 年、2014 年、2015 年营业利润为正时，净利润也为正，且比例大致相同。所以对于黔源电力来说，利润构成主要为营业利润。显然可以看出黔源电力的利润是靠其主业来支撑，这是一个正常企业健康发展的体现。同时，黔源电力 2014 年和 2015 年净利润率保持在 20% 以上，而 2015 年三峡水利的营业利润率仅为 14.86%，由此可见，黔源电力的经营业绩良好。

表 3-1　黔源电力利润表简表　　　　　　单位：万元

项目	2011 年	2012 年	2013 年	2014 年	2015 年
营业收入	97 687	177 149	101 742	214 712	269 994
营业成本	47 806	79 217	53 081	96 647	117 075
管理费用	4 053	3 851	3 760	3 998	4 590
财务费用	56 537	64 360	58 819	63 681	78 642
营业利润	−12 245	26 859	−15 692	46 553	65 755
利润总额	−11 966	26 378	−15 968	53 682	72 795
净利润	−12 053	24 644	−15 890	51 110	63 348

表 3-2　利润表结构百分比分析　　　　　　单位：%

项目	2011 年	2012 年	2013 年	2014 年	2015 年
营业收入	100	100	100	100	100
营业利润	−12.53	15.16	−15.42	21.68	24.35
利润总额	−12.25	14.89	−15.69	25.00	26.96
净利润	−12.34	13.91	−15.62	23.80	23.46

总体来看，黔源电力营业收入与营业利润呈上升趋势，2013 年由于主汛期遭遇特大干旱，年发电量减少 42.65%，主营业务收入同比下降 42.92%，又加上巨

大的财务费用，直接导致 2013 年净利润为负值。但 2014 年和 2015 年净利润的增长幅度超过了营业收入的增长幅度，说明黔源电力成本费用控制较好，为黔源电力提供了较大的利润空间（表 3-3）。

表 3-3　利润表趋势分析（以 2011 年为基期年度）　　　　单位：%

项目	2011 年	2012 年	2013 年	2014 年	2015 年
营业收入	100	181.34	104.15	219.80	276.39
营业利润	100	219.35	−128.15	380.18	536.99
利润总额	100	220.44	−133.44	448.62	608.35
净利润	100	204.45	−131.83	424.04	525.58

3.3.2　资产负债表分析

资产负债表是反映企业在一定日期财务状况的会计报表。通过对资产负债表进行分析可以了解企业资产规模，了解企业资产结构、资本结构。

黔源电力资产总额 2011～2014 年呈稳步上升的态势，2015 年资产总额比 2014 年略有下降。近年来，黔源电力资产总额以非流动资产为主，非流动资产占资产总额的比重高达 90%以上。2015 年资产总额 182 亿元，货币资金占资产总额的比重仅 1.30%，2.38 亿元，非流动资产占资产的比重高达 93.90%，资产变现能力极弱，经营风险巨大。黔源电力 2015 年年报中披露的在建工程转固定资产 43.7 亿元直接造成 2015 年固定资产占比达到 92.90%。由此可以发现，黔源电力以稳步发展的脚步，不断扩大资产规模和扩大生产。同时，重资产型企业发展往往会受其资产结构的影响，一般很难实现转型，并且其固定资产占比巨大，导致每年资产减值、折旧等所计提的费用相当大，直接影响了企业的利润总额。而重资产型企业资产耗费速度较快，固定资产购入或自建的成本又非常大，所以这对重资产型企业的资金链提出了很高要求。一旦资金链断裂将产生不可估量的后果。所以重资产结构对与黔源电力类似的企业来说也是潜在的威胁（表 3-4 和表 3-5）。

表 3-4　黔源电力资产负债表简表　　　　单位：万元

项目	2011 年	2012 年	2013 年	2014 年	2015 年
货币资金	21 598	17 989	24 739	50 776	23 768
流动资产合计	27 629	27 068	32 204	119 252	111 120
固定资产	1 371 916	133 516	1 320 119	1 284 910	1 693 611

续表

项目	2011 年	2012 年	2013 年	2014 年	2015 年
在建工程	137 261	215 908	345 462	437 502	3 696
非流动资产合计	1 523 197	1 566 917	1 684 764	1 741 661	1 711 875
资产总计	1 550 826	1 593 985	1 716 969	1 860 914	1 822 996
流动负债合计	226 163	184 504	214 433	210 075	169 973
长期借款	1 000 310	1 053 270	1 164 045	1 253 690	1 216 737
非流动负债合计	1 000 914	1 053 862	1 164 625	1 261 264	1 223 414
负债合计	1 227 077	1 238 366	1 379 058	1 471 340	1 393 387
股东权益	323 749	355 619	337 911	389 574	429 609
负债和股东权益总计	1 550 826	1 593 985	1 716 969	1 860 914	1 822 996

表 3-5　黔源电力资产负债表简表结构百分比分析　　单位：%

项目	2011 年	2012 年	2013 年	2014 年	2015 年
货币资金	1.39	1.13	1.44	2.73	1.30
流动资产合计	1.78	1.70	1.88	6.41	6.10
固定资产	88.46	8.38	76.89	69.05	92.90
在建工程	8.85	13.55	20.12	23.51	0.20
非流动资产合计	98.22	98.30	98.12	93.59	93.90
资产总计	100.00	100.00	100.00	100.00	100.00
流动负债合计	14.58	11.58	12.49	11.29	9.32
长期借款	64.5	66.08	67.80	67.37	66.74
非流动负债合计	64.54	66.11	67.83	67.78	67.11
负债合计	79.12	77.69	80.32	79.07	76.43
股东权益	20.88	22.31	19.68	20.93	23.57
负债和股东权益总计	100.00	100.00	100.00	100.00	100.00

　　同时通过分析其资本结构发现，黔源电力资本结构中负债所占的比例一直保持在 80%左右，同期的三峡水利资产负债率则保持在 65%左右，2015 年更是下降到 47.55%，而行业平均水平则保持在 60%左右。相对行业来说，黔源电力资产负债率处于较高水平。资产负债率比较高时，说明企业大量资金来源于负债，归属于企业自身的资金较少，一旦企业资金链发生断裂，不能及时偿还债务，将导致企业破产。同时，资产负债率过高会进一步导致融资困难，进一步加大企业融资成本。黔源电力虽然属于国有企业，但其资产负债率过高同样会危及企业的生存发展。

　　由表 3-6 分析得知，黔源电力资产负债率相对较高，但分析其负债结构可知其主要负债来源于长期借款，而进一步查找公司报表附注中对长期借款的说明发现，其大多用的是质押贷款和信用贷款。例如，2014 年公司财务报告中披露长期借款 125 亿元，其中质押借款高达 122 亿元，而 2014 年黔源电力资产总额为 186 亿元，信用贷款 3 亿元。前面已经提到，黔源电力属于重资产型企业，所以其为了获得发展所需的流动资金，只能采取质押的方式进行融资，由此看来，黔源电力的固定资产在很大程度上已经存在风险。不过通过对黔源电力 2011～2015 年利润表的分析发现，其营业收入总体正在逐年上升，又加之国字号的信用保障，所以，黔源电力的债务危机近期出现的可能性不大。

表 3-6　黔源电力负债结构百分比分析

项目	2011 年	2012 年	2013 年	2014 年	2015 年
长期借款/万元	1 000 310	1 053 270	1 164 045	1 253 691	1 216 737
负债合计/万元	1 227 077	1 238 366	1 379 058	1 471 340	1 393 387
长期借款占负债比率/%	81.52	85.05	84.41	85.21	87.32

3.3.3　现金流量表分析

　　现金流量表是反映企业在一定会计期间现金和现金等价物流入与流出的报表。通过分析现金流量表可以了解企业的收支和偿债能力，了解企业的现金流量并预测企业未来的现金流量。通过相关指标的计算还可以进一步了解现金流量的充裕程度。

　　分析现金流量表，关键是看企业来自经营活动的现金净流量，最理想的现金流量是由经营活动所带来的现金净流量为正数。经营活动产生现金净流量为正数说明企业销售商品、提供劳务收到的现金足以抵补经营活动的日常开销，并有剩余的现金流量用于偿还债务或进行投资。

　　根据表 3-7 中数据发现，自 2011 年以来，黔源电力经营活动产生的现金净流量均为正值，投资活动产生的现金净流量均为负值，直接说明了黔源电力经营业绩不断提升，经营规模不断扩大，投资活动中大量资金用于在建工程建设。2011～2015 年年报所披露的数据显示，每年在建工程的增长率保持在 7%左右，主要用于电站的建设，公司的规模不断扩大，到 2015 年其固定资产净额已经达到 169 亿元。而对于筹资活动来说，黔源电力 2011～2014 年筹资收入稳定在 20 亿元以上，筹资所支付的费用也在 20 亿元左右。2015 年筹资收入为 17 亿元，筹资支付的费用高达 36.60 亿元，由于 2015 年经营业绩较好，销售商品、提供劳务带来的收入大幅增高，才弥补了这巨大的资金缺口。前面已经分析到黔源电力资产负债率在 80%左右，这对企业发展来说不是一个好的信号，如果自然原因导致经营业绩突然大幅下降，很大可能将导致资金链断裂，持续经营中断，给企业带来巨大灾难。

表 3-7　黔源电力现金流量净额分析　　　　　　　　单位：万元

项目	2011 年	2012 年	2013 年	2014 年	2015 年
经营活动产生现金净流量	94 634	146 238	73 447	125 738	218 396
投资活动产生现金净流量	−141 152	−112 421	−123 781	−121 399	−47 507
筹资活动产生现金净流量	−38 894	−37 426	57 084	21 699	−197 897
现金及现金等价物净增加额	−85 412	−3 609	6 750	26 038	−27 008

从现金流入结构分析表（表 3-8）中可以发现，2011~2013 年黔源电力现金流入主要来源于筹资，这与企业的在建工程增加是分不开的，黔源电力筹集的资金主要用于在建工程的投资。2013~2015 年数据显示，由经营活动所带来的现金流入占企业现金流入的比重基本呈增长趋势，由筹资活动带来的现金流入占比逐年下降，由此可见，黔源电力已经步入发展中期，大量在建工程转固定资产、投入生产给企业带来了巨大的营业收入。同时，由投资活动带来现金流入占比规模很小，也说明企业主业所带来的收入已经成为企业收入的主要构成部分，企业经营步入正轨。

表 3-8　黔源电力现金流入结构分析　　　　　　　　单位：%

项目	2011 年	2012 年	2013 年	2014 年	2015 年
经营活动现金流入小计	38.82	47.07	32.12	40.83	63.88
投资活动现金流入小计	0.46	0.47	0.51	0.28	0.30
筹资活动现金流入小计	60.72	52.36	67.37	58.89	35.82
现金流入小计	100	100	100	100	100

通过对现金流出结构的分析，由表 3-9 中数据可以直观地看出黔源电力明显受其高资产负债率的影响，每年大量的支出用于筹资活动。同时 2011~2014 年投资活动造成的现金流出比重稳定在 30%左右，主要是由于企业前期在建工程的投入。2015 年仅为 9.85%，根据其 2015 年财务报告，当期在建工程同比减少 99.16%，在建电站投产运营，经营活动现金流出达到新高，同时当年经营活动带来的现金流入占比达到 63.88%，超越历史各期。由此也可以发现表 3-2 与表 3-3 是匹配的，

这也印证了企业已经步入良性发展，经营业绩逐年提升。但其筹资活动的现金流出又是企业不容忽视的潜在风险（表 3-9）。

表 3-9　黔源电力现金流出结构分析　　　　　　　　单位：%

项目	2011 年	2012 年	2013 年	2014 年	2015 年
经营活动现金流出小计	8.23	12.99	12.23	15.72	16.40
投资活动现金流出小计	34.15	26.36	35.06	26.78	9.85
筹资活动现金流出小计	57.62	60.65	52.71	57.50	73.75
现金流出小计	100	100	100	100	100

3.4　经营业绩评价

3.4.1　盈利能力分析

根据表 3-10 数据发现，黔源电力销售毛利率总体平均在 50%，总体呈上升趋势，说明黔源电力利润空间还是比较可观的。营业利润率、销售净利率与净资产收益率总体呈上涨趋势，2013 年因自然原因主汛期大旱，致使年销售收入大幅下降，而大量的借款致使财务费用并没有下降，从而导致营业利润率为负值。通过对盈利能力指标的分析也进一步印证了黔源电力 2011～2015 年经营业绩较好，获利能力较强，企业总体发展势头良好。

表 3-10　黔源电力盈利能力分析　　　　　　　　单位：%

项目	2011 年	2012 年	2013 年	2014 年	2015 年
销售毛利率	51.06	55.28	47.83	54.99	56.64
营业利润率	−12.54	15.16	−15.42	21.68	24.35
销售净利率	−12.34	13.91	−15.62	23.80	23.47
净资产收益率	−0.01	6.93	−4.70	13.12	14.75

3.4.2　营运能力分析

通过对表 3-11 分析发现，黔源电力总资产周转率基本保持在 11 次以上（2011 年和 2013 年由自然原因引起的主营业务急剧下降导致总资产周转率出现较大变化），说明企业总资产利用率相对较好。与同行业的企业相比，如三峡水利同期的总资产周转率分别为 32 次、31 次、41 次、36 次、33 次，同期固定资产周转率分别为 8 次、65 次、72 次、69 次、62 次，同期应收账款周转天数为 7.91 天、9.74 天、6.75 天、5.78 天、7.36 天。对比发现，黔源电力的主要资产质量指标没有达到市场最佳，处于市场中等水平，还有较大的提升空间，应收账款周转天数虽然有小幅提升，但对于黔源电力来说影响不大，因为其应收款项结构构成中应收票据所占的比重较大，并且在逐渐加大。总体来看，黔源电力的主要资产质量还是比较有说服力的（表 3-11）。

表 3-11　黔源电力营运能力分析

项目	2011 年	2012 年	2013 年	2014 年	2015 年
总资产周转率/次	6.30	11.11	5.93	11.54	14.81
固定资产周转率/次	7.12	13.27	7.71	16.71	15.94
应收账款周转率/次	35.56	59.10	33.01	36.68	24.38
应收账款周转天数/天	10.13	6.09	10.91	9.81	14.76

3.4.3　偿债能力分析

从偿债能力方面分析,黔源电力过高的资产负债率肯定是不利于企业偿债的。国际上一般认为 60% 的资产负债率是比较合适的，能够充分发挥财务杠杆效应，而过高的资产负债率往往是企业偿债能力风险较大的体现。在 2011～2013 年黔源电力资产负债率为 80% 左右，而流动比率仅为 15% 左右，明显此阶段黔源电力的偿债能力风险较大，但 2014～2015 年随着经营业绩的提升，流动比率和速动比率大幅提升，资产负债率也有小幅下降，可以看出黔源电力 2014～2015 年已经步入稳固发展阶段（表 3-12）。（注：由于行业性质的原因，黔源电力每期末存货余额都非常小，所以流动比率与速动比率大致相同。）

表 3-12　黔源电力偿债能力分析　　　　　单位：%

项目	2011 年	2012 年	2013 年	2014 年	2015 年
资产负债率	79.12	77.69	80.32	79.07	76.43
流动比率	12.22	14.67	15.02	56.77	65.38
速动比率	12.08	14.64	15.01	56.77	65.30

3.4.4 发展能力分析

通过对表 3-13 分析发现，黔源电力主营业务的变化波动较大，受自然因素影响较大，这在一定程度上加大了企业的经营风险。但同时净资产的增长主要来源于股权权益的增长，查阅黔源电力 2011～2015 年年报可以发现归属于母公司的股东权益逐年增加，并且增加幅度逐渐加大，这是企业经营业绩提升的表现。

表 3-13　黔源电力发展能力分析　　　　　　　　　　单位：%

项目	2011 年	2012 年	2013 年	2014 年	2015 年
营业收入增长率	−32.43	81.34	−42.57	111.04	25.75
净利润增长率	−186.41	—	−164.48	—	23.94
净资产增长率	6.51	9.84	−4.98	15.29	10.28
总资产增长率	−2.73	2.78	7.72	8.38	−2.04

3.5　SWOT 分析

黔源电力作为贵州水电行业重要企业，在自身价值提升的同时也为贵州经济发展做出了极大的贡献。其所创造的电力资源为贵州工业发展起到了巨大的促进作用。所以，黔源电力如何保持良性发展就显得尤为重要。结合 2011～2015 年黔源电力年度财务报告，运用 SWOT 分析法对其发展前景进行综合分析。

3.5.1　优势

黔源电力依托贵州充足的水利资源进行企业经营，水是大自然给予人类最大的馈赠，不仅孕育了生命，同时还是我们生活所必需的资源，而水力发电又是人类对水资源使用用途的又一重大发现。贵州拥有充足的水利资源，全省水能理论蕴藏量达 1874.5 万千瓦，占全国总量的 2.8%，水能可开发量 1683 万千瓦，占全国可开发总量的 4.4%，其中大型、中型电站分别达 1009 万千瓦与 419 万千瓦。

3.5.2　劣势

贵州作为中西部山区城市，经济欠发达，自古有"天无三日晴、地无三尺平、人无三分银"的谚语，这充分说明了贵州经济发展所存在的巨大障碍。而水力发电需要的科技水平相对较高，资金投入巨大，同时，作为发电行业，最主要的是电力的输送，而贵州的喀斯特地貌又成为巨大阻碍，输送线路建设成本巨大。在黔源电力年度报告中也发现，资产负债率高达 80%左右，长期借款金额巨大，这在一定程度上制约了水电行业的发展。

3.5.3　机会

实施"十三五"规划以来，我国明确提出促进中西部经济发展战略，水利发展行业尤其重视西南地区的建设，习近平总书记提出贵州发展应以生态为底线，而在工业发展中水力发电无疑比火力发电更为清洁，其存在市场会更大，政府会加大投入。同时，2014 年，财政部下发《关于大型水电企业增值税政策的通知》（财税〔2014〕10 号）。对大型水电企业给予增值税优惠政策：装机容量超过 100 万千瓦的水力发电站（含抽水蓄能电站）销售自产电力产品，2013 年 1 月 1 日至 2015 年 12 月 31 日，对其增值税实际税负超过 8%的部分实行即征即退政策；2016 年 1 月 1 日至 2017 年 12 月 31 日，对其增值税实际税负超过 12%的部分实行即征即退政策。这对于黔源电力发展来说是巨大的机遇。

3.5.4　威胁

虽然水力发电受到国家发展的重视，符合"十三五"规划，但其市场同样存在潜在威胁。随着经济的发展、科技水平的提高，水电行业的竞争越来越激烈，这就要求企业的发展成本进一步加大，同时由于市场中发电的方法越来越多样化，市场中的总体供应量不断加大，将导致市场的疲软。

3.6　结论及建议

2015 年黔源电力紧抓"西电东送""黔电送粤"的发展契机，大力推进"两江一河"水电项目的开发。2015 年受自然降水与新装机容量影响完成发电量101.04 亿千瓦时，同比增长 25%。实现营业收入 269 994 万元，同比增长 25.75%，利润总额 72 795.35 万元，同比增长 35.6%。在取得这些成绩的同时，通过对黔源电力 2011～2015 年财务报告的分析，发现其企业经营发展存在以下问题，这些问题可能会对黔源电力的持续经营带来潜在威胁。

3.6.1　存在的主要问题

1. 资产负债率过高

虽然 2015 年黔源电力财务报告披露，资产规模达到 182 亿元，但其长期借款高达 121.7 亿元，资产负债率为 76.43%，资产负债率较高。黔源电力又是重资产型企业，流动资产在资产总额中占比很小，而企业大部分长期借款靠固定资产质押的方式获得，企业的主要营业收入依靠自然资源，而自然水利资源又有很大的不确定性、不可估计性，当降水大幅变化时，直接造成主营业务收入变化，而高额的财务费用并不会因此而变化，此时企业发生资金链断裂的风险将大大增加。

2. 企业经营业务过于单一

黔源电力是重资产型企业，固定资产占比巨大，流动资产占比较少，这加大了经营危机。所以黔源电力是典型的经营单一化企业，这种经营模式虽然有利于其主业的发展，但不利于风险的分散，况且黔源电力本来就是依靠水资源进行经营的，自然资源的不确定性更是不可估计，这无疑进一步加大了其经营风险。

3. 借款比例过大导致财务费用居高不下

根据黔源电力 2011~2015 年利润表（表 3-1）分析来看，每年支出的财务费用都在 5 亿元以上，并且呈增加趋势，2015 年达到 7.86 亿元，可见黔源电力由于融资花费的资金数额巨大，以这么大笔的财务费用，以及固定资产总额的增加来看，说明企业不断融资扩大经营规模，但同时也给企业带来了巨大风险。根据黔源电力 2015 年现金流量表数据，由经营活动带来的现金净流入量为 21.84 亿元，而筹资活动支出金额为 36.60 亿元，显然黔源电力要想继续维持经营，就不得不继续融资借款，这又将导致财务费用的继续增加，一旦其经营业绩出现大幅波动，将会给企业的资金链带来巨大危机。继续如此经营下去，黔源电力将会如塔尖的蝴蝶，只要有风吹动，就要拼命挣扎。

3.6.2　解决对策

1. 调整资本结构，进而调整资产结构

目前黔源电力的发展规模已经非常庞大，这主要是由于之前每年在建工程以一定比例增加，在建工程的投入资金来源主要是靠借款，这造成了高资产负债率。

通过黔源电力 2015 年财务报告我们发现，在建工程减少 99.16%，说明大部分在建工程转固定资产。所以，企业应该就现在的规模继续经营，减少在建工程的开发投入，先稳固其发展，产生稳固的收益，使资产负债率降到正常水平。进而转变资产结构，适当提高流动资产在资产总额的占比，提升企业应对突发风险的能力。

2. 制定适合企业发展的多元化经营战略，实现经营多元化

在当今快速发展的时代，任何企业如果故步自封，不进行多元化探索，给企业带来的损失或风险将会是巨大的。就黔源电力来说，其主营业务是电力资源销售，而电力资源又很大程度上依赖于自然降水，自然降水的不确定性又无法估计，如果黔源电力只将电力销售作为其主业，那么风险无疑将会是巨大的。所以黔源电力实现多元化经营最重要的作用是实现风险的分散，以达到稳定其发展根本的目的。同时制定适合于企业自身发展的多元化经营战略往往也会给企业带来意想不到的经济或其他方面的收益，使企业从一柱擎天成长为枝繁叶茂的参天大树。

南向飞　周晋兰

第4章 中航重机 2015 年报告分析

中航重机股份有限公司（以下简称中航重机）在原贵州力源液压股份有限公司（以下简称力源液压）的基础上，成为以航空技术为依托、军民共用的高新技术装备制造和新能源投资企业。中航重机的愿景是"成为全球高端装备基础产业的一流服务商"，即通过大力发展与高端装备相关的锻铸、高端液压集成、新能源等基础产业，为全球客户提供优质的产品与服务。中航重机隶属中国航空工业集团公司，是中国航空工业企业首家上市公司，被誉为"中国航空工业第一股"。经过 20 多年的发展，中航重机秉承"航空报国，强军富民"宗旨，践行"敬业诚信、创新超越"理念，不断发展壮大，已成为国内外具有较强系统竞争优势的上市公司。多年来，公司以航空技术为基础，大力拓展军民品市场，成为中国实力强劲的高新装备制造企业。

4.1 公司简介

中航重机是由力源液压更名形成，力源液压是于 1996 年 10 月经贵州省（市）人民政府黔府函〔1996〕第 211 号文件和中国国家证券监督管理委员会证监发字〔1996〕269 号文件批准，由贵州金江航空液压有限责任公司（以下简称金江公司）独家发起募集设立的股份有限公司。1996 年 11 月力源液压在上海证券交易所上市。2009 年，力源液压更名为中航重机股份有限公司，公司证券简称也相应变更为中航重机，证券代码保持不变，仍为 600765。

4.2 行业背景分析

2015 年我国提出"中国制造 2025"的战略构想，进一步明确推动装备制造业向智能化转型升级，依靠科技创新、降低能源消耗、减少环境污染、提高经济效益、提升竞争能力，进而实现可持续发展。国家"十三五"规划的建议中继续明确了发展装备制造、新能源等战略和新兴产业。"十三五"规划期间，航空武器装备规模交付与新装备研制将进入新的高峰期，航空防务产品制造业具有稳定的市场空间。国内航空运输市场将保持年均 8%的增长，通用航空市场潜力将被进一步释放，公务机市场复苏，民用领域对直升机的需求飞跃式增长。据空中客车公司 2013 年预测，未来 20 年全球新增民用飞机需求量约为 2.9 万架，总价值达 4.4 万亿美元，国际航空转包市场潜力巨大。这些政策环境及行业发展需求为中航重机主营业务的增长带来了新的历史机遇和动力。

4.2.1　锻铸产业专业化、产品高端精密化是未来发展趋势

随着我国经济建设的发展，国内锻铸产业在全球的发展速度加快，市场容量巨大。现阶段国内锻铸行业集中度较低、专业化程度不高、行业竞争激烈，因此，锻铸产业专业化整合是行业发展的必然趋势。同时，特种材料锻铸企业与国外相比主要集中在加工成形环节，不具备产业链的整体优势，受上游原材料和下游客户双重挤压，产业链的延伸、产品向高端精密化转型亦是大势所趋。

中航重机应抓住国家推动增材制造产业发展机遇，加快推进实现增材制造工程化应用，不断完善以价值创造为链接的合理锻铸产业布局。通过市场化改革与资本化运作，有序推进中航重机内外部锻铸产业专业化整合，通过上下游延伸形成锻铸业务全产业链布局，成为"原材料-成形-加工"整体解决方案提供商，从而提高锻铸业务整体的核心竞争力。同时，通过品牌塑造和国际化业务拓展，积极融入世界航空产业链。

4.2.2　液压及热交换器产业升级势在必行

在高铁、公路等基础设施及农业现代化建设的带动下，市场对工程、农用机械的需求将会持续增加，液压基础件和热交换器产品将拥有长期、稳定的市场。但当前行业投资过剩、竞争激烈，高端市场被国外先进企业占据，特别是供给侧改革的部署要求，促使该产业布局调整和产业升级势在必行且"时不我待"，替代进口、系统集成、机电一体已经成为产业发展的趋势。

中航重机高端液压集成产业应坚持向专业化方向发展、民用物品向系统解决方案方向发展，推进高端液压集成产业升级换代。特别是把航空产品做精，非航空产品在占领国内市场的基础上应加快开拓国际市场，成为"国内领先、国际知名"的基础件提供商及系统解决方案服务商。同时，中航重机应依托航空航天领域的市场需求，拓展高端智能装备业务。

4.2.3　优化新能源投资产业结构

新能源产业应统筹风力发电、生物质发电、光伏发电、垃圾发电等新能源项目的投资、建设与运营，优化新能源投资产业结构、创新投资业务商业模式，实

现公司新能源业务的有序发展。随着国家并网政策、补贴政策的落实及特高压输变电建设，弃风问题得到缓解，风电行业逐渐呈现出复苏迹象。风电开发市场蕴藏巨大潜力，风电维护和开发、海上风电将成为新的增长点。

国家能源局 2013 年出台了《光伏发电运营监管暂行办法》，规定电网企业全额收购光伏发电上网电量，各地方政府也纷纷出台鼓励光伏发电的产业政策，光伏发电行业正在逐步复苏。

4.3　SWOT 分析

4.3.1　优势

中航重机作为中国航空工业企业首家上市公司，建立了锻铸、液压、新能源投资三大业务发展平台，改变了原来产业结构单一的劣势，充分利用了自身军工企业优势大力发展民用机械，成为极具竞争力的高端装备制造企业，我国高端制造业和新能源产业的领军者，以及全球高端制造基础产业的服务商。中国是世界铸件第一生产大国，全球制造业向中国转移及跨国公司的全球采购战略为独立的专业锻造企业提供了良好的发展机遇，跨国公司的重要发展策略是不断降低零部件自制率、逐步实现全球生产和全球采购。许多知名装备制造商纷纷在中国建立生产基地和全球采购平台，不断增加在中国的采购量。全球制造业向中国转移及跨国公司实施的全球采购战略为高速重载齿轮锻件企业提供了良好的发展机遇。

装备制造业"十二五"规划主要包含航空装备、卫星及应用装备、轨道交通装备、海洋装备、智能装备等五个重点领域。高端装备作为发展装备制造业的基础和关键，中航重机具有天然的优势，在未来具有良好的发展前景。

4.3.2　劣势

中国装备制造业整体产品已达到或接近世界领先水平，但缺乏国际知名品牌，行业内竞争激烈且利润率很低。公司锻铸和液压产品的原材料及能源等成本不断上升，由此造成的各个子公司生产成本增加，导致了整个公司的利润下降。新能源业务受天然气供应不足和价格上涨的双重影响利润也下降较大。同时公司期末大量的应收账款致使资金不能及时回笼，各子公司对应收账款缺乏严格管理是影响公司发展的一个重要问题。

锻造行业的发展与国民经济发展水平密切相关。历史上由于我国"重主机、轻配套"的发展思路，锻件等基础零件一直成为制约我国大型成套设备发展的瓶颈。随着我国国力的逐步增强，锻造行业呈现快速发展势头，部分高新技术产品逐步进入市场导入期，国内有实力的生产企业开始加大科研与技术开发投入。但由于起步晚，与发达国家相比，我国锻造行业总体技术水平与国外同行相比尚有一定差距，国际竞争力不强。

4.3.3　机会

锻造行业面临产业升级、产业转移和产业重组的新形势，国家政策不断向优质企业倾斜，再加上国防投入力度的加大带动了我国军工行业新一轮的发展热潮，行业的景气度显著提升；同时，"十二五"规划中提出的"发展先进装备制造业、调整优化原材料工业、改造提升消费品工业、促进制造业由大变强"将极大地促进锻铸板块相关子公司的发展。

液压行业在国内市场发展空间巨大且增长迅速，2010 年国内市场需求达到 450 亿元左右，三年平均增长 30%，而且长期来看，液压行业将保持持续增长态势，作为行业的领头羊，未来液压行业具有较大的发展空间。

公司新能源业务属于朝阳产业，符合国家环保节能政策，发展潜力巨大，目前公司主要从三个方面着手：风力发电、垃圾发电和燃机发电，其中风力发电具有广阔的开发前景和投资价值。

4.3.4　威胁

锻造行业是一个投资大、投资周期长、技术要求高的行业，需要强有力的长期资本支持。此外，锻造行业发展的主要内容是技术换代和产品结构调整。国内锻造行业需要通过锻造工艺的积累和相关技术、工艺、检测手段的创新，逐步实现技术和产品的更新换代。

中国风电设备制造业竞争激烈，行业梯队明显；目前新能源行业正处于低谷和不利环境之中。但是公司若能加快技术创新和技术进步，加大运营管理和成本控制，加强市场开拓和客户管理，夯实管理基础，将在未来新能源装备制造业中产生新的利润点。

4.4　报 表 分 析

4.4.1　利润表分析

中航重机利润表主要项目见表 4-1。

表 4-1　中航重机利润表主要项目　　　　　　单位：元

项目	2011 年	2012 年	2013 年	2014 年	2015 年
营业收入	5 485 361 101.41	5 372 023 774.00	6 385 857 016.41	5 822 553 517.80	5 877 304 248.85
营业成本	4 374 874 003.87	4 307 901 811.02	5 236 543 337.74	4 529 546 624.51	4 553 814 264.26
销售费用	112 744 600.73	136 307 550.90	114 395 194.83	123 677 222.94	134 075 793.74
管理费用	532 678 869.73	586 246 953.30	579 383 772.75	630 774 798.40	677 376 460.27
财务费用	153 984 721.89	200 760 817.05	207 012 603.63	243 004 510.34	244 807 981.43
资产减值损失	72 934 639.42	102 981 530.66	30 733 585.77	89 772 068.07	647 014 991.52
营业利润	169 031 411.42	352 020 635.76	157 711 049.45	151 961 050.43	–311 702 621.11
利润总额	202 161 138.61	387 682 904.13	192 071 901.75	178 186 095.06	–456 667 579.32
净利润	140 304 834.09	245 241 137.58	137 834 456.54	128 226 572.30	–539 423 592.82

中航重机利润表主要项目结构百分比分析见表 4-2。

表 4-2　中航重机利润表主要项目结构百分比分析　　　　　　单位：%

项目	2011 年	2012 年	2013 年	2014 年	2015 年
营业收入	100.00	100.00	100.00	100.00	100.00
营业成本	79.76	80.19	82.00	77.79	77.48
销售费用	2.06	2.54	1.79	2.12	2.28
管理费用	9.71	10.91	9.07	10.83	11.53
财务费用	2.81	3.74	3.24	4.17	4.17
资产减值损失	1.33	1.92	0.48	1.54	11.01
营业利润	3.08	6.55	2.47	2.61	–5.30
利润总额	3.69	7.22	3.01	3.06	–7.77
净利润	2.56	4.57	2.16	2.20	–9.18

中航重机利润表主要项目趋势分析（以 2011 年为基期年度）见表 4-3。

表 4-3　中航重机利润表主要项目趋势分析（以 2011 年为基期年度）　　单位：%

项目	2011 年	2012 年	2013 年	2014 年	2015 年
营业收入	100.00	97.93	116.42	106.15	107.15
营业成本	100.00	98.47	119.70	103.54	104.09
销售费用	100.00	120.90	101.46	109.70	118.92
管理费用	100.00	110.06	108.77	118.42	127.16

续表

项目	2011 年	2012 年	2013 年	2014 年	2015 年
财务费用	100.00	130.38	134.44	157.81	158.98
资产减值损失	100.00	141.20	42.14	123.09	887.12
营业利润	100.00	208.26	93.30	89.90	−184.41
利润总额	100.00	191.77	95.01	88.14	−225.89
净利润	100.00	146.06	104.90	107.07	−205.33

1. 亏损原因分析

2015 年中航重机发生严重亏损，在销售额增长，营业成本与期间费用控制较好的情况下，发生亏损的主要原因是资产减值损失的大幅度增加，2011～2014 年中航重机资产减值损失占营业收入的比重不到 2%，而 2015 年资产减值损失高达 6.47 亿元，占营业收入的比重为 11.01%，与基期年度 2011 年相比，增幅高达 887.12%。仅控股子公司中航特材工业（西安）有限公司对中航天赫（唐山）钛业有限公司等单位诉讼债权计提的坏账准备就高达 6.12 亿元。

2. 收入构成分析

中航重机目前业务结构由锻铸、高端液压集成、新能源三部分组成。2015 年的营业收入中，锻铸业务占比 65.58%、高端液压集成业务占比为 20.41%、新能源业务为 14.01%。从表 4-4 可以看出，传统锻铸业务比重下降，新能源业务比重稳步上升。2015 年锻铸业务收入下降的主要原因是生产制造企业的民用产品收入下降，新能源业务收入增长的主要原因是中航世新燃气轮机股份有限公司控股子公司中航虹波风电设备有限公司风机塔筒业务增长。

表 4-4　中航重机营业收入构成分析　　单位：%

项目	2011 年	2012 年	2013 年	2014 年	2015 年
锻铸	70.22	69.65	74.52	68.32	65.58
高端液压集成	20.52	18.95	16.50	19.77	20.41
新能源	9.26	11.40	8.98	11.91	14.01
合计	100.00	100.00	100.00	100.00	100.00

4.4.2　资产负债表分析

中航重机资产负债表简表见表 4-5。

表 4-5　中航重机资产负债表简表　　　　　　　　单位：元

项目	2011 年	2012 年	2013 年	2014 年	2015 年
货币资金	1 726 427 215.40	1 756 094 981.51	1 286 381 296.17	1 068 358 118.63	1 411 132 041.61
应收票据	447 837 949.23	720 042 045.80	865 087 549.27	963 792 682.05	1 233 083 092.61
应收账款	2 310 262 922.90	2 279 756 830.86	2 283 467 988.23	2 932 606 118.10	2 279 491 964.25
存货	1 640 362 285.12	1 801 860 993.28	2 194 158 014.14	2 412 261 160.12	2 250 173 867.96
流动资产合计	6 844 567 685.62	7 175 725 223.49	7 551 170 676.11	8 209 067 017.72	8 052 940 192.84
固定资产	1 658 234 539.81	1 843 109 168.72	2 449 018 403.44	2 858 671 785.37	2 981 991 538.39
在建工程	614 169 722.70	1 123 403 591.10	1 438 773 371.94	1 406 800 671.15	763 061 910.64
无形资产	251 721 412.68	400 214 887.22	426 706 276.42	418 741 251.07	946 386 101.43
非流动资产合计	2 805 812 662.06	3 584 674 492.58	4 577 392 476.53	5 033 126 952.93	5 131 996 513.18
资产总计	9 650 380 347.68	10 760 399 716.07	12 128 563 152.64	13 242 193 970.65	13 184 936 706.02
短期借款	1 487 250 000.00	1 624 892 756.62	1 698 800 000.00	2 011 657 553.61	1 603 193 040.00
应付票据	484 620 462.34	825 581 549.21	1 093 934 699.55	1 082 712 784.83	1 143 450 541.58
应付账款	1 661 840 409.22	1 585 555 524.85	1 656 217 706.70	1 759 711 409.33	1 926 635 391.51
流动负债合计	5 096 228 942.61	4 670 643 242.21	5 400 655 544.49	5 826 532 803.07	6 490 813 446.72
长期借款	458 500 000.00	562 351 004.94	922 290 000.00	1 464 924 862.00	1 211 234 126.39
应付债券	—	1 000 000 000.00	1 000 000 000.00	1 000 000 000.00	996 756 000.00
非流动负债合计	700 889 317.07	1 982 037 196.64	2 456 799 786.69	2 995 689 458.96	2 847 094 858.50
负债合计	5 797 118 259.68	6 652 680 438.85	7 857 455 331.18	8 822 222 262.03	9 337 908 305.22
所有者权益合计	3 853 262 088.00	4 107 719 277.22	4 271 107 821.46	4 419 971 708.62	3 847 028 400.80
负债和所有者权益总计	9 650 380 347.68	10 760 399 716.07	12 128 563 152.64	13 242 193 970.65	13 184 936 706.02

中航重机资产负债表主要资产项目结构百分比分析见表 4-6。

表 4-6　中航重机资产负债表主要资产项目结构百分比分析　　　　单位：%

项目	2011 年	2012 年	2013 年	2014 年	2015 年
货币资金	17.89	16.32	10.61	8.07	10.70
应收票据	4.64	6.69	7.13	7.28	9.35
应收账款	23.94	21.19	18.83	22.15	17.29
应收款小计	28.58	27.88	25.96	29.43	26.64

续表

项目	2011 年	2012 年	2013 年	2014 年	2015 年
存货	17.00	16.75	18.09	18.22	17.07
流动资产合计	70.93	66.69	62.26	61.99	61.08
固定资产	17.18	17.13	20.19	21.59	22.62
在建工程	6.36	10.44	11.86	10.62	5.79
非流动资产合计	29.07	33.31	37.74	38.01	38.92
资产总计	100	100	100	100	100

1. 资产质量分析

2011~2015 年，中航重机资产总额呈增加趋势，2011 年资产总额 97 亿元，2015 年资产总额 132 亿元，其资产主要分布在流动资产上，在流动资产中应收款（应收票据与应收账款之和）占资产总额比重较高，2015 年应收票据占资产总额 9.35%，应收账款占资产总额 17.29%，应收款占资产总额 26.64%。中航重机的应收款以应收账款为主，大量的应收款导致货币资金不能及时回笼，同时带来坏账的风险。2015 年，中航重机计提了 6.12 亿元的坏账准备，说明其坏账风险已很高。除赊销外，中航重机存货库存较多，应加强对应收款项和存货的管理，盘活资金，加快资金的周转速度。

2. 资本结构分析

如表 4-7 所示，中航重机负债占资本总额的比重逐年上升，2015 年资产负债率高达 70.82%，远远超过国际公认标准 60%，说明中航重机债务风险较高、偿债压力大。2012 年中航重机发行 10 亿元五年期长期债券用于投资活动，由于制造业是投资大、周期长、技术要求高的行业，不能立竿见影地取得投资成效，若投资活动未能形成新的利润增长点，需追加投资，这会带来较大的财务风险。2014 年中航重机又发行一年期短期应付债券 6 亿元，这些债务分别于 2016 年、2017 年到期，公司应加强应收款项的收款工作，重视现金流的形成，以规避到期债务带来的财务风险。

表 4-7　中航重机资本结构分析　　　单位：%

项目	2011 年	2012 年	2013 年	2014 年	2015 年
流动负债合计	52.81	43.41	44.53	44.00	49.23
非流动负债合计	7.26	18.42	20.26	22.62	21.59

续表

项目	2011 年	2012 年	2013 年	2014 年	2015 年
负债合计	60.07	61.83	64.78	66.62	70.82
所有者权益合计	39.93	38.17	35.22	33.38	29.18
资产总计	100	100	100	100	100

4.4.3 现金流量表分析

如表 4-8 所示，2011 年和 2012 年，中航重机经营活动产生的现金流量净额是负数，从 2013 年起，经营活动产生的现金流量净额为正数，说明销售商品、提供劳务收到的现金弥补经营活动的各项支出后尚有溢余，余出的资金可用于投资或偿还债务。近年来，中航重机通过融资方式加大了固定资产投资力度，力图形成规模效应，增加利润。2011～2015 年中航重机投资活动现金流量净额均为负数。

表 4-8　中航重机现金流量净额　　　　　单位：元

项目	2011 年	2012 年	2013 年	2014 年	2015 年
经营活动产生的现金流量净额	−398 625 657.24	−125 782 342.07	208 092 620.51	144 291 499.13	639 940 423.52
投资活动产生的现金流量净额	−527 239 576.55	−330 363 699.82	−1 043 805 358.95	−733 189 925.78	−878 510 648.80
筹资活动产生的现金流量净额	577 828 610.77	369 045 948.92	351 681 727.78	474 406 522.57	651 332 189.48

就现金流转状态而言，中航重机的现金流转不是非常顺畅。一方面是由于公司 2011～2015 年收购活动较多，其净利润并未带来较大规模的经营活动净现金流入，个别年份甚至出现负数。账面的利润每年都在增加，但其带来的真正现金流入根本满足不了公司的生产经营，更何况公司 2011～2015 年的投资活动频繁，且涉及金额较大。另一方面，公司的筹资活动对现金流转做出了很大贡献。公司通过接受投资和银行借款来满足资金需求。该资金用于偿付上一年度的银行借款、本期经营活动和投资活动。公司似乎走向了用新债还旧债的恶性循环轨道上。公司各年度的投资活动的现金流出主要是为构建固定资产、无形资产和其他长期资产投资。公司仍在谋求对内投资和对外扩张来发展。公司似乎试图通过调整对外投资结构的布局来改善对外投资的盈利能力，通过强化对经营资产的投资和改善经营资产的结构来增加公司的利润，但目前看投资效果尚不明显。

4.5　杜 邦 分 析

　　股东权益报酬率是一个综合性很强的财务指标，股东权益报酬率由销售净利率、总资产周转率和权益乘数所决定。从表 4-9 可以看出，中航重机的股东权益报酬率在 2012 年的增幅较大为 6.35%，2013 年起股东权益报酬率逐年下降，说明经营效果不理想。

表 4-9　杜邦分析计算表

项目	2011 年	2012 年	2013 年	2014 年	2015 年
销售净利率/%	2.56	4.57	2.16	2.20	−9.18
总资产周转率/次	0.61	0.53	0.56	0.46	0.44
权益乘数	2.5	2.62	2.84	3.00	3.43
股东权益报酬率/%	3.90	6.35	3.44	3.04	−13.85

　　权益乘数主要受公司资产负债情况的影响。在总资产不变的情况下，适度增加负债比例，充分利用举债经营的优势，可以为企业带来较大的杠杆收益，但同时也会给企业带来很大的财务风险。该公司权益乘数较大，说明中航重机的负债程度较高，企业财务风险较大。

　　销售净利率反映了企业的净利润与销售收入的关系，从这个定义上看提高销售净利率是提高企业盈利能力的关键所在。中航重机的销售净利率在 5% 以下，说明市场竞争激烈，企业成本控制乏力，盈利能力下降。

　　总资产周转率说明了企业销售收入与资产平均总额之间的比率，该比率越高，企业总资产的周转就越有效率，资产的获利能力也就越强。尽管 2013 年总资产周转率较 2012 年略有上升，但 2011～2015 年总资产周转率依然呈现不断下降的趋势，说明中航重机资产管理不力，利用效率不高。

4.6　结论及建议

4.6.1　营业收入增长缓慢，产品销路不容乐观

　　营业收入增长缓慢，说明中航重机在开发市场方面尚需加强，再加上营业成本不断上升，成本费用控制不力，致使净利润下降。现阶段，工程机械行业仍处于低谷期、市场竞争激烈态势加剧，可能进一步增大工程机械液压件市场订单下

降幅度，以及价格继续走低趋势。这两方面的共同作用将导致公司液压业务收入下滑的风险。散热器业务同样面临相似的行业风险。锻造产品需求向大型化、整体化、精密化转变，公司锻造装备竞争实力和适应性相应减弱，则可能威胁未来市场份额，同时又面临"军民融合"大环境下来自航空系统外"新进入者"的挑战，竞争风险加剧。

中航重机应加强锻造设备能力建设、加快构建大型锻造设备的进程、夯实精密锻造核心能力；延伸锻造产业链、军民融合发展、开发民用市场、大力发展外贸转包业务，打造国内和国外两个市场、防务产品和民用产品两类市场。针对液压及散热器业务：一是加快产品结构调整，不断细分和拓展市场，实现主机装机考核并提供给用户使用；二是对标国际、借力发展，借助国际合作和配套的机会，对公司现有生产组织模式进行调整，提升公司工程机械、工业机械液压产品核心制造能力。

4.6.2　资产负债率过高，资产质量不高

近年来，中航重机资产负债率逐年上升，以 2015 年为例，2015 年中航重机资产总额 132 亿元，负债总额 93.4 亿元，其中流动负债 64.9 亿元，非流动负债 28.5 亿元，资产负债率高达 70.82%。资产负债率远远高于国际公认标准，财务风险较大。中航重机的资产中应收款比重较大，2015 年底应收款 35 亿元，大量的赊销易导致坏账的发生，2015 年中航重机亏损的直接原因就是中航特材工业（西安）有限公司对中航天赫（唐山）钛业有限公司等单位诉讼债权计提的坏账准备 6.12 亿元。中航重机总资产周转率偏低，且呈现逐渐下降的趋势，说明企业资产管理不到位，大量资产闲置，没能充分发挥作用。

中航重机应加强对应收账款的管理，建立应收账款账龄分析表，及时掌握应收账款的账龄、金额、单位等信息，及时沟通、联系、催账，避免坏账事件再次发生。对固定资产、在建工程项目进行全面清查与盘点，对长期闲置不用或烂尾工程及时进行报废清理或重组改装，加强资产的利用效率。鉴于目前中航重机资产负债率过高，应加强长期借款、应付债券、短期借款的管理，对借款金额、借款用途、还款时间、还款现金流做出计划和预测。由于近年来，中航重机销售额增长缓慢，公司应根据市场需求安排产品的研制和生产，否则若市场销售不景气，公司就会陷入借新债还旧债的恶性循环之中。

李　阳　周晋兰

第 5 章　黔轮胎 2015 年报告分析

本章先对贵州轮胎股份有限公司（以下简称黔轮胎）发展历程和经营范围进行简单描述，以公开发布的 2011～2015 年报表为依据，筛选数据，采用会计分析、财务分析研究了黔轮胎 2015 年企业经营状况，并预测了其未来的发展前景。

5.1　公　司　简　介

5.1.1　公司发展历程

黔轮胎股票（股票名称黔轮胎 A，股票代码 000589）于 1996 年 3 月 8 日在深圳证券交易所挂牌上市交易。黔轮胎注册地及总部均设立于贵州省贵阳市。市场销售以替换市场为主、配套市场和集团客户等为辅，在国内各省份及美国、巴西、澳大利亚等近百个国家和地区有代理（或经销）机构，与维蒙特工业（中国）有限公司、爱科科技有限公司、上海振华重工（集团）股份有限公司、中国第一汽车集团公司等知名企业建立了配套关系，年出口量占总产量的 35%以上。2015 年在世界轮胎厂商 75 强中列第 31 位。

黔轮胎经贵州省人民政府函〔1995〕148 号文批准，于 1995 年 12 月 22 日经中国证券监督管理委员会证监发审字〔1995〕85 号文同意，由贵州轮胎厂为独家发起人，以募集方式向境内社会公开发行人民币普通股 4000 万股，其中职工内部股 400 万股。黔轮胎于 1996 年 3 月 8 日在深圳证券交易所挂牌上市交易，注册地及总部均设立于贵州省贵阳市。

2015 年 7 月 13～28 日，贵阳工业投资（集团）有限公司以 7.46～8.44 元的价格，通过二级市场增持了公司股份 100 万股，占公司股份总数的 0.13%。本次增持前，贵阳工业投资（集团）有限公司持有公司股份 195 444 902 股，占公司股份总数的 25.20%；本次增持后，贵阳工业投资（集团）有限公司持有公司股份 196 444 902 股，占公司股份总数的 25.33%。

5.1.2　公司经营范围

黔轮胎主要从事轮胎研发、生产及销售，主要产品有"前进""大力士"

等品牌卡客车轮胎、工程机械轮胎、农业机械轮胎、林业机械轮胎、工业车辆轮胎、矿用轮胎、实心轮胎和特种轮胎，是国内规格品种较为齐全的轮胎制造企业之一。经营范围包括：轮胎制造和销售、轮胎翻新和销售；橡胶制品制造和销售；水电、蒸汽、混炼胶及其他附属品的制造和销售；各类商品及技术进出口业务（国家禁止类除外），对外合作生产及"三来一补"业务；仓储；物流运输。

5.2　行业现状分析

纵观整个世界实体经济，不只是我国的制造业，全世界经济都处于下行态势，虽经过一段时间的发展，目前，国内经济基本平稳，但也存在诸多制约经济发展的风险，世界经济不确定性依旧，复苏之路艰辛。轮胎行业作为制造业中的一环，在这次经济下行的形势下受到的冲击也不能忽视。整个行业出现销量下降、库存堆积、成本增加、利润降低现象，很多企业出现亏损。再加上竞争日益激烈，产品升级换代速度加快，环保诉求日益凸显，整个行业发展步履维艰，短时间内仍无法摆脱发展困局。

黔轮胎建有轮胎行业首批获准的国家级企业技术中心和博士后科研工作站，是国家级计算机辅助设计先进和示范单位、国家制造业信息化科技工程应用示范企业，长期从美国、日本、韩国、澳大利亚等国家聘请资深技术专家进行现场指导和产品研发，取得了多项创新成果。截至 2015 年获得授权专利共 3 项（其中发明专利 1 项，实用新型专利 2 项），截至报告期末共获得并处于有效期的授权专利 112 项（其中发明专利 9 项，实用新型专利 41 项，外观设计专利 62 项），完成了全钢重卡轮胎系列、配套用全钢载重系列、高性能农业子午胎系列、低断面特种工业轮胎系列、全系列城市轻轨轮胎等产品的自主研发，部分产品达到国内领先水平，获得了国内外市场的广泛认可。近年来还主持及参与了 20 多项国家标准的制定工作，开发了多项国家重点新产品。2012 年 11 月，黔轮胎被全国高新技术企业认定管理工作领导小组办公室认定为高新技术企业，2015 年 10 月顺利通过了复审备案。

5.3　报 表 分 析

经过对黔轮胎总体框架分析之后，接下来将进一步进行会计分析和财务分析，分析所引用的数据和相关信息主要来自黔轮胎 2011～2015 年年报。

5.3.1　利润表分析

从利润表（表 5-1 和表 5-2）可以看到，黔轮胎受宏观经济影响较大，利润不稳定，2015 年首次出现亏损且亏损额巨大，应警惕财务风险。

表 5-1　黔轮胎利润表　　单位：元

项目	2011 年	2012 年	2013 年	2014 年	2015 年
一、营业收入	7 286 379 971.16	6 451 349 040.74	6 460 302 406.93	5 172 897 194.89	4 436 385 760.28
减：营业成本	6 501 861 896.60	5 592 698 477.35	5 272 562 209.66	4 271 778 456.54	4 038 385 298.60
营业税金及附加	65 769 827.60	71 781 944.53	64 279 344.82	44 030 310.85	2 135 970.64
销售费用	191 531 358.14	212 283 264.46	366 455 592.37	234 145 702.06	204 557 823.50
管理费用	239 086 318.01	267 471 607.66	322 653 267.26	352 538 883.46	342 752 018.35
财务费用	160 682 767.52	220 583 012.86	201 210 218.31	155 712 372.40	126 429 561.01
二、核心利润	127 447 803.29	86 530 733.88	233 141 774.51	114 691 469.58	−277 874 911.82
减：资产减值损失	29 958 149.59	30 012 750.51	59 653 296.90	55 135 239.32	84 598 997.54
加：投资收益	1 976 953.58	12 249 711.89	12 298 630.08	12 810 743.65	28 662 000.00
三、营业利润	99 466 607.28	68 767 695.26	185 787 107.79	72 366 973.91	−351 810 909.35
加：营业外收入	45 405 437.38	36 902 622.49	27 167 982.40	43 334 807.59	15 058 086.44
减：营业外支出	2 026 478.86	899 812.95	844 731.79	228 329.16	1 484 759.40
四、利润总额	142 845 565.80	104 770 526.80	212 110 358.40	115 473 452.34	−338 237 582.32
减：所得税费用	35 249 473.19	18 646 050.71	31 440 788.31	7 114 050.14	−45 617 481.18
五、净利润	107 596 092.61	86 124 476.09	180 669 570.09	108 359 402.20	−292 620 101.14

表 5-2　黔轮胎利润表结构百分比分析　　单位：%

项目	2011 年	2012 年	2013 年	2014 年	2015 年
一、营业收入	100.00	100.00	100.00	100.00	100.00
减：营业成本	89.23	86.69	81.61	82.58	91.03
营业税金及附加	0.90	1.11	0.99	0.85	0.05
销售费用	2.63	3.29	5.67	4.53	4.61
管理费用	3.28	4.15	4.99	6.82	7.73
财务费用	2.21	3.42	3.11	3.01	2.85
二、核心利润	1.75	1.34	3.61	2.22	−6.26

续表

项目	2011 年	2012 年	2013 年	2014 年	2015 年
减：资产减值损失	0.41	0.47	0.92	1.07	1.91
加：投资收益	0.03	0.19	0.19	0.25	0.65
三、营业利润	1.37	1.07	2.88	1.40	−7.93
加：营业外收入	0.62	0.57	0.42	0.84	0.34
减：营业外支出	0.03	0.01	0.01	0.00	0.03
四、利润总额	1.96	1.63	3.29	2.24	−7.62
减：所得税费用	0.48	0.29	0.49	0.14	−1.03
五、净利润	1.48	1.34	2.80	2.10	−6.59

黔轮胎核心利润 2015 年首次下降到负值，企业最主要的核心业务盈利能力削减，核心竞争力退化。

黔轮胎 2011～2015 年年度主营业务收入与主营业务成本变动趋势基本相同，净利润一直维持在一个相当稳定的状态，只有 2015 年净利润为负值，说明销量对两者的影响基本是正向变动的关系，企业财务管理到位，数据比较真实，而且企业的存货管理相当出色，"以销定产"基本落实到位。

黔轮胎 2011～2015 年三项期间费用变动无明显规律与趋势。2012 年财务费用较上年上升 59 900 245.34 元，上升幅度为 37.28%，主要是因为利息支出增加41 992 296.96 元，占所增加财务费用总额的 70.10%。之后逐年递减，而长短期借款合计数却逐年上升，年报通篇没有对这一现象进行解释说明，仅在 2015 年年报中解释，财务费用较上期数减少 29 282 811.39 元，下降比例为 18.81%，主要原因为本期定期存款增加，相应的利息收入增加。这种解释有待商榷。

如果查看该公司年报全文，就会看到，在公司与关联方的交易中，尽管与个别企业之间的业务往来占比较高，但整体的交易规模并不大，关联交易对利润影响不大。

总的来说：一是黔轮胎 2015 年净利润比上一年有了巨额亏损，是 2011 年以来首次亏损，应当引起管理层注意。二是就产生现金流量而言，黔轮胎核心利润 2015 年首次成为负值，而经营活动现金净流量仍为正值，说明黔轮胎核心竞争力出现危机，但其他业务仍能给企业带来现金流入，管理层应对受此次宏观经济的影响出现的危机高度重视，注意风险的规避、业务的转换，大力发掘新业务亮点，使企业走出困境。

5.3.2　资产负债表分析

从总体上看，企业的资产总额从 2011 年的 65 亿元增加到 2015 年的 107 亿元，同比增长了 64.62%。主要是由于企业固定资产的大幅增加，其中发行企业债券与向银行借款的增加是企业资金主要来源（在营业利润大幅下降的情况下）（表 5-3）。

表 5-3　黔轮胎资产负债表简表　　　　　　单位：元

项目	2011 年	2012 年	2013 年	2014 年	2015 年
货币资金	340 740 822.49	487 815 023.51	438 204 694.80	1 280 175 998.62	2 419 232 834.73
应收票据	878 617 219.55	476 963 542.21	785 743 884.77	1 355 368 377.90	1 157 724 428.39
应收账款	1 149 576 629.91	1 008 191 224.64	1 278 577 622.31	884 302 656.85	1 079 126 042.40
商业债权	2 028 193 849.46	1 485 154 766.85	2 064 321 507.08	2 239 671 034.75	2 236 850 470.79
预付账款	591 110 105.59	384 957 547.08	308 793 532.74	509 192 491.48	258 581 772.18
其他应收款	7 402 652.81	4 996 159.01	5 617 089.57	17 237 068.09	613 124.99
存货	1 093 048 414.80	1 165 558 741.27	1 045 476 560.78	1 103 781 808.27	976 412 424.24
流动资产合计	4 060 495 875.15	3 529 125 737.72	3 862 413 384.97	5 176 177 551.89	5 930 811 935.97
长期股权投资	499 400 000.00	499 400 000.00	499 400 000.00	30 500 000.00	305 500 000.00
投资性房地产	1 003 853.63	938 065.01	872 276.39	806 487.77	740 699.15
固定资产	1 133 960 846.17	1 560 394 253.66	1 505 777 275.55	2 601 525 795.24	2 995 635 901.67
在建工程	476 938 497.59	225 740 145.32	974 288 357.06	517 457 870.33	489 196 877.60
工程物资	631 783.31	353 328.09	231 762.13	98 200.97	98 200.97
无形资产	100 859 923.05	154 948 234.35	299 847 333.15	296 337 192.98	291 191 627.29
长期待摊费用	102 877 186.09	91 816 887.25	90 109 988.51	120 665 953.48	153 408 998.02
递延所得税资产	14 487 597.40	7 770 382.78	34 434 581.49	38 520 929.50	85 375 595.79
资产总计	6 491 238 895.72	6 070 487 034.18	7 267 374 959.25	9 250 989 982.16	10 740 378 568.67
短期借款	1 395 702 300.00	1 463 564 335.13	2 489 664 559.04	2 827 370 408.88	3 100 575 236.54
应付票据	78 380 000.00	178 595 000.00	458 858 983.80	930 188 936.45	1 402 526 112.53
应付账款	1 601 663 498.53	1 201 900 577.34	723 942 696.17	752 662 952.73	604 356 181.25
预收账款	47 232 732.60	736 002.15	192 975 973.27	86 058 324.46	96 637 107.07
应付职工薪酬		11 363 676.11	14 218 342.53	13 420 864.55	13 200 000.00
应交税费	90 096 013.24	25 847 194.95	23 040 071.66	39 187 616.37	24 741 098.25
应付利息	19 077 260.28	19 077 260.28	27 247 729.51	23 333 641.86	30 998 930.08
其他应付款	41 558 261.23	54 187 576.78	76 421 693.57	65 305 441.67	62 899 064.74
一年内到期的非流动负债	160 000 000.00	141 550 000.00	95 000 000.00	85 000 000.00	115 000 000.00
流动负债合计	3 433 710 065.96	3 096 821 622.74	4 101 370 049.65	4 822 528 186.97	5 450 933 730.46
长期借款	417 659 091.73	275 236 364.73	314 363 637.73	328 490 843.73	603 187 716.73

续表

项目	2011 年	2012 年	2013 年	2014 年	2015 年
应付债券	790 610 536.32	792 415 341.40	794 327 968.99	716 316 782.01	1 128 302 339.56
其他非流动负债	9 268 446.60	9 232 732.32	9 197 018.04	—	—
非流动负债合计	1 217 538 074.65	1 076 884 438.45	1 117 888 624.76	1 046 001 072.20	2 230 622 788.51
负债合计	4 651 248 140.61	4 173 706 061.19	5 219 258 674.41	5 868 529 259.17	7 681 556 518.97
股本	488 904 304.00	488 904 304.00	488 904 304.00	775 464 304.00	775 464 304.00
资本公积	869 636 527.02	869 636 527.02	869 636 527.02	1 832 325 492.07	1 832 325 492.07
盈余公积	113 217 136.82	121 829 584.43	139 896 541.44	150 732 481.66	150 732 481.66
未分配利润	368 232 787.27	416 410 557.54	549 678 912.38	623 938 445.26	300 299 771.97
所有者权益合计	1 839 990 755.11	1 896 780 972.99	2 048 116 284.84	3 382 460 722.99	3 058 822 049.70
负债和所有者权益总计	6 491 238 895.72	6 070 487 034.18	7 267 374 959.25	9 250 989 982.16	10 740 378 568.67

比较一下合并报表和上市公司报表的其他应收款及长期股权投资的规模，可以发现合并报表的数字远远小于上市公司报表的数字。以 2015 年为例，公司报表与合并报表中其他应收款的差额为 1100 万元，差额表明上市公司向子公司提供经营资金的基本规模，在性质上属于投资性资产；公司报表与合并报表中长期股权投资的差额约为 3.1 亿元，差额巨大表明公司的投资主要投向子公司。整体上看，企业的控制性投资规模约为 3.21 亿元。

企业的投资性资产除了包括交易性金融资产、可供出售金融资产、持有至到期投资和长期股权投资的账面规模以外，还应当包括其他应收款（某些公司的预付款项中也包括向子公司提供的资金）等方式向子公司提供的资金。

从资产负债表简表结构百分比（表 5-4）来看，资产中占比最高的是商业债权（应收账款与应收票据之和），但从 2011～2015 年的变动趋势来看，占比率有所下降；而货币资金占比有所上升，说明黔轮胎自 2011 年以来，为调整企业资本结构、盘活资产流动性，在财务管理上改变了支付结算方式。

表 5-4 黔轮胎资产负债表简表结构百分比分析   单位：%

项目	2011 年	2012 年	2013 年	2014 年	2015 年
货币资金	5.25	8.04	6.03	13.84	22.52
应收票据	13.54	7.86	10.81	14.65	10.78
应收账款	17.71	16.61	17.59	9.56	10.05
商业债权	31.25	24.47	28.41	24.21	20.83
预付账款	9.11	6.34	4.25	5.50	2.41

续表

项目	2011 年	2012 年	2013 年	2014 年	2015 年
其他应收款	0.11	0.08	0.08	0.19	0.01
存货	16.84	19.20	14.39	11.93	9.09
流动资产合计	62.55	58.14	53.15	55.95	55.22
长期股权投资	7.69	8.23	6.87	0.33	2.84
投资性房地产	0.02	0.02	0.01	0.01	0.01
固定资产	17.47	25.70	20.72	28.12	27.89
在建工程	7.35	3.72	13.41	5.59	4.55
工程物资	0.01	0.01	0.00	0.00	0.00
无形资产	1.55	2.55	4.13	3.20	2.71
长期待摊费用	1.58	1.51	1.24	1.30	1.43
递延所得税资产	0.22	0.13	0.47	0.42	0.79
资产总计	100.00	100.00	100.00	100.00	100.00
短期借款	21.50	24.11	34.26	30.56	28.87
应付票据	1.21	2.94	6.31	10.06	13.06
应付账款	24.67	19.80	9.96	8.14	5.63
预收账款	0.73	0.01	2.66	0.93	0.90
应付职工薪酬	0.00	0.19	0.20	0.15	0.12
应交税费	1.39	0.43	0.32	0.42	0.23
应付利息	0.29	0.31	0.37	0.25	0.29
其他应付款	0.64	0.89	1.05	0.71	0.59
一年内到期的非流动负债	2.46	2.33	1.31	0.92	1.07
流动负债合计	52.90	51.01	56.44	52.13	50.75
长期借款	6.43	4.53	4.33	3.55	5.62
应付债券	12.18	13.05	10.93	7.74	10.51
其他非流动负债	0.14	0.15	0.13	0.00	0.00
非流动负债合计	18.76	17.74	15.38	11.31	20.77
负债合计	71.65	68.75	71.82	63.44	71.52
股本	7.53	8.05	6.73	8.38	7.22
资本公积	13.40	14.33	11.97	19.81	17.06
盈余公积	1.74	2.01	1.92	1.63	1.40
未分配利润	5.67	6.86	7.56	6.74	2.80

续表

项目	2011 年	2012 年	2013 年	2014 年	2015 年
所有者权益合计	28.35	31.25	28.18	36.56	28.48
负债和所有者权益总计	100.00	100.00	100.00	100.00	100.00

而 2011～2015 年黔轮胎固定资产占比均在 17%以上，存货占比在 15%上下，与其行业特征相符，制造业固定资产所占资产比重一般较高。随着设备的更新、技术的改进，黔轮胎为了生产相应产品，要求固定资产的投入比较高，为了保证销售的正常循环，也要求存货保有一定存量。

黔轮胎流动负债占负债总额都在 70%以上，短期借款逐年递增，说明黔轮胎筹资以短期融资为主，控制风险较谨慎。流动负债中短期借款与应付账款占比较高，说明黔轮胎商业信用较高、资信较好。

综上所述，黔轮胎的资产总体质量一般，经营资产、投资资产的结构和盈利能力均显示企业目前处于较差状态，短期偿债能力、长期融资能力也较差，企业固定资产价值低、周转慢。从长期来看，黔轮胎的发展仍存在较大风险，未来前景不乐观。

5.3.3 现金流量表分析

黔轮胎经营活动产生的现金流量净额除 2011 年外均为正值，说明企业经营活动仍能带来现金净流入，虽然核心利润为负值，但其他业务仍能给企业带来现金净流入；投资活动产生的现金流量净额一直为负值，说明企业的投资活动一直为现金净流出，对子公司的投资与投资收益流入一直未能弥补公司投资的现金流出，很大原因是宏观经济下行，轮胎行业上下游不景气；筹资活动产生的现金流量净额除 2012 年外均为正值，表明企业一直在吸收资金，短期借款也逐年增加。黔轮胎 2015 年年报经营活动现金净流量为正，投资活动现金净流量为负，筹资活动现金净流量为正，表明企业在当前经营状况下仍在进行生产扩建，与企业所处的环境背道而驰，企业当年的投资活动表现为整体扩展的态势。与上年相比，投资支出明显下降，表明企业当年的扩展规模不大。经营活动和筹资活动产生的现金流量仍然是正数，但正如前面分析，企业核心利润虽然暂无产生现金的能力，但仍可从其他业务内得到现金流入，但这毕竟不是可持续性稳定收入，不一定能维持正常的经营活动现金周转，因此公司可能是在为发展转型作准备（表 5-5）。

表 5-5　黔轮胎现金流量净额　　　　　　　　　单位：元

项目	2011 年	2012 年	2013 年	2014 年	2015 年
经营活动产生的现金流量净额	−109 295 518.53	807 572 481.94	28 769 934.56	730 639 470.27	237 211 521.94
投资活动产生的现金流量净额	−806 100 500.51	−315 635 318.01	−202 646 225.68	−1 218 065 724.06	−473 418 698.99
筹资活动产生的现金流量净额	954 587 187.04	−343 585 974.93	129 860 803.33	1 276 721 361.25	1 242 516 709.19
现金及现金等价物净增加额	30 415 266.43	147 074 201.02	−49 610 328.71	789 976 710.40	1 030 292 800.64

企业经营活动的现金流量最好能够用于补偿固定资产折旧与其他长期资产摊销费用、支付利息费用、支付现金股利。

根据黔轮胎 2011～2015 年年报数据来看，经营活动现金流量净额完全不能弥补以上三项之和，但如果剔除企业的其他应收款当年的增量（分别用其他应收款当前年度之值–其他应收款上一年度之值表示），则核心利润产生的经营活动现金流量净额为表 5-6 最后一行的值。

表 5-6　黔轮胎经营活动现金流入流出对比表　　　　　单位：元

项目	2011 年	2012 年	2013 年	2014 年	2015 年
长期待摊费用	102 877 186.09	91 816 887.25	90 109 988.51	120 665 953.48	153 408 998.02
利息支出	196 163 480.84	238 155 777.80	205 705 845.57	212 309 955.36	222 017 265.09
累计折旧	1 450 729 367.58	1 630 116 059.99	1 796 302 273.42	2 004 951 186.33	222 818 386.10
小计	1 749 770 034.51	1 960 088 725.04	2 092 118 107.50	2 337 927 095.17	598 244 649.21
经营活动产生的现金流量净额	−109 295 518.53	807 572 481.94	28 769 934.56	730 639 470.27	237 211 521.94
其他应收款当年的增量	916 868 000.47	−778 802 547.38	701 869 535.71	−493 427 948.33	−237 211 521.94
扣除其他应收款之后的经营活动现金净流量	−1 026 163 519.00	1 586 375 029.32	−673 099 601.15	1 224 067 418.60	474 423 043.88

企业固定资产折旧与其他长期资产摊销费用、支付利息费用均从年报中取数。黔轮胎 2011～2015 年均未派发现金股利。

经过数据加工后可以看出，2011～2015 年核心利润产生的经营活动现金净流量均不能满足上述三项之和。企业的折旧过大，尤其是机器设备的折旧占了整个固定资产折旧的很大一部分，固定资产占资产比重也比较高，这是由制造业的特点所决定的。

还需要注意两点：一是经营活动现金流量是否充分，除了受经营活动现金流量净额自身的规模制约以外，还受到诸如企业的折旧政策、企业融资环境与融资行为、企业现金股利分配政策及企业对应付账款和应付票据的安排等主观因素的影响。二是企业现金股利分配的现金来源，既可以是核心利润的现金净流量，也可以是投资收益带来的现金流量。也就是说，企业长期股权投资收益在利润中占较大的情况下，即使经营活动现金流量不足以支付现金股利，企业仍有可能利用取得投资收益产生的现金进行现金股利支付。

2015 年投资收益较上期数增加 15 851 256.35 元，增长比例为 123.73%，主要原因为本期收到公司投资的贵州银行股份有限公司、贵阳银行、贵阳农村商业银行分红。2014 年投资活动产生的现金流量净额较上年减少 744 647 025.07 元，下降 61.13%，主要是异地技术改造增加的支出。

可以看出，投资活动的现金流量的变化与企业发展战略是一致的，企业一直致力于技术升级改造、降低各项成本（包括财务成本），具体表现在投资活动现金流量的变动上。

筹资活动的现金流量主要来自吸收投资、借款和发行债券。

2015 年到期债务的减少，使得筹资活动现金流出小计较上年同期减少；2013 年非公开发行股票、中介费用的支付，使得其他与筹资活动有关的现金较上年减少，并增加筹资活动现金流入；2011 年银行借款增加和公司债券发行，以及生产规模扩大和原材料价格上涨，使得筹资活动产生的现金流量净额较上年度增加。

上述情况表明，企业的债务筹资活跃。筹资活动现金流量净额是负数的当年，应该是企业更好地进行了筹资管理，在满足企业整体资金需求的前提下，降低了债务筹资规模。筹资活动现金流量净额是正数的当年，在满足企业整体资金需求的前提下，根据自身发展的需要，提高了债务筹资规模且能正常发行企业债券，说明公司本身存在相当大的优势。也就是说，企业具有较强的筹资能力，筹资环境很好，企业现金周转正常、顺畅。

5.4　经营业绩评价

5.4.1　盈利能力分析

黔轮胎毛利率与核心利润率综合看来，2013 年达到顶峰，后受国际经济形势

影响，2014～2015 年下滑，尤其 2015 年下滑明显。单从毛利率来看，企业 2011～
2015 年虽然变动较大，截至 2015 年毛利率仍是正值，无须多加注意。但结合核
心利润率来看，2015 年核心利润率已为负值，说明企业核心业务亏损，且超过 5%，
应引起高度重视，在 2016 年应采取必要措施增强核心业务盈利能力，否则企业风
险较大（表 5-7）。

表 5-7　黔轮胎盈利能力指标　　　　　　　　单位：%

项目	2011 年	2012 年	2013 年	2014 年	2015 年
毛利率	10.77	13.31	18.39	17.42	8.97
核心利润率	1.75	1.34	3.61	2.22	−6.26
净资产收益率	5.85	4.54	8.82	3.20	−9.57

注：核心利润率=（营业收入−营业成本−营业税金及附加−销售费用−管理费用−财务费用）/营业收入×100%

5.4.2　营运能力分析

应收账款周转率自 2011 年以来逐年下降，但始终保持在 1 次以上，说明一年
应收账款基本能周转一次，周转情况比较良好，流动性比较好（表 5-8）。

表 5-8　黔轮胎营运能力指标　　　　　　　　单位：次

项目	2011 年	2012 年	2013 年	2014 年	2015 年
应收账款周转率	1.78	1.49	1.41	1.20	1.13
存货周转率	5.95	4.80	5.04	3.87	4.14
流动资产周转率	0.52	0.43	0.44	0.29	0.20
股东资产周转率	3.96	3.40	3.15	1.53	1.45
总资产周转率	1.24	1.16	0.96	0.57	0.44

从表 5-8 存货周转速度来看，用报表数据计算的企业存货周转速度从 2011 年
的最高 5.95 次降到 2014 年的最低 3.87 次，2015 年回升至 4.14 次，考虑存货减值
准备因素，企业存货减值准备逐年增加。考虑到存货平均规模大体不变略有下降，
营业成本增长速度放缓，存货的周转速度将会继续有所下降。

结合企业固定资产规模的变化和当年营业收入的变化看固定资产周转状况，
从利润表的数据来看，企业当年的营业收入比上一年有所下降。但是，企业固定
资产不论是从原值还是从净值来看，均有大幅增长。

5.4.3　偿债能力分析

从财务指标上看，企业流动资产对流动负债的账面保障程度高，流动比率和速动比率都不错，表面上看不存在偿债能力问题。但是，企业的核心利润是负值，产生现金流量的能力是很差的，企业在未来一段时间内很有可能会出现较大的偿债压力问题。

就黔轮胎长期偿债能力（表 5-9）分析来看，企业资产负债率较高，2011～2015年，资产负债率平均高于国际公认标准 60%，而且企业本身背负的银行债务与企业债券较多，再次印证了未来风险大，偿债能力较差，再次融资的可能性不高，资金保障有风险。

表 5-9　黔轮胎偿债能力指标　　　　　　　单位：%

项目	2011 年	2012 年	2013 年	2014 年	2015 年
流动比率	118	114	94	111	113
速动比率	177	162	145	88	95
现金比率	100	160	11	27	44
资产负债率	71.65	68.75	71.82	63.44	71.52

5.4.4　发展能力分析

黔轮胎发展状况自 2011 年以来，波动情况剧烈，无明显规律，未来发展前景不明，但总体是下行趋势，这与当前我国和世界上的经济形势吻合。未来整体经济的疲软，对整个实体经济，尤其是制造业的冲击非常大，世界主要发达国家，如美国、德国等，都在大力发展制造业，为的就是阻止实体经济下滑。黔轮胎完全可以利用此次机遇，采取积极措施，摆脱当下困局（表 5-10）。

表 5-10　黔轮胎发展能力指标　　　　　　　单位：%

项目	2011 年	2012 年	2013 年	2014 年	2015 年
营业收入增长率	21.30	−11.46	0.14	−19.93	−14.24
净利润增长率	160.28	−19.96	109.78	−40.02	−370.05
净资产增长率	42.80	3.09	7.98	65.15	−9.57
总资产增长率	35.02	−6.48	19.72	27.29	16.10

5.5 结论及建议

就企业的发展战略而言，企业走的是经营为主、对外控制性投资为辅的发展战略，且对外控制性投资不论是规模还是盈利能力均一般；在运用的资源方面，企业发展所依赖的资源主要是筹资资源（包括贷款、发行债券和股权），企业目前正处于艰难转型期，传统业务盈利能力较低，又无新盈利增长点，未来经营有可能进一步恶化。

长期股权投资的账面金额加上企业以其他应收款方式向子公司提供的资金之和约从 51 亿元降至 31 亿元，该企业盈利模式是经营为主、投资为辅。

就竞争力盈利能力而言，母子公司经营资产在 2015 年出现问题，但经营资金周转还算正常。净利润较上年有较大幅度下降，2011～2015 年首次出现巨额亏损。不论是母公司自身报表还是合并利润表，都表明企业的整体盈利规模进一步缩小，行业竞争力压力加大。

就现金流转状态而言，企业的现金流转暂时是顺畅的。虽然企业核心利润 2015 年为负值，但因其他业务收入带来的经营活动现金流入基本可以持平；此外，以前年度企业的筹资活动也对现金流转顺畅做出了相应贡献。

就企业的资产总体状况而言，企业整体资产质量较差，能满足企业日常的经营活动需要，但盈利性、变现性和周转性均比较差。但这是制造业实体经济的特点，也与当前的宏观经济形势有关。企业短期债务和长期债务偿还能力较差。

从整体上看，2011～2015 年企业经济形势严峻，整个集团应加大融资力度，另外偿债能力减弱，需要其管理层的核心成员在充分开发新业务上下功夫，从根本上对企业进行转型，使集团能够在市场营销、人力资源、财务资源、业务资源、技术资源、市场资源及产品的多元化和更新换代等多方面实现可持续发展。

5.5.1 强化经营活动的盈利能力

企业的各项经营资产（如应收账款和应收票据、存货、固定资产、无形资产等）处于较差的状态，上述资产的有机结合已经出现危机信号，需要改进。

从未来的发展来看，需要解决的问题主要包括：第一，要提高固定资产占用率，尽力缩短在建工程转化为固定资产的时间，将其尽快投入使用。同时改善产品的毛利率结构，挖掘企业新的业务增长点，以提升综合盈利能力。第二，提升企业的购货谈判能力，尽可能降低预付账款。第三，加快存货周转速度，降低存货周转占用资金。第四，尽可能降低现金存量，减少不必要的非经营性资金占用。

5.5.2　强化长期股权投资活动的盈利能力

企业现有的投资虽仍有一定的盈利能力，但盈利能力不强。企业需要在现有的财务资源条件下，最大限度地提高被投资公司核心利润的规模和质量。值得注意的是，子公司的固定资产和在建工程的规模增长过猛，短时间内的固定资产增长对市场份额的扩大有比较急迫的预期。但是目前整个行业都处于下行阶段，盲目扩张有可能加剧企业的困境。

5.5.3　强化企业资产管理水平

黔轮胎固定资产、无形资产等流动性较差的资产占总资产比重较高，为更好应对目前的经济困境，盘活资产、提高资产利用效率应该是黔轮胎的重要措施。通过适当调整资产结构，提高周转效率应该是黔轮胎比较合适的做法。

5.5.4　升级企业业务板块

从上文的分析可以看到，黔轮胎营业收入呈下滑态势，2015 年的净利润更是降到负值，收入无法弥补成本。而其他业务收入却对利润有较大贡献，管理层适当调整生产方向与业务板块应该对企业摆脱经营困局有较大的作用。但应看到，当前的经济形势整体恶化，盲目扩张和投资有可能为企业带来毁灭性的影响，这对管理层提出了更高的要求，企业需要应对更大的挑战。

5.5.5　把握国有企业的优势

黔轮胎是贵州省的重点国有企业，在我国的国情下，国有企业的优势一定要牢牢抓住。国家财政对国有企业的扶持力度一直都是比较高的，黔轮胎完全可以争取相应的资金扶持。而且，国家财政对企业的技术改造项目也有专项资金支持，这些都是企业管理层应关注并争取的。

郑匀婷　周晋兰

第6章　盘江股份 2015 年报告分析

我国市场经济的进一步发展需要股份公司良好财务状况与财务管理的支持。通过深入分析上市企业的财务现状，可为企业未来发展指明方向，也能为投资者提供有效的投资支持。企业发展面临各种各样的经济环境及不同的市场定位，在清晰认知企业当前的发展阶段与发展现状基础上将可更好地制定企业未来发展战略。本章以贵州盘江精煤股份有限公司（以下简称盘江股份）发展战略、财务报表为分析对象，通过 PEST① 模型、波特五力模型分析了该公司发展环境，并全面解析了该公司当前的财务状况，以盘江股份 2011～2015 年的财务数据对该公司的财务会计能力进行分析，对企业的发展前景提出了一些见解，促进盘江股份的发展。

6.1　公 司 简 介

6.1.1　公司发展历程

盘江股份位于贵州省六盘水市红果经济开发区干沟桥，2001 年在上海证券交易所上市，股票代码为 600395。自公司上市以来，公司的主营业务有所变动，2002 年公司的主营业务就在原煤开采、煤炭洗选加工、煤的特殊加工、焦炭销售的基础上，增加了煤炭副产品深加工业务。2009 年公司再次进行主营业务调整，在 2002 年主营业务的基础上增加电力的生产与销售、企业运输等业务。在发展的过程中，公司的主营业务范围不断扩大，公司所涉及的领域进一步增加，在为公司创造更多财富的同时，也使公司的影响力进一步提升，为广大消费者提供了更多便利。

6.1.2　公司经营范围

公司主营业务在贵州、云南、四川、广西及其他省份，而且业务范围还在进一步扩大。公司本着为广大消费者提供优质产品的原则，在发展的过程中从各方面不断改进与完善，使公司的影响力进一步提升。当前，公司已经发展成为一个在行业内部深具影响力的企业。公司下属火烧铺矿 240 万吨/年、月亮田矿 115 万吨/年、山脚树矿 180 万吨/年、老屋基矿 115 万吨/年等，矿井总面积达到 162.6397 平方千米，

---

① P 表示政治因素，E 表示经济因素，S 表示社会因素，T 表示技术因素。

生产的煤种十分齐全，属于优质的化工及动力用煤。而且公司所处位置交通便利，为公司的煤炭运输提供了巨大便利。

为了促进公司更好地发展，公司对安全生产及管理工作都给予了高度关注。公司与各级生产单位进行《安全生产目标管理责任书》的逐级签订、明确责任，将目标落实到每一个人，并通过全员安全风险抵押金制度进行管理。公司加大安全生产方面的投入，对现场管理及规章制度给予高度的关注，并出台了很多管理办法，如《盘江股份公司"安全红线二十条"规定（试行）》《盘江股份公司"三违"处罚办法》《管理人员入井带班管理制度》，使公司的安全生产工作得到有效落实。当前公司已经发展成为一个在煤炭及附属品生产加工方面技术先进的企业，并在经营管理方面不断完善，是一个颇具影响力的企业。

6.1.3　公司发展战略分析

在现代市场竞争十分激烈的时代之中，公司在发展的过程中对竞争也给予了进一步的关注，希望自身可以在竞争过程中拥有更加广阔的发展空间，提升自身各方面的能力。公司当前主要的竞争战略是提高高端产品差异化、扩大公司产品覆盖面、在核心煤炭产业的基础上进行下游产业的深度开发与发展。

公司在发展的过程中，通过利用自身的煤炭资源优势（拥有长江以南最大储量的优质、稀缺煤炭资源），为广大客户提供更多优质的煤炭产品。公司通过对煤炭资源优势的进一步发挥，使公司的产品与同类产品相比更加具有优势。而且精煤在公司的总产品中所占的比例达到1/3，远远超过了其他煤炭生产及加工企业，凭借这方面的优势，公司在实际发展的过程中，进一步地加大高端产品的研发及生产，使公司的影响力进一步提高。

由于现代煤炭企业的竞争也异常激烈，为使自身能够在竞争之中脱颖而出，公司对产品覆盖面的扩大及开发给予了高度关注。公司根据自身客户（钢铁、火电、水泥等企业）都属于区域性大公司的特点（这些客户的规模较大，并且技术等综合实力在同行业之中也具有较大的影响力，对风险的抵御能力较强），对这些公司进行维护，这也对本公司的产品销售及市场占有率提升有一定的帮助。同时公司逐步拓展自身的影响范围，成为周边缺煤省份的重要煤炭供给企业，使周边省份对公司产品产生依赖，这也使公司产品定价能力进一步提高，为公司产品销售量的提升及价格的提高提供了一定的帮助。

公司在发展的过程中持续进行煤炭产品生产及加工的同时，对资源储备给予关注，使煤炭核心产业得到更好的发展，使其在长江以南地区的领导地位得到保持。公司对新技术的开发给予高度关注，不断提升产品的附加值，利用国家环保政策及产业转型升级的影响，对公司进行技术的改进，在煤炭核心产业发展的基础上，让其他的下游电力等产业的发展也得到进一步的改进与扩大，使公司成为一个综合能源企业。

在竞争战略的影响下，公司即使在煤炭行业的发展面临严峻挑战的情况下，各方面也都得到了良好的发展，影响力进一步扩大，为公司市场开发及可持续发展奠定了坚实的基础。

6.2　行业现状分析

6.2.1　宏观环境分析（PEST 模型）

1. 政治因素

由于煤炭行业的污染较为严重，在现代社会对环保的关注程度不断提升的情况下，国家环保政策也在改变，通过减少煤炭消费总量、提升清洁煤炭使用，以及通过环保能源进行煤炭资源替代等方式，使煤炭的销量降低。加上银行信贷对于各种污染严重的企业的放贷缩减，也使公司在发展的过程中面对的资金压力进一步加大。银行对包括煤炭、焦化行业等在内的企业进行贷款的缩减，甚至收回贷款，这使企业在发展的过程中资金压力巨大，严重影响了公司的正常运营。

不过，国家政策对煤炭企业也有一定支持，去产能、去库存及供给侧改革为煤炭企业改变亏损现状、促使煤炭企业更好地发展方面提供了帮助。例如，2015 年全国的煤炭进口量就比上一年相比减少了 1 亿吨，为 2 亿吨。2016 年国务院还发布了《关于煤炭行业化解过剩产能实现脱困发展的意见》，其中已经明确指出，计划用 3～5 年的时间，达到退出产能 5 亿吨左右，并且减量重组 5 亿吨左右，大幅度进行煤炭产能的压缩，适当地进行煤矿数量的减少。在国家政策的影响下，贵州省在 2016 年 3 月也出台了《关于推进供给侧结构性改革提高经济发展质量和效益的意见》，计划用 3～5 年的时间压缩煤矿规模在 7000 万吨左右。

这些国家及地方政策，一方面促进了盘江股份的库存减少，拓宽国内煤炭企业的销售市场范围；另一方面也限制了公司生产规模的扩大。政策对公司的发展有利有弊，在这样的情况下就要求公司能够适应国家及地方政策的变动，进行战略调整，在这样的环境下拥有更好的发展。

2. 经济因素

虽然我国经济在近几年一直都表现出良好的发展势头，并且快速增长，不过，2015 年国内生产总值增长在 7%以内，这说明我国经济增长的速度放缓。在国家经济增长速度缓慢的情况下，国内煤炭的整体需求量也随之进一步降低，这对煤炭企业而言，产品的销量会受到一定的影响，加上现代煤炭企业数量之多，以及一些小煤矿的影响，企业的产品销售情况变得不容乐观。

3. 社会因素

虽然国家对煤炭企业给予一定的帮助与支持，希望通过帮助使煤炭企业的库存减少，但是国家还对煤炭企业的产量进行控制，再加上现代广大群众环保意识的提升，对于煤炭这类污染严重的企业的抵触心理也进一步加大，他们会选择一些清洁能源使用，这也减少了对煤炭等资源的消耗，这虽然对环保有一定的帮助，却使煤炭企业的发展受到了一定的影响。

随着现代社会工业的发展，对煤炭及其附属品等的需求量也随之进一步增加，这对煤炭企业而言是一个好的信号，有助于公司的产品销售。整体而言，当前社会环境对于煤炭企业的发展利弊参半。

4. 技术因素

煤炭市场近几年市场形势十分严峻，竞争尤为激烈。各种新兴技术的出现及应用，使公司在发展的过程中面对的竞争压力也进一步加大。为使公司可以在技术方面取得一定的优势，不被其他企业所落下，盘江股份在发展的过程中，通过对科技创新战略的应用，在技术方面不断进行改进与创新，攻克一个又一个技术难题，积极推进新技术、新工艺研发。仅 2015 年公司研发的项目就包括巷道沿空掘巷技术、高效气化关键技术、瓦斯抽采技术等，并且取得了突出的成绩，在为公司发展赢得更加广阔的空间基础上，也使煤炭开采及深加工方面的工艺得到发展，对行业的发展做出了巨大贡献。

6.2.2　产业环境分析（波特五力模型）

1. 竞争对手分析

在公司发展的过程中，受到当前我国煤炭行业发展迅速和各个企业的市场扩张力提升的影响，公司面临的竞争压力进一步加大。2015 年盘江股份的广西片区受到进口煤、北方煤的冲击与影响，市场份额减少，说明当前公司所面临的竞争压力进一步加大。公司若想要拥有更好的发展，就要不断地提高自身的影响力，抓住现有市场，并且不断地进行市场拓展，使公司的影响力进一步扩大。

2. 其他企业的影响与威胁

虽然在当前国家政策的影响下，煤炭的进口量有所降低，不过仍然有 2 亿吨的进口量，这对于国内煤炭生产企业而言仍然是一个较大的威胁，企业在发展的过程中，产品的销量会受到一定的影响。而且受我国煤炭生产行业管理漏洞的影响，一些小规模的煤矿开采矿井仍然在作业，这些煤矿的产量虽然低，不过价格比较低廉，对盘江股份也会带来一定的影响。

3. 替代产品的威胁

随着现代社会对环保的关注及人们环保意识的提升，环保的关注程度不断提高，在这样的情况下，很多清洁能源出现，这些清洁能源得到了人们的关注与认可，在市场之中的占有率短时间内迅速提升。这些清洁能源的出现，对于煤炭及其附属产品的销售带来了巨大的冲击，而且一些清洁能源的价格比煤炭及其附属品的价格低很多，还有更多新的清洁能源的开发与应用普及，使煤炭生产及加工企业面临的威胁也随之进一步加大。

4. 供货商的议价能力

对于煤炭生产及加工企业而言，主要工作是进行煤炭开采，在进行开采的过程中主要的开支是各种设备、工具，以及人工费用，在研究中将这些看成公司的原材料，也就是公司生产的必需品。煤炭生产的严格管理及人工费用的增加，使煤炭生产及加工企业在发展的过程之中，所支付的各种生产成本也随之进一步增加。

5. 购买者的议价能力

现在各种制造工业的发展，使煤炭的需求量进一步加大，虽然有些企业有较好的发展，不过有很多企业的发展仍然较为落后，刚刚起步。这类刚刚起步的企业能力受到限制，煤炭需求者在购买煤炭的时候，对于价格的关注程度也进一步提高，这使煤炭企业的产品销售十分不利。加上现代国家政策的影响等，一些购买者对这方面的问题给予关注，加大议价的力度，这也进一步地影响了煤炭企业产品销售的获利情况。

6.3　报 表 分 析

6.3.1　资产负债表项目分析

为了对盘江股份实际情况进行了解，在研究过程中，选择 2011～2015 年这五年公司的资产负债情况进行研究。为了更好地进行研究，将公司的资产负债表的信息进行整理，得到如下所示的公司资产负债表（表 6-1 和表 6-2）。

表 6-1　盘江股份资产负债表简表　　　　单位：元

项目	2011 年	2012 年	2013 年	2014 年	2015 年
货币资金	1 146 799 836.99	812 506 303.67	755 554 948.35	615 271 451.59	632 519 900.00
应收票据	2 172 780 239.86	2 605 964 531.18	2 679 927 086.73	2 185 249 914.20	1 463 377 900.00
应收账款	269 859 996.26	650 876 757.29	753 486 764.00	984 711 176.15	1 171 055 200.00
存货	303 890 983.50	229 285 845.32	172 053 184.99	122 897 266.95	137 303 800.00
流动资产合计	4 538 675 446.13	4 711 399 116.98	4 501 696 330.54	4 052 529 085.50	3 511 536 400.00
固定资产	4 730 182 863.57	4 716 680 750.51	5 357 063 556.01	2 955 377 710.86	2 917 521 200.00
在建工程	1 067 115 454.18	2 214 519 133.08	1 848 648 391.17	1 701 888 475.77	1 776 315 900.00
非流动资产合计	7 685 725 649.25	9 253 056 481.08	9 446 202 255.73	6 883 073 374.27	6 855 507 100.00
资产总计	12 224 401 095.38	13 964 455 598.06	13 947 898 586.27	10 935 602 459.77	10 367 043 500.00
流动负债合计	2 486 713 707.49	3 862 223 754.85	4 662 651 507.44	3 007 665 985.61	2 927 603 800.00
非流动负债合计	2 259 637 235.84	1 866 007 070.36	1 568 265 505.48	1 565 619 593.23	1 466 598 800.00
负债合计	4 746 350 943.33	5 728 230 825.21	6 230 917 012.92	4 573 285 578.84	4 394 202 600.00
所有者权益合计	7 478 050 152.05	8 236 224 772.85	7 716 981 573.35	6 362 316 880.93	5 972 840 900.00
负债和所有者权益总计	12 224 401 095.38	13 964 455 598.06	13 947 898 586.27	10 935 602 459.77	10 367 043 500.00

表 6-2　盘江股份资产负债表简表结构百分比分析　　　　单位：%

项目	2011 年	2012 年	2013 年	2014 年	2015 年
货币资金	9.38	5.82	5.42	5.63	6.10
应收票据	17.77	18.66	19.21	19.98	14.12
应收账款	2.21	4.66	5.40	9.00	11.30
存货	2.49	1.64	1.23	1.12	1.32
流动资产合计	37.13	33.74	32.28	37.06	33.87
固定资产	38.69	33.78	38.41	27.03	28.14
在建工程	8.73	15.86	13.25	15.56	17.13
非流动资产合计	62.87	66.26	67.72	62.94	66.13
资产总计	100.00	100.00	100.00	100.00	100.00
流动负债合计	20.35	27.66	33.43	27.50	28.24
非流动负债合计	18.48	13.36	11.24	14.32	14.15
负债合计	38.83	41.02	44.67	41.82	42.39

续表

项目	2011 年	2012 年	2013 年	2014 年	2015 年
所有者权益合计	61.17	58.98	55.33	58.18	57.61
负债和所有者权益总计	100.00	100.00	100.00	100.00	100.00

表 6-1 和表 6-2 为盘江股份的资产负债情况，为了更好地了解公司的实际经营状况，将公司资产负债表中的情况进行详细分析。

1. 存货

在发展的过程中，盘江股份的存货一直都较少，说明公司的存货周转情况较好。这对公司的发展有重要的影响，公司的资产流动性增强，有助于公司对资金合理应用，使资金更好地发挥作用。

2. 流动性资产

公司在发展的过程中，流动资产合计从 2013 年起呈下降态势，在资产总计之中所占的比例变动不大。流动资产的减少对公司的发展有一定的促进，说明公司的资金都得到了合理应用，应防止公司由于赊销过多资金无法及时回收，进而使公司的经营受到不良的影响。

3. 短期借款和长期借款

负债经营是很多企业在经营的过程中都会选择的方式。盘江股份在发展的过程中，也进行负债经营。国家政策的变动使公司面对的压力加大，因此不得不通过负债的方式解决资金问题。表 6-1 和表 6-2 显示，盘江股份的债务以流动负债为主，短期还款压力较大。

6.3.2　利润表项目分析

通过表 6-3 和表 6-4 的数据及盘江股份的实际情况，对公司的财务状况从以下几个方面进行详细分析。

表 6-3　盘江股份利润表简表　　　　　　　单位：元

项目	2011 年	2012 年	2013 年	2014 年	2015 年
一、营业收入	7 464 931 764.57	7 882 292 378.46	5 783 686 057.62	5 174 837 582.90	4 069 023 300.00
减：营业成本	4 127 596 193.42	4 601 469 062.46	3 784 172 434.96	3 452 372 542.09	3 175 379 200.00

续表

项目	2011 年	2012 年	2013 年	2014 年	2015 年
营业税金及附加	419 700 114.45	357 181 203.15	305 928 072.01	160 794 080.70	174 124 500.00
销售费用	137 234 472.67	119 210 749.43	89 678 313.89	209 097 862.99	62 866 400.00
管理费用	682 099 010.07	874 392 704.47	982 906 247.02	798 129 731.92	473 692 700.00
财务费用	61 266 667.76	130 226 008.05	173 440 379.31	68 666 589.44	77 433 600.00
资产减值损失	25 138 394.85	17 397 005.69	10 600 402.88	96 752 513.21	15 749 800.00
二、营业利润	2 028 908 175.44	1 803 896 163.46	430 251 919.18	347 199 936.49	15 732 400.00
三、利润总额	2 042 389 180.89	1 802 913 894.91	441 560 036.78	359 138 944.70	25 724 900.00
四、净利润	1 719 357 461.72	1 528 777 108.61	313 244 247.29	307 213 957.49	23 200 500.00

表 6-4   盘江股份利润表简表结构百分比分析   单位：%

项目	2011 年	2012 年	2013 年	2014 年	2015 年
一、营业收入	100.00	100.00	100.00	100.00	100.00
减：营业成本	55.29	58.38	65.43	66.71	78.04
营业税金及附加	5.62	4.53	5.29	3.11	4.28
销售费用	1.84	1.51	1.55	4.04	1.54
管理费用	9.14	11.09	16.99	15.42	11.64
财务费用	0.82	1.65	3.00	1.33	1.90
资产减值损失	0.34	0.22	0.18	1.87	0.39
二、营业利润	27.18	22.89	7.44	6.71	0.39
三、利润总额	27.36	22.87	7.63	6.94	0.63
四、净利润	23.03	19.40	5.42	5.94	0.57

1. 营业收入

根据表 6-3 中的数据可以了解到，公司在发展的过程之中营业收入表现为下降的趋势。将 2015 年公司的营业收入根据行业、产品及地区的分类情况总结，如表 6-5 和表 6-6 所示。

表 6-5   2015 年公司的营业收入根据行业分类情况

营业收入分行业情况					
行业	营业收入/万元	营业成本/万元	毛利率/%	营业收入比上年增减/%	营业成本比上年增减/%	毛利率比上年增减/%
煤炭	382 037.48	295 456.06	22.66	−20.43	−2.84	−14.00
电力	358.47	412.18	−14.98	−97.89	−97.81	−4.60

续表

营业收入分行业情况

行业	营业收入/万元	营业成本/万元	毛利率/%	营业收入比上年增减/%	营业成本比上年增减/%	毛利率比上年增减/%
机械	7 735.66	4 708.37	39.13	−0.51	3.58	−2.40
合计	390 131.61	300 576.61	22.96	−22.73	−8.20	−12.20
内部抵消	3 182.18	3 182.18	——	——	——	——
抵消后合计	386 949.43	297 394.43	23.14	−20.32	−3.49	−13.40

表 6-6　2015 年公司的营业收入根据产品与地区分类情况

营业收入分产品情况

产品	营业收入/万元	营业成本/万元	毛利率/%	营业收入比上年增减/%	营业成本比上年增减/%	毛利率比上年增减/%
精煤	248 551.69	195 150.23	21.49	−23.32	−4.78	−15.29
混煤	133 485.79	100 305.83	24.86	−14.40	1.16	−11.56
电力	358.47	412.18	−14.98	−97.89	−97.81	−4.60
机械	7 735.66	4 708.37	39.13	−0.51	3.58	−2.40
合计	390 131.61	300 576.61	22.96	−22.73	−8.20	−12.20
内部抵消	3 182.18	3 182.18	——	——	——	——
抵消后合计	386 949.43	297 394.43	23.14	−20.32	−3.49	−13.40

营业收入分地区情况

地区	营业收入	营业成本	毛利率/%	营业收入比上年增减/%	营业成本比上年增减/%	毛利率比上年增减/%
贵州	144 439.02	108 600.68	24.81	−29.02	−21.45	−7.24
云南	58 193.13	42 344.74	27.23	−20.00	−8.35	−9.25
四川	151 189.25	119 405.69	21.02	−8.37	18.71	−18.01
广西	32 362.86	26 187.63	19.08	−45.09	−31.91	−15.66
其他地区	3 947.35	4 037.87	−2.29	−16.78	2.99	−19.64
合计	390 131.61	300 576.61	22.96	−22.73	−8.2	−12.20
内部抵消	3 182.18	3 182.18	——	——	——	——
抵消后合计	386 949.43	297 394.43	23.14	−20.32	−3.49	−13.40

　　根据表 6-5 和表 6-6 可以了解到，在公司发展的过程之中，营业收入整体都表现为下降，而且不论是从行业、产品还是地区分类，都是下降的状态。这与国家政策有一定的关系，与现代新能源开发带来的影响也有关系。

2. 成本费用

由于受到国家政策的影响，公司在实际经营的过程之中所支付的成本也有所变动。成本整体表现为下降，不过具体到不同的行业、产品及地区有一定的差异，这与不同的产品生产情况及地区的具体情况有一定的关系。整体而言，公司在先进技术的应用下，成本大幅度降低，进一步提升了公司的竞争力。

3. 各项费用支出

在公司对成本费用控制的高度关注下，公司的各项费用都有所降低。2015 年公司的成本费用不同产品的分类情况总结，如表 6-7 所示。

表 6-7 盘江股份 2015 年公司的成本费用不同产品的分类情况

分行业（产品）情况						
行业	成本构成项目	本期金额/万元	本期占总成本比例/%	上年同期金额/万元	上年同期占总成本比例/%	本期金额较上年同期变动比例/%
煤炭	材料费	38 231.79	12.94	44 015.46	14.47	−13.14
	职工薪酬	124 151.86	42.02	150 747.43	49.57	−17.64
	电力	19 762.98	6.69	21 878.08	7.19	−9.67
	折旧费	18 214.29	6.16	18 322.02	6.03	−0.59
	井巷工程费	2 259.11	0.76	2 353.73	0.77	−4.02
	维简费	7 229.18	2.45	7 531.93	2.48	−4.02
	地塌费	591.39	0.20	11 111.77	3.65	−94.68
	安全费	36 145.87	12.23	37 659.66	12.39	−4.02
	贸易煤成本	38 445.82	13.02	—	—	—
	其他支出	10 423.77	3.53	10 473.86	3.45	−0.48
	合计	295 456.06	100.00	304 093.94	100.00	−2.84
电力	材料费	177.68	43.11	11 764.49	62.62	−98.49
	职工薪酬	65.25	15.83	3 496.94	18.61	−98.13
	折旧费	46.26	11.22	1 959.90	10.43	−97.64
	其他支出	122.99	29.84	1 564.57	8.34	−92.14
	合计	412.18	100.00	18 785.90	100.00	−97.81
机械	材料费	450.37	9.57	1 554.85	34.21	−71.03
	职工薪酬	216.26	4.59	294.70	6.48	−26.62
	电力	14.69	0.31	9.07	0.20	61.96
	折旧费	3 981.20	84.56	2 674.64	58.84	48.85
	其他支出	45.85	0.97	12.35	0.27	271.26
	合计	4 708.37	100.00	4 545.61	100.00	3.58

通过表 6-7 可以看出，公司在发展的过程中，产品的成本费用大都有所降低，这与公司对产品成本控制的关注有一定关系。不过机械方面的成本费用有所增加，这主要是由于公司在机械生产方面的投入增加，使机械的产量增加。

6.3.3　现金流量分析

如表 6-8 所示，盘江股份经营活动产生的现金净流量净额在 2011～2015 年均为正值，投资活动产生的现金流量净额均为负值，筹资活动产生的现金流量净额均为负值，表明该企业正处于稳定发展期，且企业产品成熟，市场表现比较稳定，投资回报正在不断显现。但是企业仍有较多外部资金需要偿还，企业应该维持稳定的现金流，在企业合作伙伴、金融机构、客户方面维持良好的企业形象，避免产生资信问题。

表 6-8　盘江股份现金流量净额　　　　　　　　　　单位：元

项目	2011 年	2012 年	2013 年	2014 年	2015 年
经营活动产生的现金流量净额	2 375 969 446.56	1 427 627 606.55	906 277 896.34	770 710 649.18	554 108 800.00
投资活动产生的现金流量净额	−1 368 595 962.07	−1 125 538 582.99	−598 361 393.67	−356 702 411.13	−348 353 100.00
筹资活动产生的现金流量净额	−865 641 734.92	−640 013 111.31	−357 148 739.32	−441 769 409.37	−188 507 300.00

6.4　结论及建议

6.4.1　盈利能力分析

通过表 6-9 可以看出，盘江股份在发展的过程中股东净利润比率大幅度增长，2013 年增长幅度尤其突出。不过在 2013～2015 年表现为下降，即便是下降公司的股东净利润比率与同行业相比也处于前列，这说明公司的盈利能力较好。受到国家政策及现代新能源的影响，公司的销售毛利率下降，这说明公司在成本控制方面还应当进一步加强，减少不必要的支出，进一步提高公司的利润。

表 6-9　盘江股份盈利能力指标　　　　　　单位：%

项目	2011 年	2012 年	2013 年	2014 年	2015 年
股东净利润比率	57.5	49.53	105.08	86.20	71.32
销售毛利率	45.12	41.63	34.57	33.29	21.96
资产报酬率	14	11.68	2.24	2.47	0.22
销售净利率	27.02	19.40	5.42	5.94	0.57
成本费用净利率	41.32	25.06	5.86	6.42	0.58

6.4.2　营运能力分析

通过表 6-10 了解到，在盘江股份发展的过程中，其营运能力较好，流动资产周转率较高，而且存货周转率较高。这说明公司在实际经营的过程中，能够将产品快速转变成为资金，有助于公司的正常运转。

表 6-10　盘江股份营运能力指标　　　　　　单位：次

项目	2011 年	2012 年	2013 年	2014 年	2015 年
应收账款周转率	29.43	2290.18	2026.90	2492.98	2634.26
存货周转率	16.61	0.35	0.21	0.18	0.19
流动资产周转率	1.91	1.23	1.54	0.67	0.69
固定资产周转率	1.98	1.67	1.08	1.25	1.39
总资产周转率	0.73	0.60	0.42	0.42	0.38

6.4.3　偿债能力分析

从表 6-11 的流动比率角度看，整体而言公司的偿债能力处于良好状态，而且公司的偿债能力在近几年还在进一步提高。整体而言，不论是从流动比率、速动比率还是资产负债率，公司的偿债能力都较好，这对公司的发展有一定的促进作用。

表 6-11　盘江股份偿债能力指标　　　　　　单位：%

项目	2011 年	2012 年	2013 年	2014 年	2015 年
流动比率	183	122	97	135	120
速动比率	170	116	93	131	115

续表

项目	2011 年	2012 年	2013 年	2014 年	2015 年
资产负债率	39	60	76	52	46
股东权益比率	57	59	55	59	58
负债股权比率	51	47	60	71	74

6.4.4 发展能力分析

通过表 6-12 看出，盘江股份的销售增长率、净利润增长率及总资产增长率呈下降态势，说明公司的销售、净利润及总资产都在减少，公司的发展能力并不十分乐观。这与现代煤炭行业发展不景气及国家经济整体发展速度缓慢有紧密联系。

表 6-12 盘江股份发展能力指标 单位：%

项目	2011 年	2012 年	2013 年	2014 年	2015 年
销售增长率	36.10	−20.12	−26.62	−21.37	−21.37
净利润增长率	27.21	−21.2	−26.62	−21.37	−21.37
总资产增长率	47	1.2	−0.12	−21.60	−5.20
净收益增长率	27.1	0.9	−0.09	−16.2	−3.9
资本累计率	10.02	10.14	−6.30	−4.22	−6.68

6.5 发展前景分析

盘江股份作为贵州省唯一的一家煤炭上市公司，在贵州省煤炭行业中属于佼佼者，同时也是长江以南地区最大的煤炭生产企业。受到宏观经济增长速度缓慢、能源结构调整及安全生产等方面的管控力度加大的影响，国内煤炭行业发展持续面临着产能过剩、需求不足的问题，这使煤炭的价格持续下降，煤炭企业的效益也随之下降，整个煤炭行业的发展都面临严峻的挑战。随着国家对能源结构的调整，在去产能、去库存及供给侧改革等措施的影响下，煤炭落后产能有序退出，并且控制新的产能增加，大型的煤炭企业对中小煤矿兼并重组，这使煤炭行业在发展的过程中向优势企业聚集，进一步提高行业的集中度，使产业结构进一步调整。这样的情况下，对于盘江股份而言，其本身就属于大型煤炭生产企业，自身竞争力较强，各方面能力也都较强，这使公司的发展拥有更广阔的空间，而且公司近几年的战略调整取得了巨大的成绩，得到了煤炭用户的一致好评。

　　同时在公司产业结构调整的影响下，煤炭产品及其他产业共同发展，经营状况进一步改善。例如，公司 2015 年的营业收入分产品情况，如表 6-13 所示。

表 6-13　营业收入分产品情况表

营业收入分产品情况

产品	营业收入/万元	营业成本/万元	毛利率/%	营业收入比上年增减/%	营业成本比上年增减/%	毛利率比上年增减/%
精煤	248 551.69	195 150.23	21.49	−23.32	−4.78	−15.29
煤炭	133 485.79	100 305.83	24.86	−14.40	1.16	−11.56
电力	358.47	412.18	−14.98	−97.89	−97.81	−4.60
机械	7 735.66	4 708.37	39.13	−0.51	3.58	−2.40
合计	390 131.61	300 576.61	22.96	−22.73	−8.20	−12.20
内部抵消	3 182.18	3 182.18	—	—	—	—
抵消后合计	386 949.43	297 394.43	23.14	−20.32	−3.49	−13.40

　　通过表 6-13 可以看出，在公司实际经营的过程中，精煤、煤炭的发展在不断加速，而且机械的毛利率也有所上升。在公司发展的过程中，公司对煤炭下游产业的发展也给予了高度重视，这使公司在现代煤炭行业面临严峻考验的时候，各方面经营仍得到了有效改善。

6.5.1　充分利用地理条件优越性

　　由于盘江股份位于滇黔两省的交界处，在贵州省六盘水市盘县，是煤炭调出省份，并且是周边省份及长江以南地区煤炭的主要调入省份。公司在发展的过程中凭借较低的运输成本，优越的地理位置，拥有很强的竞争力。

6.5.2　提高对安全生产的重视

　　公司在发展的过程中凭借对安全生产的关注，保证了安全稳定的局面，同时把握住煤炭发展方向，稳健运营，大幅度提升了工作效率、生产效率；公司对于人员的能力及素质给予高度关注，公司员工的能力大幅度提高；公司对改革也给予高度重视，通过创新机制、提升营运效率，在竞争激烈的环境下依然有较好的经营状况。

6.5.3 根据政策进行战略调整

在环保管理的高压影响下，公司在发展的过程中也开始进行战略调整。根据国家政策及公司所属行业的情况，公司对业务转型给予高度重视，注重革新图变，改进经营模式，改变经济增长的动力，具有更多的新优势；公司对生产经营也给予高度重视，注重主次分明，通过结构的调整，管控方面的优化，保持产量稳定，逐步降低公司的生产成本，保证公司的效益进一步提升；公司对员工进行激励，使员工的工作积极性得到进一步的激发，让员工可以在工作中更加尽职尽责。

6.5.4 加强新产品研发与创新

在公司所有员工的努力下，不断进行新产品及新技术的开发与创新，使公司在未来发展的过程中竞争力不断提升。同时在发展的过程中，公司通过对国家政策的认真学习及贯彻落实，使公司在国家政策变动的情况下也可以不断前进。公司在未来发展的过程中，各方面能力还需进一步提升，保证公司能够更好地适应现代社会的发展。通过为广大煤炭用户提供更多优质的煤炭产品，并采用先进的工艺，降低生产费用，使公司可以在煤炭行业严峻的情况下更好地发展。

参 考 文 献

程世特，曾国庆. 2009. 上市公司财务报表分析[J]. 中国乡镇企业会计，（4）：94.

刘敏. 2012. 基于新视角的企业发展能力分析指标研究[J]. 北方经济，（2）：48-49.

乔永军. 2012. 浅析企业财务报表分析局限性的原因及对策[J]. 新疆农垦经济，（7）：90-92.

吴义惠. 2009. 浅析财务报表分析在企业财务管理中的作用[J]. 商业经济，（24）：97-98.

夏大慰. 2012. 财务报表分析[M]. 北京：经济科学出版社，6-7.

张新民. 2011. 财务报表分析[M]. 北京：中国人民大学出版社，4-8.

张雪萍. 2011. 试论企业营运资金管理[J]. 赤峰学院学报（科学教育版），（11）：27-29.

杨吉莹　周晋兰

第7章　久联发展 2015 年报告分析

贵州久联民爆器材发展股份有限公司（以下简称久联发展）是我国高新技术企业，致力于各类民爆产品的研发、生产及销售，是目前国内民爆器材产品品种最为齐全的生产企业之一。在爆破工程施工及技术服务方面，公司是全国为数不多的（贵州省唯一一家）拥有国家住房和城乡建设部核发的爆破与拆除工程专业承包一级资质的单位，爆破施工及技术服务处于国内领先水平，享有较高声誉。公司一直秉承"低成本扩张、一体化经营、科技兴业"的公司战略，顺应民爆行业的产业政策，紧紧抓住西部大开发带来的历史性机遇，凭借"科研、生产、销售、爆破服务"一体化经营模式搭建的平台，走在了爆破行业的前列。

7.1　公　司　简　介

久联发展是一家位于贵阳市的民营上市公司，公司于 2004 年登陆深圳证券交易所，它的主要业务是从事爆破器材的研发、生产及销售。由于爆破器材用于工程拆迁和爆破，安全性要求较高，对企业生产的爆破器材质量要求也比较高，爆破器材产品的生产标准需要行业和政府共同制定，并由政府严格指定符合相关标准的企业来进行生产。久联发展就是政府指定生产爆破器材的企业之一，由此可见，久联发展在行业内有着较高的地位和较强的影响力，综合实力较强。

爆破器材用于工程拆迁和爆破，安全性要求较高，对企业生产的爆破器材质量要求也比较高，因此它是一个高科技产业。久联发展在爆破产品行业及全国范围内都有着较高的知名度，并且随着久联发展的不断发展，企业的市场份额不断增加，不仅在贵州省占据着较多的市场份额，而且在甘肃、四川等省份也有着较高的市场份额。

7.2　挑战与机遇

在久联发展几十年的发展历程中，久联发展始终坚持"质量第一、安全生产"的原则，不断通过多层质量管理体系认证，提高公司在爆破产品行业的地位，积极扩展企业的市场份额。

久联发展能长期在行业内保持领先地位，除了始终坚持"质量第一、安全生产"原则以外，最重要的就是始终秉承"开拓创新"的优秀企业文化精神，研发生产新颖独特的产品，抢占市场。并且，公司所生产的产品在国内外活动的评比中，屡屡获得优秀奖项，在国内的爆破行业享有极高的声誉。

7.2.1　挑战

久联发展目前在贵州省及全国爆破产品行业中都占着举足轻重的地位，因此，在发展的起点上相对较高，相对于同行业竞争对手来说有着先天的优势，但是伴随着中国城镇化进程和基础设施建设进程加快、市场经济环境的变化、爆破产品及爆破技术这个市场被众多的竞争对手所觊觎等，久联发展面临很大的压力和挑战，因此，需要对久联发展未来的发展规划进行科学合理的预判，提出相关性的意见，更好地促进企业健康持续发展。现阶段，久联发展面临以下挑战。

（1）随着爆破产品市场及爆破技术市场需求的增加，进入行业壁垒降低，越来越多的企业和资本进入到爆破产品生产行业中，导致该行业的市场竞争加剧。

（2）随着中国城镇化进程及基础设施建设的加快，国内爆破产品市场已经成为国外同行业品牌的主攻市场，全球经济市场化使得国内爆破产品行业竞争愈演愈烈。

（3）地方保护主义依然存在。作为一家贵州省本地企业，久联发展在贵州省有着政策及地方优势，但是久联发展在不断进行对外拓展，扩展到了甘肃省，势必就会压缩甘肃省本地爆破产品行业的发展，对甘肃省的就业、经济发展及税收等方面都有不小的影响，进而可能引起地方保护主义的抵制，这不利于久联发展的长远和健康发展。

（4）影响企业发展的不确定因素增多。企业作为市场经济的重要组成部分，不可能脱离市场而独自发展，因此，久联发展的发展很大程度上会受到众多不确定因素的影响。例如，地方政府的政策及国家的相关政策，目前国家最新实施的营改增税收政策，对久联发展的发展，都有一定程度上影响。

7.2.2　机遇

久联发展在贵州省地区有着较高的知名度，在发展的过程中不断创新、保证产品的质量和技术、立足当下，从长远来看，由于公司仍处于发展前景广阔的机遇期，公司的发展机遇和挑战并存，其拥有的有利条件和发展机遇如下。

（1）政策方面。久联发展作为贵州省为数不多的上市企业，对贵州省经济的发展有着较大的影响力，在税收、就业和财政方面有着较大的贡献，特别是在国家西部大开发战略进入新的历史阶段这个背景下，贵州省委、省政府提出了大力实施工业强省和城镇化带动战略，同时认为需要大力保障久联发展及贵州茅台等贵州知名企业的发展，因此，这些企业在政策上有着强有力的保证。

（2）"十三五"期间，国家的产业政策调整、市场准入、流通管理等方面相关政策、法律日趋完善，促使市场经济秩序更加规范，而众多知名企业、优秀企业也将受到更全面的保护。在国家经济飞速发展的大环境下，强力推进扩大内需政策、不断优化的消费结构和产业结构所带来的消费升级都将为公司的发展提供更广阔的市场空间。

（3）相比同行业其他企业，久联发展自身的综合实力较强，在国内的爆破市场中有着较高的影响力，长期稳定的发展意味着久联发展有着稳定的销售渠道和消费群体，在市场经济发展越来越规范的前提下，久联发展势必将会更好地发展。

7.3　发展前景分析

久联发展主要从事爆破用品的生产及研发工作，它的主要经营方向集中在民用产品方面，随着近些年中国城市化进程的加快，各地加大了对基础设施建设和房地产工程的开发，其中涉及众多的房屋拆迁及建筑物的爆破等环节，这些方面都会涉及爆破产品，就安全拆迁而言，对爆破产品的质量标准要求非常高，由此可以预测，爆破产品行业的发展前景态势良好。在工程建设和建筑物的爆破等方面，对爆破的专业性和安全性能等方面有着严格的标准与质量要求，需要由专业性极强、技术成熟的爆破技术企业来进行操作，而久联发展在爆破技术方面一直保持着领先的优势，其生产的产品都能保证有极高的技术性和安全性，久联发展在未来的行业发展前景也是颇为被看好的。

7.3.1　久联发展发展势头良好，贵州省行业龙头老大地位稳定

久联发展从成立开始就有着较强的综合实力，在贵州省内占据着大部分的市场份额，比例高达 70%。即便如此，久联发展并未停止扩张，其继续扩大市场份额，并不断进入其他省市。从 2006 年开始，久联发展在稳定贵州省市场之后，进入了甘肃市场，并成为甘肃省爆破行业的龙头企业。

7.3.2　地方政府政策支持

随着市场经济持续发展，中国经济的市场化程度在不断增强，目前在经济发展中能够很好地体现市场经济的开放性和竞争性，但由于中国经济发展的特殊性，存在区域经济片面发展的情况。某些地区为了保护本地的市场份额，出现了地方保护主义的现象，究其原因是在发展地方经济时，受到地方的政府干预和保护，而其中久联发展作为贵州省的知名企业，在发展中需要地方政府的大力扶持。

久联发展作为一家私营企业，需要缴纳相关的税收，由于中国当前的中央和地方的两级税收政策，地方政府在企业的税收管理上有着一定的权限，久联发展对贵州省的就业、经济发展及税收等方面都有不小的影响，为了久联发展的健康发展，贵州省政府会在自己权限范围内给久联发展一定的政策支持。

政府加强了对假货的打击力度。由于市场对爆破产品的需求增加及久联发展的市场品牌度较高，一些不法分子意图生产假冒久联发展产品来赚取暴利，但是这些产品达不到久联发展产品的质量水平，一旦出现相关的事故，不仅损坏了久联发展的声誉，重要的是造成危险。因此，需要久联发展和贵州省相关部门联合起来，打击假冒产品，更好地维护企业的声誉。

7.3.3　市场兼并现象增加

市场经济中的价值规律很容易让企业在市场经济的发展中优胜劣汰，特别是众多的爆破企业进入市场，进入这个行业以后，为了更好地生存，势必会产生较多的竞争，一些综合实力不强的企业很容易在市场竞争中失败，造成市场兼并现象。久联发展作为爆破行业的知名企业，综合实力相对于其他的企业来说要强，那么势必会在未来的市场竞争中出现兼并现象，从而不断扩展自己的综合实力。

7.4　报　表　分　析

7.4.1　利润表分析

如表 7-1 所示，久联发展 2011～2015 年的营业收入整体在不断提高，其中

2015 年的营业收入有所下滑，这主要是因为当前中国的房地产市场出现一定程度的降温。2011～2014 年四年中营业收入出现了一定程度的增加，在 2015 年有所下滑，这就说明了久联发展发展速度减缓，但是总体上还是盈利，企业的盈利能力保持着稳定的水平。

表 7-1　久联发展利润表简表　　　　　单位：万元

项目	2011 年	2012 年	2013 年	2014 年	2015 年
营业收入	242 333	309 865	340 652	390 963	316 454
营业利润	33 455	31 938	33 038	33 383	10 977
利润总额	31 938	32 832	33 167	34 648	13 653
净利润	24 916	25 426	25 673	26 742	89 55

如表 7-2 所示，久联发展 2011～2014 年的营业收入呈连年上升趋势，其中 2014 年营业收入的增加最多，2015 年小幅降低，但是在营业利润上，久联发展在 2015 年呈现大幅下降的趋势，这就说明了久联发展的成本费用支出在经营活动中的比重增大；企业的利润总额、营业利润和净利润也存在相同的情况，利润总额与净利润差额增加，这就说明了企业所得税费用也在不断增加。久联发展需要在营业成本、营业外支出和所得税费用方面进行相关的控制，保证久联发展的净利润。

表 7-2　贵州久联发展股份有限公司利润表趋势分析（以 2011 年为基期年度）单位：%

项目	2011 年	2012 年	2013 年	2014 年	2015 年
营业收入	100	127.87	140.57	161.33	130.59
营业利润	100	95.47	98.75	99.78	32.81
利润总额	100	102.80	103.85	108.49	42.75
净利润	100	102.05	103.04	107.33	35.94

7.4.2　资产负债表分析

资产负债表是反映企业一定日期财务状况的会计报表。要想了解企业资产规模、资产结构、资本结构是否合理，就需要对久联发展资产负债表进行分析，因此，本节就对久联发展 2011～2015 年的资产负债表进行数据分析，以便更好地了解久联发展这五年的发展情况。

表 7-3 列示了久联发展连续五年流动资产占资产总额的比重，可以看出，久联发展 2011～2015 年流动资产规模、资产总额的规模都在不断地增加，流动资产在资产总额中的所占比重保持在 50% 左右。这就说明了企业的资产结构相对稳定，资产具有较强流动性和变现能力，企业拥有足够能力应付其到期的债务，而且企业流动资产并没有占用大量的资金，足够的存货又能保证企业生产和销售的顺利进行，因此，企业所面临的风险较小。

表 7-3　久联发展资产结构分析表

项目	2011 年	2012 年	2013 年	2014 年	2015 年
流动资产/万元	151 487	264 247	344 724	395 562	428 057
资产总额/万元	281 408	462 727	609 008	777 807	831 322
流动资产占资产总额的比重/%	53.83	57.11	56.86	50.86	51.49

企业的资产负债率反映了企业的资本结构，主要表示的是负债在企业资产中的比重，企业的资产负债率越高，那么企业的资金流动就越不健康，但是企业的资产负债率过低的话，企业的资产结构中自有资产比重较大，企业就没有合理地运用外有资产。一般来说，国际公认标准认为，企业的资产负债率 50% 较合理，即企业的资本一半由债权人提供，一半由股东提供，既利用了财务杠杆，财务压力又不至于过大。

久联发展 2011～2015 年的资产负债率保持在 60% 以上的水平，远远高于国际公认标准 50%，这就说明了贵州省久联发展的资本结构不合理，企业的经营管理者需要针对这种情况采取相关的措施来进行改进，更好地促进贵州省久联发展的发展（表 7-4）。

表 7-4　久联发展资本结构百分比分析表

项目	2011 年	2012 年	2013 年	2014 年	2015 年
负债总额/万元	183 306	281 482	404 499	551 082	599 602
资产总额/万元	281 408	462 727	609 008	777 807	831 322
资产负债率/%	65.14	60.83	66.42	70.85	72.13

7.4.3　现金流量表分析

现金流量表是反映企业在一定会计期间现金及现金等价物流入和流出的报表，要了解久联发展的支付能力与偿债能力、现在的现金流量情况并预测未来的现金流量情况，就需要对久联发展的现金流量表进行分析，因此，本节选取了久联发展 2011～2015 年的现金流量表进行深入数据剖析，以便更好地了解久联发展的现金流量情况。

分析现金流量表的关键在于了解企业来自经营活动的现金流量净额，如果经营活动现金流量净额为正数，则为最理想的现金流量，因为如果经营活动现金流量净额为正数，则表示该企业从事日常的经营活动（如销售商品、提供劳务）收到的现金足以抵消日常经营活动的支出，并有剩余的现金流量可以用于偿还债务或进行投资。

如表 7-5 所示，久联发展 2011～2015 年的经营活动现金流量净额有着较大的起伏。其中 2012～2014 年三年中为负数，且逐年不断地减少，这就说明了久联发展这三年中日常经营活动收到的现金不足以抵消经营活动的支出，即现金流量收入完全用于购买与经营活动相关的产品及相关服务上，导致了企业的经营活动现金流量净额出现负增长。2014 年和 2015 年房地产市场的降温及多元化投资渠道的出现，势必让久联发展投资活动现金流量净额出现正值。国家经济发展的下行、经济环境的不景气，让久联发展在市场筹资的能力有所下滑，从 2012 年开始，久联发展的筹资活动现金流量净额不断下降，就说明了这个问题。就久联发展 2011～2015 年的现金流量净额表（表 7-5）分析来看，久联发展的现金流量净额情况变为较为明显。

表 7-5　久联发展现金流量净额表　　　　　　　单位：万元

项目	2011 年	2012 年	2013 年	2014 年	2015 年
经营活动现金流量净额	8 169	−26 530	−30 175	−59 583	19 996
投资活动现金流量净额	−24 926	−36 176	−25 311	292	2 194
筹资活动现金流量净额	24 121	74 992	66 150	61 269	5 276
现金及现金等价物净增加额	7 364	12 286	10 664	1 979	27 466

如表 7-6 所示，久联发展 2011～2015 年的现金流入中，经营活动现金流入在企业的现金流入小计中的所占比重较大，企业的投资活动和筹资活动的现金流入占现金流入小计的比重较少，这就说明久联发展的现金流入量以经营活动

为主，造血功能非常强。在经营活动产生的现金流入量中，又以销售商品、提供劳务收到的现金为主，销售商品、提供劳务收到的现金连续四年占经营活动产生的现金流入量比重较大，说明久联发展的产品畅销，货币资金回笼良好，货币资金充裕。

表 7-6　久联发展现金流入结构分析表　　　单位：万元

项目	2011 年	2012 年	2013 年	2014 年	2015 年
经营活动现金流入	252 349	215 229	293 107	290 266	296 670
投资活动现金流入	1 354	877	1 288	24 453	17 914
筹资活动现金流入	127 079	20 653	257 072	212 198	191 610
现金流入小计	380 782	236 759	551 467	526 917	506 194

　　如表 7-7 所示，久联发展的现金流出结构分析表反映了企业的现金流出情况，分析企业流动的现金流出情况可以了解企业的资金流向。从现金流出的结构来看，久联发展 2011～2015 年的现金流出主要以经营活动现金流出为主，投资活动和筹资活动的现金流出在企业的现金流出小计中所占比重较少，说明了久联发展的现金流出结构相对合理。

表 7-7　久联发展现金流出结构分析表　　　单位：万元

项目	2011 年	2012 年	2013 年	2014 年	2015 年
经营活动现金流出	244 180	241 759	323 288	349 788	276 675
投资活动现金流出	26 280	37 053	26 599	24 161	15 720
筹资活动现金流出	102 957	125 662	190 922	150 929	186 334
现金流出小计	373 417	404 474	540 809	524 878	478 729

7.5　经营业绩评价

7.5.1　盈利能力状况分析

　　如表 7-8 所示，对久联发展盈利能力状况的分析主要是从销售毛利率、营业利润率、销售净利率、净资产收益率和总资产报酬率这几个方面进行。首先，久联发展销售毛利率基本保持在 28% 左右的水平，说明了久联发展的销售毛利率处于较高水平，为久联发展提供了较大的利润空间。其次，2011～2015 年久联发展营业利润率与销售净利率不断下降，说明久联发展的期间费用控制不够理想。最后，久联发展净资产收益率和总资产报酬率也呈下降趋势，这说明久联发展资产利用效率不高。

表 7-8　久联发展盈利能力指标　　　　　　单位：%

项目	2011 年	2012 年	2013 年	2014 年	2015 年
销售毛利率	28.14	24.61	28.33	28.62	28.58
营业利润率	13.81	10.31	9.70	8.54	3.47
销售净利率	10.28	8.21	7.54	6.84	2.83
净资产收益率	24.40	12.59	11.68	11.34	4.12
总资产报酬率	14.53	10.76	9.18	8.09	6.51

7.5.2　营运能力状况分析

如表 7-9 所示，2011～2015 年久联发展的总资产周转率、流动资产周转率、固定资产周转率等多项指标呈现下降的趋势，这就说明了企业的资产利用效率有了一定的下滑，不利于久联发展的发展；企业的存货周转率与应收账款周转率关系着企业的资金流动，企业的存货周转率越低、应收账款周转率越低，那么企业的资金就能得到更好地利用。

表 7-9　久联发展营运能力指标

项目	2011 年	2012 年	2013 年	2014 年	2015 年
总资产周转率/次	1.04	0.83	0.64	0.56	0.39
流动资产周转率/次	1.87	1.56	1.15	1.06	0.77
固定资产周转率/次	4.70	5.00	4.78	4.20	2.74
应收账款周转率/次	5.09	3.21	2.39	2.12	1.50
应收账款周转天数/天	240.03	170.07	150.65	112.30	70.77
存货周转率/次	14.79	17.29	15.23	14.85	9.73
存货周转天数/天	24.33	20.82	23.63	24.25	36.99

7.5.3　偿债能力状况分析

如表 7-10 所示，2011～2015 年久联发展资产负债率高于国际公认标准 50%，

2015 年资产负债率高达 72.13%，企业自有资本不到 30%，说明企业资本以债权人为主，账务风险较大。2011~2015 年流动比率低于国际公认标准 2.00，速动比率平均低于国际公认标准 1.00，说明久联发展短期偿债能力较弱。

表 7-10 久联发展要偿债能力指标

项目	2011 年	2012 年	2013 年	2014 年	2015 年
资产负债率/%	65.14	60.83	66.42	70.85	72.13
流动比率	1.13	1.03	1.37	0.92	0.85
速动比率	1.05	0.96	1.30	0.87	0.80

7.5.4 发展能力状况分析

如表 7-11 所示，久联发展的发展能力主要是通过营业收入增长率、净利润增长率、总资产增长率和资本积累率四个指标来进行分析的，从表 7-11 中可以了解到营业收入增长率、净利润增长率、总资产增长率和资本积累率不够理想，甚至营业收入增长率和净利润增长率在 2015 年出现了负增长的情况，这就说明久联发展的发展受到一定的阻碍，长此以往的话，不利于久联发展的长久发展。

表 7-11 久联发展发展能力指标 单位：%

项目	2011 年	2012 年	2013 年	2014 年	2015 年
营业收入增长率	55.32	27.87	9.94	14.77	−19.06
净利润增长率	57.05	2.05	0.97	4.16	−66.51
总资产增长率	52.06	64.43	31.61	27.72	6.88
资本积累率	24.05	84.75	12.84	10.86	2.20

7.6 结论及建议

2015 年的全球经济环境较以往更加复杂、形势更加多变，国内经济持续下行，再加上国家开始全面放开民爆器材产品销售价格，这使得民爆行业之间的价格竞争愈演愈烈，压缩了企业的利润空间，行业中的民爆上市公司营业收入及净利润均出现了不同程度的下滑。面对复杂的政策环境和激烈的省内市场竞争形势，久联发展紧紧围绕"深化改革、加快转型、加强管控、稳中求进"的经营方针，主动作为，努力化解各种不利因素，保持了生产安全经营的稳定。2015 年公司实现营业收入 316 454 万元，较上一年同期下降 19%；实现利润总额 13 653 万元，较上一年同期下降 61%。

　　针对久联发展 2011～2015 年的财务报表分析，可以了解到久联发展的经营发展很大程度上受到市场经济环境的影响，主要表现在以下两个方面：一方面，经济增速明显放缓，工业下行压力传导到民爆行业，对民爆物品市场需求产生较大影响；另一方面，未来五年国家在铁路公路、港口机场、水利水电、新型城镇化建设等基础建设方面持续投入，将拉动民爆物品的市场需求。贵州省作为全国经济欠发达省份，努力后发赶超，继续推进的一批交通基础设施项目为民爆产品市场提供了空间，国家实施"一带一路"倡议推进海外投资工程建设，有助于民爆企业拓展国际市场。2016 年久联发展提出新的经营方针政策——抢抓市场、扩大规模、强化内控、促进融合、创新引领、推动转型。

7.6.1　存在的主要问题

1. 企业的资产负债率较高

　　通过表 7-10 可以了解到，久联发展的资产负债率较高，面临着较高的财务风险。企业的速动比率和流动比率都相对低于国际公认标准，这对企业的资金链来说是一个不小的挑战，需要针对企业的负债情况进行合理控制，降低企业的资产负债率，保证企业资金的合理流动。

2. 企业的盈利能力有所下滑

　　通过表 7-8 可以看到，久联发展的营业利润率与销售净利率不断下降，这就说明久联发展的期间费用控制存在着一定的问题。净资产收益率和总资产报酬率也呈下降趋势，说明了久联发展资产利用效率不高。企业的盈利能力呈现下降的趋势，长此以往不利于久联发展的发展。

7.6.2　公司应采取的措施

1. 降低企业的资产负债率，改善企业财务状况

　　从当前企业发展来看，企业的资金流对企业来说尤为重要，因为企业的资金流关系着企业生产经营活动的各个方面。久联发展的资金流存在着一些问题，2011～2015 年企业的现金流呈现出不断下降的趋势，现金流入、现金流出和现金净入额都不断下降；针对久联发展 2011～2015 年的资产负债率来看，企业的资产负债率保持着较高的水平，这对企业来说是一个不小的风险，企业需要针对久联

发展的资产负债率来进行相关的改进，降低企业的负债规模，合理地运用企业的资产，如控制企业的应收账款和应付账款的规模，降低负债比率。

2. 控制企业成本，提高企业的盈利能力

提高企业的盈利能力，除了提高企业的销售收入外，还有的就是控制、降低企业的经营成本。通过久联发展 2011～2015 年的财务报表可以分析了解到，久联发展的营业利润率和销售净利率在不断下降，这就说明了久联发展的盈利能力有所下滑，需要控制企业的营业成本，降低企业在经营过程中的期间费用，更好地提高企业的盈利能力。

吴周倩　周晋兰

第8章　赤天化2015年报告分析

　　贵州赤天化股份有限公司（以下简称赤天化）作为一家经营传统化工产业的大型国有企业，在公司经营和管理的特点、目前面临的行业困境、转型升级的努力和尝试等方面，在我国都具有较大的代表性。对该公司的分析，有助于我们深入了解经营传统业务的国有企业该如何在现阶段进行改革和发展。本章首先分析了赤天化传统化工业务面临的诸多困境，以及其业务在财务报表上的反映；其次对公司采取的转型升级的措施进行了探讨，分析了公司新型业务——医药流通的行业前景，以及其对公司目前的经营业绩产生的影响。

8.1　公　司　简　介

8.1.1　公司发展历程

　　赤天化在2014年11月16日之前，是贵州省人民政府国有资产监督管理委员会所属的贵州省最大的化肥生产企业。赤天化始建于1974年10月，建成之初，公司拥有先进的国外进口的成套生产设备，技术先进，产品质量名列前茅，在贵州及四川、广西、云南等周边省份具有极强的市场竞争力，在贵州本省市场占有率一度达到70%。公司历经风雨，20世纪90年代初先后晋升国家二级和国家一级企业，随后被列入全国100家建立现代企业制度试点企业，90年代末期经过改制后在上海证券交易所上市，股票代码为600227。2014年11月16日，贵州圣济堂制药有限公司入主赤天化，赤天化结束国有企业身份，股权改革后焕发新生。

8.1.2　公司经营范围

　　赤天化主营业务以化肥产业尤其是尿素生产为主，医药生产和配送为辅。化肥的生产是公司的传统主营业务，在2011年以前，为企业的盈利增长做出了巨大贡献，但2011年之后，随着市场饱和及竞争加剧，传统的化肥市场持续低迷，盈利能力下降。随后，尤其是2014年贵州圣济堂制药有限公司入主赤天化之后，公司转而集中精力发展医药配送行业，目前已和传统的化肥生产行业在规模方面持平。

赤天化拥有一个全资子公司，即贵州金赤化工有限责任公司，还拥有一个控股公司，即贵州康心药业有限公司。赤天化化肥生产拥有两条生产线，分别以煤炭和天然气为生产原料。贵州赤天化股份有限公司赤水化工分公司生产线，主要利用天然气为生产原料，产品以尿素为主；贵州赤天化桐梓化工有限公司生产线，以煤炭为主要原料，产品以尿素和甲醇为主。赤天化的生产原料采购模式有以下两种：天然气的采购方面，经核算全年生产需求量后，上报国家计划，然后由中国石油天然气股份有限公司西南油气田分公司按量供给，在支付采购款方面，每月初支付当月款项；煤炭的采购方面，每月直接向所在地方的煤炭企业直接采购，在支付采购款方面，每月末结算当月款项。销售模式则主要采取经销和直销两种模式，由有实力并有一定渠道的经销商占领市场，同时向有条件的厂家和终端客户直接销售，获取部分终端市场份额。

8.2　行业现状分析

8.2.1　宏观环境分析

1. 政治因素

（1）中央政府产业政策的影响。中央政府对于化肥行业的主要判断是：产能过大，市场饱和严重，产品同质化严重，科技含量和产品品质有待提升，需要满足现代农业多方位的需求。因此，要求化肥行业继续深入贯彻落实科学发展观，控制总量增长过快，关闭和整合落后产能，提高产业集中度，形成几家较大的化肥生产企业，并在此基础上进行产品和技术升级，努力形成能满足不同现代农业需求的高品质化肥的能力，不断提高竞争能力。

总量控制方面要求，化肥生产首先要能满足农业、工业基本需求；其次在此基础上淘汰落后产能，整合行业资源。在三大肥料中，氮肥、磷肥要做到可完全国内自给且有出口，钾肥要做到能满足国内 60%以上的工业、农业生产需求。整体来说，能基本满足现代农业在科学施肥方面的需要。

产业集中度方面要求，氮、磷、钾、复混肥等化肥生产企业的数量继续大量减少，最终达到大型氮肥企业产能比重达到 80%以上、大型磷肥企业产能比重达到 70%以上、两家大型钾肥企业集团规模进一步壮大。

产品结构方面要求，尿素占氮肥的比重达到 70%左右，磷铵占磷肥的比重达到 70%左右，无氯钾肥满足国内需求，单质肥复合化率、大颗粒尿素比重逐步提高。

当前局势下，行业需推进氮肥行业结构的调整，促进产业结构优化升级。原因包括以下几个方面：第一，国家日益重视环境污染的问题，而尿素生产以煤炭为主要生产原料，因此要增加环境成本的投入，而天然气无污染但成本较高，且供应受限。第二，国家日益重视企业职工福利的保障和企业职工收入增长，这会导致企业的人力资源成本增大，推高产品成本。第三，国家进一步提高行业标准来促使行业整合产能，提高产业集中度。而在出口退税方面，国家为了促进出口创汇，也在坚持降低关税以提高出口退税的水平。第四，国家日益重视现代农业的发展，最近推出一系列政策促进土地的流转和集中，随着农业的集中及生产水平的提高，对化肥的需求量会上升。

（2）贵州省政府产业政策的影响。贵州省在坚持中央的产业政策的基础上，坚持推进国有体制改革。在现阶段，赤天化的经营遇到了一些困难和挑战。贵州省人民政府国有资产监督管理委员会和赤天化一起，为企业的未来进行谋划，决定进行企业股权改革。赤天化的主管部门贵州省人民政府国有资产监督管理委员会最终选择进行产权制度的改革，决定引进新公司入主赤天化，以期改善赤天化的经营困境，偿还债务，保存企业的实力，保证国有资产不流失，保证职工根本利益不受损害，并开拓企业新的业务增长点，最终获得良好的经济和社会效益。改革后的赤天化，在坚持对原来的化肥生产进行技术改造和升级的同时，也进一步开拓医药销售和配送作为新的业务增长点。

由上综合可知，"十二五"期间，政策规划对氮肥的主要政策是产量控制、产业集中、技术革新、淘汰落后产能、推动氮肥生产企业转型升级和改革发展。

2. 经济因素

赤天化主要产品为"赤"牌尿素，主要供应地为贵州、四川两省的农资市场。在需求方面，由于农业上的测土配方施肥的推进、农民环保意识的不断增强、政府要求降低化肥污染等因素的影响，化肥需求量下降。另外，农作物价格的低迷，导致农民手中资金不足，无力购买化肥，也造成化肥需求下降。在供给方面，尿素生产供给严重过剩。供给过剩主要由于以下几点原因：第一，落后产能无法按照市场规律被淘汰或者兼并整合，化肥生产企业退出机制不健全，地方政府不尊重市场规律，对当地化肥企业进行了不恰当的扶持，导致出现大量生产化肥的僵尸企业；第二，化肥生产企业的产品同质化严重，导致产品无法有效规避恶性竞争，不良的市场价格战使价格低迷，盈利能力大幅下降；第三，煤炭作为化肥生产的原料，价格下跌，但是煤炭生产造成污染严重，进一步提高了企业的环境治理成本，天然气作为生产原料，环保、健康、无污染，但是天然气价格一路走高，造成不管用哪种原料生产，成本都居高不下。以上原因共同造成了尿素的需求不旺、产能过剩和价格低迷。

赤天化在对传统市场精心维护的同时，利用品牌优势和渠道优势，积极开拓广东、广西、湖南、湖北、云南等新兴市场，确保企业产销平衡。

3. 社会因素

化肥产业属于农业的上游产业，化肥产业对农业的影响很大，而农业是国民经济的基础，是国计民生的基础。从中可以看出，农业问题不仅是经济问题，更是社会问题，进而是政治问题。国家连续几年 1 号文件都是涉农文件，从中足以看出农业的重要性。赤天化作为农业生产的上游企业，尿素产业的价格基本不可能出现大幅度的上升或者下降，稳定生产、革新技术、产业升级和集中是主流。

4. 技术因素

在尿素行业整体生产供过于求，价格长期低迷的情况下，进行技术革新、产业升级，降低生产成本，是保持竞争优势的重要因素。《化肥工业"十二五"发展规划》指出，化肥生产产能的科技含量和设施都极度落后，生产损耗高，导致生产成本居高不下。在此基础上，要继续推广先进的生产技术和采用先进的生产设施，同时，要重视科研能力和创新能力，争取实现化肥生产技术的高度国有化和自主化，兼并整合落后产能，关停小企业，做大做强行业标杆企业。

赤天化为了应对市场危机，充分采用新技术，进行了大量生产线的改造。在天然气原料的供应生产方面，完善生产原料的保障机制，确保生产线生产能力的最大化，以此来降低产品单位固定成本；在煤炭原料的供应生产方面，积极采用环保设施和环保新技术，降低煤炭生产时的环境成本，确保不会因为环境问题招致政府罚款和造成周边居民的损失。

8.2.2　产业环境分析（波特五力模型）

1. 竞争对手分析

第一，我国化肥生产企业众多。几乎每个省都有几家大型化肥生产企业，且地方保护严重。与赤天化竞争比较激烈的主要有云南云天化股份有限公司、湖北宜化化工股份有限公司、四川美丰化工股份有限公司等企业。

第二，企业同质化严重。化肥产业尤其是氮肥生产中，几乎都以普通尿素生产为主，大量相同的产品竞争，导致恶性竞争的格局。

第三，行业增长基本稳定。我国耕地面积和种植面积基本稳定，增幅较小，决定了上游产业化肥生产的增长基本稳定。

第四，化肥生产企业退出困难。主要有两个原因：首先，化肥生产企业投资，需要大量的资金支持，厂房占地广，需要大量的配套基础设施，导致投资很大；其次，地方政府实施的大量扶持政策，如税收优惠、出口退税等，导致退出困难。

2. 新进入企业的威胁

尿素生产的技术已经成熟，不存在技术壁垒，造成新企业较容易进入尿素生产行业。另外，化肥生产需要大量的资金投入，厂房占地广，需要大量配套设施，而且污染严重，市场竞争剧烈、行情低迷，地方政府对化肥生产企业的扶持政策也减弱，这对新进入企业的资金实力、技术水平、管理水平、竞争能力提出较高要求，形成进入壁垒。

3. 替代产品的威胁

氮肥是农作物生长的主要肥料。以当前的技术条件来说，尚未出现可替代尿素的氮肥产品。可能替代尿素的生物固氮技术的产品，目前还远未成熟和市场化。但需要警惕的是，按照配方施肥的要求，日后复合肥和专用肥将大量取代单一氮肥的尿素。

4. 供货商的议价能力

化肥尤其是尿素生产企业的主要供货商是煤炭、天然气供货商。其中，石油和天然气行业在我国属于高度垄断行业，而且，化肥尤其是尿素生产企业在石油、天然气行业中所占的份额极度偏小，这就决定了化肥生产企业的议价能力偏低。煤炭行业垄断程度偏低，但其中的化肥行业所占的份额较低，几乎不受化肥行业的需求影响，这也导致了化肥行业对煤炭行业的议价能力偏低。

5. 购买者的议价能力

当前，我国化肥产业尤其是尿素行业同质化严重，产品无明显差异，竞争优势不明显，从这点来说，购买者的议价能力应该更强。但事实相反，购买者的议价能力偏低，主要是由于我国化肥产品的购买者主要是农民，不同于大农场主或者是农业生产公司，农民的组织较分散，单个生产经营规模较小，且农民的教育水平导致其议价能力偏低。另外，中央政府要求在化肥行业中要尊重市场形成价格的规律。以上共同因素导致购买者在化肥产业议价方面处于弱势地位。

8.3 报 表 分 析

8.3.1 利润表分析

如表 8-1 所示，2011～2013 年，赤天化虽然主营业务收入增长了 112%，但营业成本却上升了 136%，主要是成本增长过快，导致营业利润、利润总额、净利润及基本每股收益一路下滑，利润总额下滑 58%，净利润下滑 79%，基本每股收益下滑 90%，这充分说明公司的主营业务化肥生产的收入增长无法带来利润的增长。2013～2015 年，赤天化缩减传统化肥生产的产能，开拓新型医药流通业务，控制成本，使营业成本在 2013～2015 年下降了 31%，各项利润指标和基本每股收益总体也呈上升趋势。

表 8-1　赤天化利润表主要项目

项目	2011 年	2012 年	2013 年	2014 年	2015 年
主营业务收入/万元	196 095	350 416	414 988	328 670	276 148
营业成本/万元	153 786	311 388	362 848	332 498	251 670
营业利润/万元	12 103	−3 533	3 421	−56 254	3 628
利润总额/万元	12 365	−1 793	5 142	−55 620	5 868
所得税费用/万元	3 064	2238	3 198	809	1 707
净利润/万元	9 301	−4 031	1 944	−56 429	4 161
基本每股收益/元	0.10	0.04	0.01	−0.6	0.02

8.3.2　资产负债表分析

赤天化资产负债表主要项目，如表 8-2 所示。

表 8-2　赤天化资产负债表主要项目　　　　单位：万元

项目	2011 年	2012 年	2013 年	2014 年	2015 年
货币资金	80 167	43 466	28 022	23 933	17 146
应收账款	16 527	22 596	33 780	43 809	43 411
存货	52 348	61 937	78 097	55 046	63 076
流动资产合计	190 297	190 089	177 505	163 320	178 165
固定资产净额	80 892	508 201	482 451	501 294	480 965
资产总计	1 010 666	819 714	807 546	722 992	726 012
流动负债合计	161 032	159 736	224 335	261 766	357 399
非流动负债合计	449 369	303 768	228 018	158 936	63 127
负债合计	610 401	463 504	452 353	420 702	420 526
所有者权益（或股东权益）合计	400 265	356 210	355 193	302 291	305 486

　　资产类主要变化如下。货币资金出现了一个较大的降幅，2015 年末比 2011 年末降低约 79%。应收账款出现了一个较大的增长，2015 年末比 2011 年末增长了约 163%。货币资金降低反映出如下两方面情况：一方面反映出货币资金支出增大；另一方面反映出企业盈利能力变差，盈利转变为现金流入的能力变差。企业销售收入中，现金收入占比减少，应收账款增长，出现坏账的风险增加，企业资产质量下降。

　　负债类主要变化如下。流动负债合计出现了一个较大的增幅，2015 年末比 2011 年末增长了约 122%。非流动负债合计出现了一个较大的降幅，2015 年末比 2011 年末降低了约 86%。流动负债合计增加的原因如下：一是企业对外支付购买原材料和劳务时无力支付现金支付；二是一年内到期的长期负债转为一年内到期的流动负债。

　　总之，优质资产下降、不良资产率上升、流动负债增加，表明赤天化经营出现问题。

8.3.3　现金流量表分析

　　如表 8-3 所示，期末现金及现金等价物余额由 2011 年末的 80 167 万元下降到 2015 年末的 13 796 万元，下降幅度为 83%。现金及现金等价物净增加额 2011～2015 年都为负值，表明公司的现金流量总体情况越来越差。现金流量净额最少的是筹资活动产生的现金流量净额，2011～2015 年都是负值，表明公司的筹资能力变差，公司的流动性不足，经营活动和投资活动产生的现金流量净额不足以补充企业的现金流量，导致公司的现金流量严重不足。

表 8-3　赤天化现金流量表主要项目　　　　　　单位：万元

项目	2011 年	2012 年	2013 年	2014 年	2015 年
期初现金及现金等价物余额	171 422	80 167	33 324	25 172	16 867
经营活动产生的现金流量净额	38 397	59 212	18 351	33 941	3 826
投资活动产生的现金流量净额	−107 539	−68 038	−6 862	48 940	12 682
筹资活动产生的现金流量净额	−22 114	−38 017	−20 238	−91 186	−19 579
现金及现金等价物净增加额	−91 255	−46 842	−8 749	−8 306	−3 071
期末现金及现金等价物余额	80 167	33 324	24 575	16 867	13 796

8.4　经营业绩评价

8.4.1　盈利能力分析

赤天化主导产品尿素市场供过于求导致销售持续低迷，销售价格同比大幅下降，公司经营利润同比大幅减少。权益净利率、资产净利率、销售毛利率、销售净利率都低于社会平均水平和行业平均水平（表 8-4）。

表 8-4　赤天化盈利能力指标　　　　　单位：%

项目	2011 年	2012 年	2013 年	2014 年	2015 年
权益净利率	2.71	1.02	0.32	−20.16	0.70
资产净利率	0.95	−0.44	0.24	−7.37	0.57
销售毛利率	21.58	11.14	12.57	−1.16	8.86
销售净利率	4.74	−1.15	0.47	−17.17	1.51

其中，赤天化盈利能力指标 2014 年出现负值，主要是公司生产装置计划检修，产品产量同比大幅减少导致。盈利能力指标在 2015 年由负转正，主要原因如下。①2015 年公司通过加强生产管理，不断优化工艺操作，努力降低原料采购成本，使产品成本得到明显降低。虽然公司主导产品市场持续低迷，但公司生产经营状况同上一年相比有较大改善。扣除投资收益同比变化对业绩的影响后，本项因素使公司营业利润同比增加约 44 000 万元。②2015 年公司将所持深圳市高特佳投资集团有限公司 15.4083%股权进行了转让，致使公司 2015 年投资收益同比大幅增加，预计本项因素变化使公司营业利润同比增加约 16 400 万元。但加强生产管理、优化工艺、技术改造、降低生产成本后的盈利能力指标仍旧低于社会平均水平和行业平均水平，显示出赤天化在提高盈利能力方面仍旧存在不足。

8.4.2　营运能力分析

如表 8-5 所示，2012 年，赤天化的应收账款周转率、存货周转率、流动资产周转率整体呈现出增长的趋势，表明企业的运营能力良好。但固定资产周转率却逐年下降，说明公司在此期间进行了大量的固定资产投资，固定资产的比重逐年增高，导致企业固定资产周转率下降。此时投资固定资产，是在当期良好的营运能力前提下的投资，但随后行业发展证明此时进行固定资产投资是不明智的，未能取得良好效果。

表 8-5　赤天化营运能力指标　　　　　　　　单位：次

项目	2011 年	2012 年	2013 年	2014 年	2015 年
应收账款周转率	13.90	17.91	14.72	8.47	6.33
存货周转率	3.18	5.45	5.18	4.99	4.26
流动资产周转率	0.75	1.84	2.26	1.93	1.62
固定资产周转率	2.58	1.19	0.84	0.67	0.56

注：存货周转率以成本为基础计算

　　赤天化应收账款周转率、存货周转率、流动资产周转率和固定资产周转率在 2013～2015 年的三年中，呈现逐年下降的趋势，说明赤天化的运营能力在这三年中一直在下降，未能改观。

　　应收账款周转率下降的原因主要是 2013～2015 年销售净收入逐年下降，应收账款平均余额并没有明显变动。存货周转率下降的原因主要是销货成本逐年下降，存货平均余额并没有明显变动。流动资产周转率和固定资产周转率下降的原因主要是主营业务收入逐年下降，流动资产和固定资产平均余额并无明显变动。

　　从以上分析可知，赤天化运营能力下降的主要原因是主营业务尿素市场低迷、销售不力、收入下降。

8.4.3　偿债能力分析

　　偿债能力指标高，企业资产的可变现性好，表明企业可用于偿债的流动资产充裕，但流动资产占比过高，会造成资金的浪费，影响企业资金使用的效益和盈利能力。一般认为，合理的最低流动比率为 200%，合理的最低速动比率为 100%，合理的最低现金比率为 20%，合理的长期负债比率应该在 20% 以下，合理的资产负债率应该在 40%～60%。

　　如表 8-6 所示，赤天化的短期偿债能力指标普遍严重低于合理值，表明企业的资产流动性比较差，短期偿债能力较差；而长期负债比率虽然 2011～2014 年高于合理水平，但 2015 年已降低至合理水平之下；资产负债率一直处于合理区间，说明企业的长期偿债能力风险在可控范围内。但短期负债的风险增大，在流动性资产基本不变的基础上，主要是短期负债增长较快造成的。

表 8-6　赤天化偿债能力指标　　　　　　　　　　单位：%

项目	2011 年	2012 年	2013 年	2014 年	2015 年
流动比率	118.17	119.00	79.12	62.39	49.85
速动比率	85.67	80.23	44.31	41.36	32.20
现金比率	49.78	27.21	12.49	9.14	4.80
长期负债比率	43.98	36.44	27.40	21.39	8.15
资产负债率	60.40	56.54	56.02	58.19	57.92

8.4.4　发展能力分析

如表 8-7 所示，从赤天化 2011～2015 年的发展能力指标来看，赤天化的发展能力不被看好。指标数据显示 2012 年，虽然主营业务收入增长率攀高，但净利润增长率却大幅度下降，2013 年和 2014 年仍旧出现大幅度下滑，2015 年净利润增长率虽然有所恢复，但主营业务收入增长率仍旧下滑严重。其中，在 2014 年，企业生产装置计划检修，产品产量同比大幅减少，同时同期主营业务产品市场价格低迷，导致发展能力指标全部为负值，主营业务收入增长率和净利润增长率出现剧烈下滑。2015 年，企业经过加强管理、技术改造、降低成本等措施，实现净利润为正值，但主营业务收入增长率和净利润增长率仍旧呈现下滑趋势。

表 8-7　赤天化发展能力指标　　　　　　　　　　单位：%

项目	2011 年	2012 年	2013 年	2014 年	2015 年
主营业务收入增长率	47.51	78.70	18.43	−20.80	−15.98
净利润增长率	−30.01	−143.34	−148.23	−3002.73	−107.37
净资产增长率	2.34	−11.01	−0.29	−14.89	1.06
总资产增长率	5.61	−18.89	−1.48	−10.47	0.42

从以上四个方面的发展能力指标分析可知，赤天化的化肥生产主营业务从量收及盈利上都表现出持续下滑的态势，财务状况持续恶化。从环境分析和企业财务报表数据可看出，主要原因在于企业主导生产产品尿素的市场价格长期低迷，量价齐跌，企业主营业务收入下降，在此基础上，由于管理和技术的问题，生产成本长期居高不下。

8.5　结论及建议

2015 年 3 月 18 日，农业部发布的《到 2020 年化肥使用量零增长行动方案》（农农发〔2015〕2 号）指出，到 2020 年，初步建立科学施肥管理和技术体系，科学施肥水平明显提升。2015～2019 年，逐步将化肥使用量年增长率控制在 1% 以内，力争到 2020 年，主要农作物化肥使用量实现零增长。

2015 年 7 月 29 日，工业和信息化部发布的《关于推进化肥行业转型发展的指导意见》（工信部原〔2015〕251 号）指出，我国化肥行业在快速发展的同时也存在许多问题，主要表现在：产能过剩矛盾突出，产品结构与农化服务不能适应现代农业发展的要求，技术创新能力不强，节能环保和资源综合利用水平不高，硫、钾资源对外依存度高等。

我国化肥生产已经处于必须调整发展方式才能继续的关键时期，只有通过转变发展方式才能推动行业化解过剩产能、调整产业结构、改善和优化原料结构、推动产品品种的改进和质量的升级、提高创新能力、提升绿色无污染的生产方式、打造企业核心能力，努力实现我国化肥行业由大变强。

根据以上指导性文件，可以预期：一方面，未来我国化肥市场基本稳定甚至是零增长；另一方面，企业竞争加剧。市场的饱和和竞争的加剧及市场价格的低迷，逼迫企业进行管理改革和技术革新及降低成本，无法成功转型的化肥生产企业将被兼并重组，最终会形成较大的几家企业占领所有市场，产业集中度提高，形成稳定的竞争秩序。

8.5.1　提升传统主营业务化肥生产和销售

针对赤天化传统的化肥生产主营业务，有针对性地进行生产品质的提升，改造提升的重点在于扩大复合肥的产能、保持氮肥的产能、提升氮肥的品质。然后进行管理方式的改革，改掉国有企业在管理方式上不能简化流程、不能降低行政成本的老毛病，建立更加高效、迅速的管理方式。在销售方面，在巩固原有省内市场的基础上，积极扩大省外市场，参与竞争。利用地缘优势，开拓越南、缅甸等国出口市场。

8.5.2　以医药流通行业作为企业新的增长点

2007 年 9 月，赤天化控股贵州康心药业有限公司后，主营业务增加医药流通业务。2014 年，随着原主营业务陷入连年亏损、企业经营难的困境，赤天化的主管部门贵州省人民政府国有资产监督管理委员会，开始寻求对企业进行改制，并最终选择进行产权制度的改革。决定引进新公司入主赤天化，以期改善赤天化的经营困境，偿还债务，保存企业实力，保证国有资产不流失，保证职工根本利益不受损害，并开拓企业新的业务增长点，最终获得良好的经济和社会效益。引进新的投资者后，赤天化拥有以下优势：赤天化的上市公司身份、新投资者带来的资金及医药行业的资源，以及当地政府对企业的支持。

在新的起点上，赤天化努力消化企业改制带来的阵痛，迅速整合企业资源，确定新的发展战略。赤天化的医药流通业务不断发展壮大，时至今日，医药配送已成为赤天化除化肥生产以外的第二大主营业务。目前，赤天化的医药配送业务，主要依托贵州康心药业有限公司来进行。贵州康心药业有限公司具有一流的医药物流配送的硬件设施，而且进行了多年的医药配送业务，管理和配送经验丰富。赤天化之前的化肥生产主营业务和医药配送行业不具有可比性，行业距离较远，原来的设施和管理经验不适用于新的医药配送企业。因此，赤天化在保持贵州康心药业有限公司正常运行的基础上，引进了贵州圣济堂制药有限公司。依托贵州圣济堂制药有限公司长期以来积累的管理经验和销售模式及渠道，迅速打开医药配送市场，实现提前盈利。公司的供应商分为直接生产企业和经销商两种。销售市场主要集中在贵州省，客户以医药公司和县级以上规模性医院为主。

从年报数据可以看出，2013～2015 年医药配送在赤天化的主营业务中占比越来越大，营业收入保持持续增长，医药配送收入占营业收入的比重由 2013 年的29%提高到 2015 年的 47%；且盈利一直稳步增长，年均毛利率为 6.5%，已初步实现了企业转型的目标，医药配送成为赤天化新的业务增长点。

医药行业增长的有利因素有以下几个方面：首先，我国拥有 13 亿多人口，而且 13 亿多人口还在不断增长中；其次，人口结构的变化也会拉动医药需求增长，主要体现在未来老年人增多，老年人医药消费会迅猛增长；再次，经济的持续繁荣，老百姓手里有钱之后，医药保健支出会增加；最后，人们消费观念开始改变，买什么不如买健康，人民医疗保健的需求增加。这些因素导致医药行业市场需求继续保持快速增长，赤天化以医药配送作为企业主营业务具有良好的前景预期。

陈忠立　周晋兰

第9章　振华科技2015年报告分析

中国振华（集团）科技股份有限公司（以下简称振华科技）是贵州省辖区内的一家上市公司，主营业务为通信信息整机、电子元器件产品、光机电一体化设备及服务。企业的经营状况和发展前景，大多都会在它的财务报告中得到体现。而作为企业的经营管理者，在不断推动企业自身发展壮大的同时，更应当密切关注企业存在的问题及危机。本章首先运用PEST模型、波特五力模型对该公司核心竞争力和所处行业现状进行分析；其次通过解读企业的财务报告获取完整有用信息资料，充分了解企业的财务状况，客观评价其经营业绩，分析其发展前景。

9.1　公　司　简　介

振华科技前身是中国振华电子集团公司，是由始建于20世纪60年代中期国家"三线"建设的军工电子基地——083基地不断发展而来的。1984年由在贵州的25户军工电子企事业单位组建成中国振华电子工业公司；1991年经国务院批准，更名为中国振华电子集团公司；1996年整体下放给贵州省人民政府管理；1997年组建了振华科技并成功上市，上市时总股本达17 500万股，其职工股700万股于公众股6300万股1997年7月3日在深圳证券交易所上市交易期满半年后上市流通，股票代码为000733。2007年经国务院批准，振华科技完成了整体债转股工作，股权由贵州省人民政府国有资产监督管理委员会和中国华融资产管理股份有限公司、中国信达资产管理股份有限公司、中国长城资产管理股份有限公司、中国东方资产管理股份有限公司四家资产管理公司共同持有，为规范管理，贵州省人民政府国有资产监督管理委员会成立了贵州振华电子国有资产经营有限公司（以下简称振华国资公司），将其持有的振华科技股权全部划转至振华国资公司。2010年2月，中国电子信息产业集团有限公司通过增资和无偿划转股权方式获得振华国资公司51%的股份。2010年5月，振华国资公司正式更名为贵州中电振华信息产业有限公司。2014年8月，振华科技完成吸收合并贵州中电振华信息产业有限公司，吸收合并后，振华科技注册资本为240 626.10万元。

振华科技所从事的主要业务按产品用途可分为高新电子、集成电路与关键元器件、专用整机与核心零部件、现代电子商贸与园区服务四个业务板块，其中，高新电子业务代表产品为新型电子元器件，集成电路与关键元器件业务代表产品为锂离子电池及电源系统，专用整机与核心零部件业务代表产品为通信终端及其加工，现代电子商贸与园区服务业务代表产品为进出口贸易和园区服务。

9.2　行业现状分析

9.2.1　宏观环境分析（PEST 模型）

1. 政治因素

《"十二五"产业技术创新规划》中明确了对电子信息行业领域要重点关注。电子元器件是各电子设备的基础元件，不可或缺。改造提升制造业，推动装备产品智能化离不开核心元器件的升级发展，因而推进重点产业结构调整需要提高电子信息行业的研发水平，增强基础电子元器件的自主发展能力，并引导其向产业链高端延伸。战略性新兴产业被定位为先导性、支柱性产业，对电子元器件行业构成长期利好（雷勇，2011）。国家也出台相关的政策鼓励该行业往高端技术创造产能及新能源方向发展。

2. 经济因素

电子元器件在国民经济中占有极为重要的地位。它是品种众多、数量庞大的电子装置、设备或系统的基础产品，已广泛应用于国民经济的各个领域。在目前经济下行压力加大、经济增速放缓、产业环境发生变化、行业面临重大变革的现实背景下，电子信息产业将会面临产能过剩、传统经营模式受到严重挑战、行业已进入重新洗牌定位和适应经济发展的新常态。

3. 社会因素

我国是人口大国，市场潜力巨大，随着价格的不断下降，以智能手机、平板电脑为代表的移动终端将进一步普及。随着"互联网+""宽带中国""中国制造2025"等新产业成为经济增长新的驱动力，电子信息行业迈入新的发展阶段，发展模式上进入全产业链竞争、全方位创新、产融深度融合阶段，这为高新电子产业带来了新的发展机遇和增长空间。

4. 技术因素

电子元器件行业具有技术密集和技术更新快的特点，拥有较高的研发能力和技术创新要求。我国电子元器件制造业的国际竞争力属于中游水平，且处于转型升级时期，电子元器件制造业科技投入低，制约自主技术创新能力，产品设计水平相对落后，关键技术和零部件主要依靠进口，国内生产设备陈旧，产品技术含量低，主要依靠劳动成本低和产品价格低廉赢得市场竞争优势（陶海青，2009）。

9.2.2　产业环境分析（波特五力模型）

1. 竞争对手分析

目前，我国电子元器件行业竞争非常激烈。由于电子元器件涉及大多电子产品的基础零部件，大多电子信息、家电、数码产品公司都有相关业务，公司规模及主营业务收入排名数据，如表 9-1 所示。

表 9-1　2015 年家电行业上市公司主要财务指标　　　单位：万元

排名	名称	主营业务收入	净利润	总资产	股东权益
1	TCL 集团	10 457 948	256 700	12 442 896	2 461 872
2	中兴通讯	10 018 639	320 789	13 499 891	3 001 188
3	长城电脑	7 293 585	−3 567	3 736 715	254 997
4	四川长虹	6 484 781	−197 587	5 483 124	1 232 939
5	京东方 A	4 862 373	163 627	16 280 723	7 755 264
37	振华科技	506 357	17 651	705 796	358 422
	行业平均	443 829	20 009	730 604	334 729

振华科技在 257 家上市公司中排名第 37 位。从公司规模及主营业务收入可以看出振华科技属中上流企业，并非行业领先。

2. 新进入企业的威胁

伴随国家长期对半导体产业的支持及相关企业的日趋成熟，未来半导体产业将进入高速发展时期，从消费到通信，再到工业电子，不仅要逐步摆脱国外企业制约，而且要受到新进入企业的威胁。目前我国电子元器件制造行业缺乏高端技术，所以行业技术壁垒不明显，首先是某些大公司的多元化战略可能会涉及该行业；其次是一些小企业看到这个行业发展前景良好转型到该行业；等等。

3. 替代产品的威胁

新兴消费电子产品将是未来带动电子行业成长的主要驱动因素之一。新兴消费电子产品种类众多，具有较强的市场吸引力，产品替代现象普遍，除了数码产品，还有智能产品等可穿戴装备，买家对替代产品的接受程度也高。新兴消费电子产品作为这些产品的基础产品，同样受到替代产品的威胁。例如，触摸屏应用推广获得新的飞跃，带动方便携带、操作便利的触控面板在新兴消费电子及 IT 产业应用的拓展，玻璃式电容技术将成为未来主流。企业应重点关注未来新型电子产品产业链、红外热像仪市场、北斗导航系统元器件等应用领域。

4. 供货商的议价能力

电子元器件行业的上游主要是硅矿等原材料，需要提纯单晶硅，而多晶矿则由半导体工厂制作出硅晶片，再由晶圆厂、封装厂封装成 IC，由 IC 代理商供货。另外还包括电子废品回收提纯一部分成原材料、一部分成废品、一部分再次回到市场。不同的技术提炼出的原材料质量不一，质量优质的原材料大多得向国外购买，供应商集中度不高及供应商的产品差异化高，电子元器件企业可选的空间不是很大，这就使得供应商讨价还价能力不弱，电子元器件企业的供货商具有一定的议价能力。

5. 购买者的议价能力

在这个信息传播速度和科技更新速度飞快的时代，电子工业的高速增长带动整个电子元器件产业的发展势头强劲，随之产生了一大批电子元器件分销商，成熟和有经验的客户一般都能同时找到很多家持有同一品牌的分销商或能够相互替代的不同品牌的产品。在相同品牌产品的推广上，本土分销商可利用本土资源，发挥与海外分销商有区别的特点和特长，提高行业的专注度和技术服务能力，所以在很大程度上电子元器件行业也比较依赖经销商，购买者的议价能力一般。

9.3　报　表　分　析

9.3.1　利润表分析

利润表是企业一定时期经营成果的会计报表。通过对利润表的分析可正确评价企业各方面的经营业绩，可及时发现企业经营管理中存在的问题，可为资金提供者的投资与信贷决策提供依据。

1. 净利润分析

净利润是指企业所有者最终取得的财务成果或可供企业所有者分配或使用的

财务成果。振华科技 2015 年实现净利润 18 623 万元（表 9-2），比上年增长了 39.38%，增长幅度稳定。

表 9-2　振华科技利润表　　　　　　单位：万元

项目	2011 年	2012 年	2013 年	2014 年	2015 年
一、营业收入	333 940	297 389	297 274	417 002	506 357
减：营业成本	280 968	238 345	231 513	331 129	404 688
营业税金及附加	689	712	1 184	1 164	1 193
销售费用	12 740	14 168	13 976	18 223	18 952
管理费用	30 035	32 805	35 109	47 113	50 765
财务费用	1 949	2 506	3 122	3 113	3 879
资产减值损失	4 113	3 615	7 832	8 102	8 948
投资收益	1 206	2 981	4 981	5 360	1 917
二、营业利润	4 652	8 219	9 519	13 518	19 849
营业外收入	2 627	3 397	2 803	4 393	3 240
减：营业外支出	223	277	184	475	658
三、利润总额	7 056	11 339	12 138	17 436	22 431
减：所得税费用	2 149	2 079	1 966	4 075	3 808
四、净利润	4 907	9 260	10 172	13 361	18 623

2. 利润总额分析

利润总额是反映企业全部财务成果的指标，它不仅反映企业的营业利润，而且反映企业的营业外收支情况。振华科技 2015 年的利润总额比上年增长了 4995 万元，关键原因是营业利润增长了 6331 万元，如表 9-3 所示，振华科技营业成本占营业收入比重较高，2015 年营业成本占营业收入比重为 79.92%，接近 80%，使利润空间较少。

9.3.2　资产负债表分析

如表 9-4 所示，从总体上看，振华科技资产总计逐年增加。由 2011 年的 367 041 万元增至 2015 年的 665 605 万元，增幅近一倍，资产规模的扩大有利于公司的竞争力的提高。

表 9-3　振华科技利润表结构百分比分析　　　　　单位：%

项目	2011 年	2012 年	2013 年	2014 年	2015 年
营业收入	100.00	100.00	100.00	100.00	100.00
营业成本	84.14	80.15	77.88	79.41	79.92
营业利润	1.39	2.76	3.20	3.24	3.92
利润总额	2.11	3.81	4.08	4.18	4.43
净利润	1.47	3.11	3.42	3.20	3.68

表 9-4　振华科技资产负债表简表　　　　　单位：万元

项目	2011 年	2012 年	2013 年	2014 年	2015 年
货币资金	62 959	48 924	39 949	87 380	104 474
应收票据	22 774	27 343	40 869	61 804	111 468
应收账款	48 286	70 571	72 840	84 552	103 246
存货	79 152	74 697	76 214	91 698	122 131
流动资产合计	241 040	250 526	245 199	347 455	469 024
固定资产原值	146 268	155 216	161 433	203 827	213 096
累计折旧	67 940	76 191	82 186	104 331	113 611
固定资产净值	78 327	79 025	79 247	99 496	99 484
固定资产	76 796	77 264	75 779	95 829	92 812
在建工程	3 441	3 679	8 340	28 215	43 645
非流动资产合计	126 001	119 933	132 207	179 557	196 581
资产总计	367 041	370 459	377 406	527 012	665 605
短期借款	52 860	40 275	36 960	62 890	84 343
应付票据	8 423	8 174	12 409	12 422	48 612
应付账款	30 253	34 740	33 391	35 571	74 306
应付职工薪酬	495	387	331	350	293
应交税费	−81	1 384	668	2 062	2 287
流动负债合计	121 795	101 749	113 721	130 651	253 218
专项应付款	1 010	3 748	5 030	11 435	18 586
非流动负债合计	7 847	25 877	14 728	39 338	30 706
负债合计	129 642	127 626	128 449	169 989	283 924
所有者权益合计	237 400	242 833	248 956	357 023	381 681

　　企业的资产和负债在行业背景及地域背景下，这种增长速度属于合理现象。通过研究振华科技的资产负债表，没有发现企业的资产减值损失计提有问题，且坏账比率与计提的坏账准备不存在矛盾，固定资产的折旧方法也与事实情况相匹配。

　　2015 年主要资产重大变化情况表明，在建工程同比增长 54.69%，主要原因是募投项目建设及东莞虎门产业园区建设投入增加。2015 年应收票据同比增长 80.36%，主要原因是通信整机板块企业销售规模扩大及应收票据增加。其他流动资产同比增长 37.05%，主要原因是各子公司期末待抵扣增值税进项税增加。

　　2015 年公司货币资金同比下降原因是中国振华集团云科电子有限公司等五户企业参与应收账款证券化，收到资金 18 433 万元，使得期末余额较年初增加，但由于资产总计增加，使得占比同比下降。

　　表 9-5 列示了振华科技 2011～2015 年流动资产和资产总计占比，振华科技流动资产合计在资产总计中占比较高，资产结构属于保守型，且比重总体呈上升趋势，存货占资产总计的比重呈下降趋势，应收项目总额呈上升趋势。

表 9-5　振华科技资产负债表简表结构百分比分析　　　　单位：%

项目	2011 年	2012 年	2013 年	2014 年	2015 年
货币资金	17.15	13.21	10.59	16.58	15.70
应收票据	6.20	7.38	10.83	11.73	16.75
应收账款	13.16	19.05	19.30	16.04	15.51
存货	21.56	20.16	20.19	17.40	18.35
流动资产合计	65.67	67.63	64.97	65.93	70.47
固定资产原值	39.85	41.90	42.77	38.68	32.02
累计折旧	18.51	20.57	21.78	19.80	17.07
固定资产净值	21.34	21.33	21.00	18.88	14.95
固定资产	20.92	20.86	20.08	18.18	13.94
在建工程	0.94	0.99	2.21	5.35	6.56
非流动资产合计	34.33	32.37	35.03	34.07	29.53
资产总计	100.00	100.00	100.00	100.00	100.00
短期借款	14.40	10.87	9.79	11.93	12.67
应付票据	2.29	2.21	3.29	2.36	7.30
应付账款	8.24	9.38	8.85	6.75	11.16
应付职工薪酬	0.13	0.10	0.09	0.07	0.04
应交税费	−0.02	0.37	0.18	0.39	0.34

项目	2011 年	2012 年	2013 年	2014 年	2015 年
流动负债合计	33.18	27.47	30.13	24.79	38.04
专项应付款	0.28	1.01	1.33	2.17	2.79
非流动负债合计	2.14	6.99	3.90	7.46	4.61
负债合计	35.32	34.46	34.03	32.25	42.65
所有者权益合计	64.68	65.55	65.96	67.74	57.34

应收账款所占资产总计的比重与货币资金几乎一样，这与企业所处行业一般采用赊销方式形成较多商业债权有关。

固定资产净值占资产总计的比例减少，对非流动资产变动影响较大。固定资产规模的大小体现了一个企业的生产能力，但仅根据固定资产净值的变动不能得出其生产能力是上升还是下降的结论。企业占用的固定资产项目上的资金，既受到固定资产原值变动的影响，也受到固定资产折旧的影响。固定资产相关项目变化趋势为 2014 年、2015 年占比下降，但这种变动难以判断原因，生产能力暂不能判断。

在建工程逐年增加，其中增幅最高为 2014 年达 238.31%，对总资产的影响为6.5%。在建工程项目的增加会扩张振华科技的生产能力。这与振华科技所提出的未来发展规划相符，有利于提高企业长期发展的后劲。主要的资产项目的变化，预示着公司的资产质量的改进和规模的进一步扩大。

从静态方面看，2015 年振华科技的所有者权益合计所占比重为 57.34%，负债合计所占比重为 42.65%，资产负债率一般，财务风险不大。二者比重在 2015 年有趋同，振华科技是否考虑向中庸型资本结构转型还需再研究。这样的财务结构对于电子元器件企业来说是保守稳定的。振华科技 2011～2015 年的资产负债率均低于国际公认标准 50%：一方面说明了振华科技自有资本实力强，抗风险的能力强；另一方面也说明其资本结构较保守，没能充分利用财务杠杆来获取利润。保守型融资结构下，企业对流动负债的依赖性较低，从而减轻了短期偿债压力，财务风险低；与此同时，由于主权资本融资和长期负债融资的成本较高，又会增大企业的资金成本。

9.3.3　现金流量表分析

如表 9-6 所示，振华科技 2015 年经营活动产生的现金流量净额较上年同期增加 27 570 万元，主要原因如下：一是部分子公司参与中国电子科技集团公司牵头组织的"应收账款一期资产专项计划"项目，报告期收到现金 18 433 万元；二是销售收入增长使得销售商品、提供劳务收到的现金增加。

表 9-6　振华科技现金流量净额　　　　　　　单位：万元

项目	2011 年	2012 年	2013 年	2014 年	2015 年
经营活动产生的现金流量净额	−329	2 240	8 512	7 852	35 422
投资活动产生的现金流量净额	−11 598	−11 609	−13 295	−37 097	−36 711
筹资活动产生的现金流量净额	9 663	5 982	−7 730	72 497	19 548

2015 年振华科技投资活动产生的现金流量净额与上年同期相比，增加 386 万元，其原因主要是 2014 年支付给东莞市中电桑达科技有限公司股权转让款 1550万元。

从表 9-6 可知，2015 年公司经营活动产生现金流量净额为正数且比其他两种活动产生的现金流量净额高，而投资活动产生的现金流量净额则为负值，说明该企业处于高速发展的扩张时期，这与行业现阶段发展趋势相同。

企业投资活动产生现金流量净额为负值的主要原因是企业固定资产、无形资产和其他长期资产支出的比重较大，这与公司的战略发展相符。大量购置固定资产可提高生产力，为企业实施战略转型，强化军工与新能源在公司发展中的重要地位铺路。

9.4　经营业绩评价

9.4.1　盈利能力分析

振华科技盈利能力分析，如表 9-7 所示。

表 9-7　振华科技盈利能力分析　　　　　　　单位：%

项目	2011 年	2012 年	2013 年	2014 年	2015 年
总资产利润率	1.34	2.50	2.70	2.53	2.80
主营业务利润率	15.66	19.61	21.72	20.31	19.84
总资产净利润率	1.38	2.51	2.72	2.95	3.12
成本费用利润率	2.16	3.93	4.26	4.35	4.68
营业利润率	1.39	2.76	3.20	3.24	3.92
主营业务成本率	84.14	80.15	77.88	79.41	79.92
销售净利率	1.47	3.11	3.42	3.20	3.68

续表

项目	2011 年	2012 年	2013 年	2014 年	2015 年
净资产收益率	2.03	3.96	4.46	3.86	5.02
股本报酬率	203.42	238.61	257.90	250.76	281.75
净资产报酬率	30.69	35.19	37.10	32.96	34.65
资产报酬率	19.85	23.07	24.47	22.33	19.87
销售毛利率	15.86	19.85	23.97	20.59	20.08
三项费用比重	13.39	16.64	17.56	16.41	14.53
非主营利润比重	51.16	53.81	62.61	53.21	20.06
主营利润比重	740.90	514.42	532.06	485.87	447.92

（1）营业盈利能力分析。企业的销售毛利率 2014 年、2015 年呈下降趋势，但销售净利率于 2015 年有所回升，将该指标与净利润的内部构成结合起来进行分析，说明企业的管理水平在提高，企业要想提高销售净利率，一方面要扩大营业收入，另一方面要降低成本费用。通过观察各项成本费用开支，发现管理费用占成本费用比重较大，所以今后可考虑从管理费用方面寻求降低成本费用的途径。企业的成本费用利润率从 2011 年起一直呈上升趋势。企业的主营业务利润率从 2013 年起开始呈下降趋势，与整个大行业背景相比，企业的销售能力不仅需要提高，还要更多考虑产品的物流成本和管理费用。

（2）资产盈利能力分析。企业的资产报酬率从 2014 年的 22.33%下降到 2015年的 19.87%，说明企业的各项资产在营运过程中实现的盈利水平在降低，这个下降趋势与行业趋势相符。要提高资产报酬率，企业应对闲置或由于技术进步使用价值较小的固定资产及时进行处置或更新换代，提高资产管理水平，加强对资产的日常管理，等等；采取科学有效的产品销售策略，努力扩大产品的市场份额，增加营业收入，控制支出，不断提高营业利润。

（3）资本盈利能力分析。企业的净资产收益率除了 2014 年下降，2012 年、2013年和 2015 均呈上升趋势，所有者投入资本的保值增值、创造利润的能力在增强。

9.4.2　营运能力分析

振华科技流动资产周转率速度慢，流动资产的营运效率低。而到 2015 年企业流动资产周转天数达到 290.25 天，较 2014 年上升了 34.93 天，说明企业流动资产的营运效率变低（表 9-8）。结合行业平均水平来判断，振华科技流动资产营运效率一般。

表 9-8　振华科技营运能力分析

项目	2011 年	2012 年	2013 年	2014 年	2015 年
应收账款周转率/次	7.32	5.00	4.15	5.30	5.39
应收账款周转天数/天	49.21	71.94	86.83	67.94	66.76
存货周转率/次	3.79	3.10	3.07	3.94	3.79
固定资产周转率/次	4.41	3.78	3.76	4.67	5.09
总资产周转率/次	0.94	0.81	0.80	0.92	0.85
存货周转天数/天	95.04	116.19	117.33	91.28	95.11
总资产周转天数/天	382.57	446.37	452.83	390.41	423.93
流动资产周转率/次	1.46	1.21	1.20	1.41	1.24
流动资产周转天数/天	246.19	297.52	300.15	255.32	290.25
经营现金净流量对销售收入比率/%	0.00	0.01	0.03	0.02	0.07
资产的经营现金流量回报率/%	0.00	0.01	0.02	0.01	0.05
经营现金净流量与净利润的比率/%	−0.07	0.24	0.84	0.59	1.90
经营现金净流量对负债比率/%	0.00	0.02	0.07	0.05	0.12
现金流量比率/%	−0.27	2.20	7.48	6.01	13.99

企业的存货周转率与行业平均水平相比较低，说明企业存货管理效率欠佳，产销配合不好，存货积压过多，致使资金冻结在存货上，仓储费用及利息负担过重。

9.4.3　偿债能力分析

企业的流动比率和速动比率与同行业相比处于中上位置，但其存货和应收账款各自占流动资产的比重大，周转速度缓慢，实际上说明企业的短期偿债能力还是比较弱的（表 9-9）。

表 9-9　振华科技偿债能力分析

项目	2011 年	2012 年	2013 年	2014 年	2015 年
流动比率	1.98	2.46	2.16	2.66	1.85
速动比率	1.33	1.73	1.49	1.96	1.37
现金比率	51.69	48.08	35.13	66.88	41.26
利息支付倍数	462.11	552.55	488.76	660.00	678.23
资产负债率/%	35.32	34.45	34.03	32.26	42.66

9.4.4　发展能力分析

从表 9-10 可以看出，振华科技营业收入及净利润总体均呈现增长的态势，只是个别年份增速减缓，股东权益和资产总计也是呈现稳健增长的态势。

表 9-10　振华科技发展能力分析　　　　　单位：%

项目	2011 年	2012 年	2013 年	2014 年	2015 年
营业收入增长率	14.79	−10.95	−0.04	40.28	21.43
净利润增长率	5.31	88.81	9.85	31.35	39.38
股东权益增长率	4.16	2.29	2.52	43.41	6.91
资产总计增长率	7.10	0.93	1.88	39.64	26.30

9.5　结论及建议

在我国经济下行压力加大、经济增速放缓、产业环境发生变化、行业面临重大变革的现实背景下，电子信息产业将会面临产能过剩的情况，传统经营模式将受到严重挑战。振华科技面对激烈的市场竞争采用集中竞争战略，坚持以创新驱动为动力，以做强做大为导向，以电子元器件为核心业务，全面提升公司综合实力和可持续发展能力，加大研发创新力度，加快主业发展，扩大市场占有率。其财务表现与竞争战略及公司战略基本一致，但其盈利能力和发展能力还需努力提高，同时应加强对固定资产、存货和应收账款的管理，提高资产的利用效率，并提高销售能力和市场占有率。除了要解决产品技术提高问题，还应当考虑地域限制因素，并且应重视如何减少其物流成本的问题。

随着"互联网+"、"宽带中国"、"中国制造 2025"战略和"一带一路"倡议的实施，制造业数字化、制造业服务化、创客等战略新兴领域已成为经济增长新的驱动力，电子信息行业迈入新的发展阶段，发展模式进入全产业链竞争、全方位创新、产融深度融合阶段，为高新电子产业带来了新的发展机遇和增长空间。在今后发展中，振华科技应以创新驱动为动力，以做强做大为导向，以电子元器件为核心业务，加快人才结构、产业结构、企业结构、资产结构调整，着力加速转型升级；着力提升资本运作能力、企业创新实力及管理能力，做强做大优势产品，全面提升公司综合实力和可持续发展能力，成为在行业具有较高话语权、有较强资本运作能力、有较强科技创新能力和有能力参与国家重点工程建设的上市公司。

参 考 文 献

池国华，王玉红，徐晶. 2011. 财务报表分析. 2 版. 北京：清华大学出版社.

雷勇. 2011. 电子元器件行业："十二五"规划利好行业长期发展. 电源技术应用，（4）：4-5.

李春莲. 2013-09-30. 振华科技两月内两度卖资产为公司战略转型铺路. 证券日报，C03 版.

陶海青. 2009. 2009 年电子元器件行业走势. 中国电子商情（基础电子），（增刊 1）：34-36.

张延. 2013. 电子元器件科技发展动向及新兴应用趋势. 电子产品可靠性与环境试验，31（增刊 1）：349-353.

欧阳英桃　　周晋兰

第10章　信邦制药2015年报告分析

　　企业财务报告所反映的财务指标是投资者、经营者、债权人及政府监管机构了解企业财务状况与经营成果的主要依据，对企业财务报告进行分析，并在此基础上对企业财务状况及经营成果进行评价，有助于利益相关者了解企业的发展趋势，并为企业改进财务管理制度、做出正确财务决策提供重要的财务信息。本章以贵州信邦制药股份有限公司（以下简称信邦制药）2011~2015年报表数据为基础，运用比率分析方法及趋势分析方法对该公司资本结构、偿债能力及盈利能力进行分析，说明信邦制药的发展趋势及发展前景。

10.1　公　司　简　介

　　信邦制药于1995年1月27日成立，公司经营场所位于贵州省贵阳市白云经济开发区信邦大道227号，法定代表人为张观福，注册资本为人民币1 251 136 330.00元，2010年4月6日信邦制药在深圳证券交易所首次公开募股，这是自2005年贵州黔源电力登陆中小板市场后，贵州省2011~2015年首个发行上市的公司。

　　信邦制药上市成功后，主营收入稳步提高，2015年，公司合并报表实现营业收入41.80亿元，在同类行业中位于第28位，实现营业利润1.84亿元，利润总额2.28亿元，净利润1.68亿元，归属上市公司股东的净利润1.74亿元；与以前年度相比均有显著增长。从公司经营业绩来看，未来几年，公司将继续保持稳健、快速、健康的良好发展态势。

　　信邦制药主要从事纯天然植物类中成药的研发、生产和销售，经营方式为自产自销，包括：硬胶囊剂（含头孢菌素类）、片剂、颗粒剂（含中药提取）、滴丸剂、软胶囊剂、原料药（人参皂苷-Rd）、中药提取；保健食品生产加工（片剂、胶囊剂、颗粒剂）；中药材种植及销售；本企业自产产品及技术的出口业务；本企业所需的原辅材料、仪器仪表、机械设备、零配件及技术的进出口业务（国家限定经营和国家禁止进出口的商品及技术除外）。企业可以按国家规定，以各种贸易方式从事进出口业务。法律法规、政府决定规定禁止的不得经营；法律法规、政府决定规定应当许可（审批）的，经审批机关批准后凭许可（审批）文件经营；法律法规、政府决定规定无需许可（审批）的，市场主体可以自主选择经营。目前主要产品集中在心脑血管、消化系统两大类，具体包括银杏叶片、六味安消胶囊、贞芪扶正胶囊、护肝宁片、益心舒胶囊等。信邦制药产品益心舒胶囊是全国独家产品，属国家中药二级保护品种，被列为国家基本药物目录品种、国家医保目录品种；另一产品六味安消胶囊属于民族药，是中国中药协会评选推荐的优质优价产品。信邦制药共有国家药品批准文号品种 44 个，国家医保目录品种 24 个。

信邦制药拥有较多国家基本药物目录品种，同时拥有完善和强大的医疗、运营和营销体系，医疗队伍和营销队伍能力强，医药市场资源利用率比同行企业高，这是信邦制药在行业中高速发展的核心竞争力。

10.2　SWOT 分析

10.2.1　优势

资产重组使信邦制药产品结构、研发能力和创新能力有了新的发展。与中肽生化有限公司的强强联合保证了信邦制药在市场上的竞争力，提升了信邦制药的研发能力，弥补了信邦制药在生物制药方面的空白，总体使得信邦制药的盈利能力得到提升。

信邦制药所属的贵州省肿瘤医院及贵州医科大学附属白云医院在 2015 年继续发挥其品牌效应，在提升服务质量的情况下，同时参与和推进医院改扩建与医联体工作的进行。2015 年，信邦制药控股的仁怀新朝阳医院已完工并投入试运营，黔东南众康医院已做好开业准备，同时，六枝博大医院已开启装修工程。这些医院的运营及完工扩大了信邦制药的规模，保证了信邦制药的运营能力。

信邦制药拥有较多国家基本药物目录品种。目录品种多达 17 个，并在 2015 年首次入选以下五种主力品种：益心舒胶囊、脉血康胶囊、银杏叶片、六味安消胶囊、贞芪扶正胶囊。

信邦制药拥有完善和强大的医疗、运营和营销体系，医疗队伍和营销队伍能力强，医药市场资源利用率比同行企业高。

信邦制药高标准、严要求。企业内部严格要求，内部控制标准不仅符合而且高于国家规定的标准。

信邦制药凭借多年的丰富经验，扩大医药流通覆盖网络，通过各种方式巩固供应链，保证信邦制药盈利能力，以医院和多家零售店为依托，保持高销售能力和专业形象。

在互联网时代下，信邦制药积极适应发展形势，充分利用互联网的特点，建立了以信邦制药下属医院为核心的互联网医院平台，首次建立起云端医疗联合体，为患者提供便利的同时也提升了服务速度和质量。

10.2.2　劣势

近几年医药制造市场中成药价格波动频繁，不断升高的人力资源成本及由于投资固定资产而引起的折旧费用增加等问题，都是制约信邦制药进一步发展的竞争劣势，影响其未来的盈利情况。

信邦制药已成为业务覆盖中药材种植、医药工业、医药流通和医疗服务的全产业链医药医疗企业，应最大限度地发挥其业务协同效应，进一步增强核心竞争力。随着细分行业的增加，信邦制药的内控制度、管理制度和管理团队将根据业务发展需要进行调整与完善，因此，短期内可能对信邦制药经营产生一定影响。

10.2.3　机会

国务院确定 2016 年深化医改重点，理顺服务端和流通端机制。城市公立医院综合改革试点继续扩大，公立医院综合改革试点开始进入县级医院。公立医院综合改革的几个要点包括：破除以药补医机制、降低药占比和卫生材料收入占比，合理提升体现医务人员技术劳务价值的医疗服务价格，深化医保支付方式改革。国务院发布的《关于改革药品医疗器械审评审批制度的意见》，要求提高新上市药品的审批标准，鼓励药品创新，推动仿制药品质量一致性评价工作，医药行业将面临一场剧烈而又深刻的变革，这场变革将会给信邦制药带来新的机遇。

随着互联网技术和信息技术的不断革新与迭代，互联网医疗或移动医疗将会深刻改变目前的传统医疗管理体系和就医模式，改善就医体验，缓解紧张的医患关系，这将成为未来医疗与制药行业发展的新趋势和大方向，会给信邦制药提供新的业务和产品拓展方向，使其完善现有产品和服务框架。

10.2.4　威胁

药品价格随着国家医疗改革的深入而下降。国家全方位对药品价格的调控，使得整个药品行业面临利润下降的情况，这将会导致信邦制药的盈利能力下降，对信邦制药研发和竞争力等方面也将产生不良影响。同时，医疗体制改革的纵向发展，更多的医疗政策的出台会使得市场参与医疗的情况更加明显，这会导致医疗行业整体竞争程度升高。日益激烈的竞争必将使信邦制药面临风险和压力。

国家法律法规对于新药品开发的规范越来越严格,信邦制药将面临研发问题,未来信邦制药必将要发展新型药品来满足市场需要,相关法律法规对新药品开发日益严格的要求增加了新产品的开发难度,加之新药品本身研发成本高并且技术要求高,会导致信邦制药面临种种不确定性,甚至延长新药品开发周期,这将会耗费大量的人力、物力和财力。

随着信邦制药的发展,人才吸纳和管理需要加大资金投入。行业内对管理人才和技术人才的需求竞争日益激烈,信邦制药需要建立起良好的工资体系并保证工作环境,不然则会面临人才流失的情况,这会降低信邦制药的竞争力和经营效果。

国家日益重视环保问题,制药企业所面临的重大问题就是环保问题。国家对于保护环境的基本国策的坚持、环境标准的提高,使信邦制药必须重新重视环保问题。信邦制药需要加大在环保方面的投入,不仅包括财力也包括人力和物力的投入,这同时也会影响信邦制药的盈利能力。

10.3　报表分析

10.3.1　利润表分析

表 10-1 所示,信邦制药 2014 年实现净利润 15 386 万元,同比增长 287.79%,如表 10-2 所示,信邦制药营业总成本占营业总收入的比重呈升高趋势,从 2011 年的 86.57%上升至 2015 年的 95.65%,比例变化达到了 9 个百分点。

表 10-1　信邦制药利润表简表　　　　　　单位:元

项目	2011 年	2012 年	2013 年	2014 年	2015 年
一、营业总收入	361 864 803.52	447 572 062.56	569 487 922.11	2 476 183 059.91	4 179 756 099.15
二、营业总成本	313 269 778.04	402 637 396.44	534 201 703.02	2 306 650 321.57	3 998 130 360.65
其中:营业成本	128 705 746.76	166 982 548.38	213 935 784.26	1 837 850 229.65	3 318 621 547.36
销售费用	156 778 591.63	194 269 729.87	248 514 116.43	272 042 778.47	307 806 038.60
管理费用	29 957 239.97	33 362 496.94	52 609 921.07	113 455 709.89	226 009 541.51
财务费用	−8 355 743.92	775 468.47	11 442 128.61	64 962 390.61	109 933 944.89
三、营业利润	48 595 025.48	44 934 666.12	35 286 219.09	169 532 738.34	181 625 738.5
四、利润总额	53 528 401.99	57 362 865.79	47 781 628.08	199 035 838.54	228 199 508.17
五、净利润	45 876 825.07	47 562 995.74	39 675 540.56	153 857 099.85	168 409 063.08

表 10-2　信邦制药利润表结构百分比分析　　　单位：%

项目	2011 年	2012 年	2013 年	2014 年	2015 年
一、营业总收入	100.00	100.00	100.00	100.00	100.00
二、营业总成本	86.57	89.96	93.80	93.15	95.65
其中：营业成本	35.57	37.31	37.57	74.22	79.40
销售费用	43.33	43.41	43.64	10.99	7.36
管理费用	8.28	7.45	9.24	4.58	5.41
财务费用	−2.31	0.17	2.01	2.62	2.63
三、营业利润	13.43	10.04	6.20	6.85	4.35
四、利润总额	14.79	12.82	8.39	8.04	5.46
五、净利润	12.68	10.63	6.97	6.21	4.03

2014 年和 2015 年营业成本占营业总收入比例分别达到了惊人的 74.22%和 79.40%，营业成本比例过高可能是市场竞争的加剧和材料价格的上升所导致的。

期间费用中销售费用比例从 2011 年的 43.33%下降到 2015 年的 7.36%，主要是由于企业自身知名度和产品的品牌效应提高，产品的宣传和推广费用逐渐下降；管理费用和财务费用比例相对较为稳定，变化不大。

虽然企业净利润在不断提高，但是信邦制药的净利润率反而在逐渐下降，从 2011 年的 12.68%下降到 2015 年的 4.03%，说明盈利空间受市场和政策影响逐渐萎缩，盈利效果不大，从高附加值逐渐向低附加值的比拼销量的模式转变，需要引起企业的注意。

如表 10-1 和表 10-3 所示，无论是通过定基比趋势分析还是环比趋势分析，信邦制药的利润情况在 2014 年都得到了明显的改善，营业总收入相比 2013 年增幅达到 334.79%，净利润相比 2013 年增幅达到 287.80%，主要是因为公司于 2014 年 3 月完成对贵州科开医药有限公司（以下简称科开医药）收购，科开医药（合并）4～12 月实现营业收入 17.71 亿元、营业利润 1.41 亿元、利润总额 1.42 亿元、净利润 1.06 亿元、归属于上市公司股东净利润 0.97 亿元，从而使公司业绩大幅增长。

表 10-3　信邦制药利润表定基比趋势分析表　　　单位：%

项目	2011 年	2012 年	2013 年	2014 年	2015 年
一、营业总收入	100.00	123.68	157.38	684.28	1155.06
二、营业总成本	100.00	128.53	170.52	736.31	1276.26
其中：营业成本	100.00	129.74	166.22	1427.95	2578.46
销售费用	100.00	123.91	158.51	173.52	196.33
管理费用	100.00	111.37	175.62	378.73	754.44
财务费用	100.00	−9.28	−136.94	−777.46	−1315.67

续表

项目	2011 年	2012 年	2013 年	2014 年	2015 年
三、营业利润	100.00	94.39	77.14	360.22	379.49
四、利润总额	100.00	107.16	89.26	371.83	426.31
五、净利润	100.00	103.68	86.48	335.37	367.09

当然，由于原材料价格上升和相关行业标准的更新，在经过 2014 年净利润飞跃性增长之后，2015 年净利润的增长幅度恢复正常，但仍然达到了 9.46%，这与该公司领导层正确的管理策略及技术革新相关。

10.3.2 资产负债表分析

如表 10-4 和表 10-5 所示，2011～2015 年，信邦制药资产结构中，流动资产比例整体呈现下降趋势，从 2011 年的 76.03%下降至 2015 年的 58.84%。虽然整体下降，但是流动资产占总资产的比重一直高于 50%，属于较为典型的保守型资产结构。该种特点的资产结构可以保障企业在日益激烈的市场竞争中拥有较强自主性的变现能力，满足债务支付和日常管理经营的资产需要。当然，高比重的流动资产还会影响企业的投资收益，增加机会成本，不利于提高以货币资金为代表的流动资产的使用效率，会白白牺牲投资收益，造成资源浪费。

表 10-4　信邦制药资产负债简表　　　　　单位：元

项目	2011 年	2012 年	2013 年	2014 年	2015 年
货币资金	513 310 866.21	360 115 996.60	254 404 151.44	659 039 492.53	603 123 778.07
应收票据	74 044 281.60	105 194 036.38	89 747 195.22	131 819 495.69	145 676 766.57
应收账款	121 277 135.32	150 870 773.48	187 247 661.46	1 058 090 201.56	1 470 580 427.87
预付款项	59 989 141.98	85 134 064.35	83 522 196.58	425 963 182.87	500 378 716.80
存货	142 254 296.82	175 673 712.71	326 513 533.05	544 592 165.68	614 855 875.14
流动资产合计	910 875 721.93	876 988 583.52	941 434 737.75	2 819 504 538.33	3 334 615 564.45
固定资产	85 308 109.01	100 230 228.08	284 959 681.61	721 793 447.54	1 364 111 863.21
在建工程	188 418 637.11	213 661 727.21	49 633 112.10	144 690 810.74	390 695 680.23
无形资产	12 474 769.75	24 333 746.82	30 626 806.95	144 368 879.27	165 973 221.72
商誉	—	38 081 955.65	38 081 955.65	647 584 651.36	647 584 651.36
非流动资产合计	286 201 515.87	376 307 657.76	403 301 566.31	1 658 437 788.91	2 568 365 416.52
资产总计	1 197 077 237.8	1 253 296 241.28	1 344 736 294.06	4 477 942 327.24	5 902 980 980.97

续表

项目	2011 年	2012 年	2013 年	2014 年	2015 年
短期借款	194 860 000.00	235 110 000.00	321 860 000.00	1 730 460 000.00	2 340 860 000.00
应付票据	—	—	—	145 972 866.23	161 297 921.89
应付账款	45 680 896.78	37 515 132.05	64 940 490.61	590 792 640.76	981 719 561.53
预收款项	3 043 558.76	2 527 943.32	2 296 307.21	48 177 934.66	44 167 780.12
应付职工薪酬	2 175 705.31	2 351 128.21	2 821 322.04	4 332 257.43	9 442 660.77
应交税费	1 473 157.51	4 597 011.05	3 656 763.58	20 329 590.90	46 866 709.31
流动负债合计	247 233 318.36	282 101 214.63	395 574 883.44	2 540 065 289.98	3 584 354 633.62
非流动负债合计	10 904 500.00	20 734 500.00	23 767 000.00	56 784 105.11	63 963 189.33
负债总计	258 137 818.36	302 835 714.63	419 341 883.44	2 596 849 395.09	3 648 317 822.95
股本	173 600 000.00	173 600 000.00	173 600 000.00	500 454 532.00	1 251 136 330.00
所有者权益总计	979 535 508.28	1 022 630 557.32	1 035 931 705.16	2 457 902 489.07	2 669 007 907.29
负债和所有者权益总计	1 237 673 326.64	1 325 466 271.95	1 455 273 588.60	5 054 751 884.16	6 317 325 730.24

表 10-5　信邦制药资产负债表资产结构分析　　　单位：%

项目	2011 年	2012 年	2013 年	2014 年	2015 年
货币资金	41.28	26.98	17.11	12.62	9.27
应收票据	5.95	7.88	6.04	2.52	2.24
应收账款	9.75	11.30	12.60	20.26	22.61
预付款项	4.82	6.38	5.62	8.16	7.69
存货	11.44	13.16	21.96	10.43	9.45
流动资产合计	76.03	70.89	70.92	63.65	58.84
固定资产	6.86	7.51	19.17	13.82	20.97
在建工程	15.15	16.01	3.34	2.77	6.01
无形资产	1.00	1.82	2.06	2.76	2.55
商誉	0.00	2.85	2.56	12.40	9.96
非流动资产合计	23.97	29.11	29.08	36.35	41.16
资产总计	100.00	100.00	100.00	100.00	100.00

　　良性资产是企业不断发展、屹立于高自由度市场经济之林的重中之重，企业的管理人员应当注重对资产的健康度评价。信邦制药的流动资产中货币资金一直

呈现出下降趋势，可能是因为对长期资产的投资活动加剧，降低了企业自身对于债务偿还和现金支付的能力。

2011～2015 年，信邦制药的应收账款比例不断提高，这说明其销售方式以赊销为主，拉长了企业的资金链条，不利于及时回收相关账务，容易形成呆账和坏账，影响企业自身资金链的稳定性。

2011～2015 年，信邦制药的存货占总资产的平均比重为 13.29%，说明该公司的存货管理能力和产能控制能力相对较好，在保证资金回笼的情况下，可以尽可能缓解库存积压的问题。

信邦制药 2011～2015 年非流动资产所占比重变化趋势呈现出稳步上升的趋势，且主要部分为固定资产。

信邦制药的非流动资产结构中，2015 年固定资产比重达到 20.97%，说明企业在加强固定资产投资和厂房建设的同时完成对科开医药收购，带来固定资产增加。2011 年和 2012 年信邦制药在建工程较高比例则是募投项目投入建设所导致的。

如表 10-6 所示，信邦制药资本结构中，负债和所有者权益的配比从 2011 年的近 1∶4 逐步提高到 7∶5，债务成分不断提高，说明该公司对于债务的控制能力和管理能力较弱，虽然可以借用外部资金进行新业务和新产品的研发及推广，但是不利于降低债务风险，容易出现资金链断裂的情况，甚至会影响日常经营。

表 10-6　信邦制药资产负债表资本结构分析　　　　单位：%

项目	2011 年	2012 年	2013 年	2014 年	2015 年
短期借款	15.67	17.62	21.65	33.13	35.99
应付票据	0.00	0.00	0.00	2.79	2.48
应付账款	3.67	2.81	4.37	11.31	15.09
预收款项	0.24	0.19	0.15	0.92	0.68
应付职工薪酬	0.18	0.18	0.19	0.08	0.15
应交税费	0.12	0.34	0.25	0.39	0.72
流动负债合计	20.35	21.82	28.72	51.86	57.99
长期借款	—	—	—	—	0.25
非流动负债合计	0.88	1.55	1.60	1.09	0.98
负债总计	21.23	23.38	30.32	52.94	58.97
股本	13.96	13.01	11.68	9.58	19.23
所有者权益总计	78.77	76.62	69.68	47.06	41.03
负债和所有者权益总计	100.00	100.00	100.00	100.00	100.00

信邦制药的负债结构中绝大多数为流动负债，非流动负债占总权益的比重仅在 1% 左右波动，流动负债中又以短期借款和应付账款为主，且比重不断提高，说明为应对产业升级和市场波动，信邦制药通过债务筹资和赊购原材料来保证自身的发展。

如表 10-7 所示，信邦制药货币资金 2012 年和 2013 年两年连续降幅达到了近 30%，应收账款 2014 年比 2013 年增长了 718.06%，主要因为该年度完成对科开医药收购，带来应收账款增加；收购贵州卓大医药有限责任公司及贵州盛远医药有限公司，带来应收账款增加；下属医药流通企业报告期内业务增长，相应增加了应收账款。

表 10-7 信邦制药资产负债表定基比趋势分析表 单位：%

项目	2011 年	2012 年	2013 年	2014 年	2015 年
货币资金	100.00	70.16	49.56	128.39	117.50
应收票据	100.00	142.07	121.21	178.03	196.74
应收账款	100.00	124.40	154.40	872.46	1212.58
预付款项	100.00	141.92	139.23	710.07	834.12
存货	100.00	123.49	229.53	382.83	432.22
流动资产合计	100.00	100.07	111.51	351.62	404.81
固定资产	100.00	117.49	334.04	846.10	1599.04
在建工程	100.00	113.40	26.34	76.79	207.36
无形资产	100.00	195.06	245.51	1157.29	1330.47
非流动资产合计	100.00	130.34	145.03	637.02	898.23
资产总计	100.00	107.32	119.55	420.03	523.09
短期借款	100.00	120.66	165.18	888.05	1201.30
应付账款	100.00	82.12	142.16	1293.30	2149.08
预收款项	100.00	83.06	75.45	1582.95	1451.19
应付职工薪酬	100.00	108.06	129.67	199.12	434.00
应交税费	100.00	312.05	248.23	1380.00	3181.38
流动负债合计	100.00	115.07	168.67	1070.10	1490.18
非流动负债合计	100.00	190.15	217.96	520.74	586.58
负债总计	100.00	117.32	162.45	1005.99	1413.32
股本	100.00	100.00	100.00	288.28	720.70
所有者权益总计	100.00	104.40	105.76	250.93	272.48
负债和所有者权益总计	100.00	107.09	117.58	408.41	510.42

2014 年信邦制药胶囊剂生产线扩建、同德药业有限公司中药材生产线建设、贵州省肿瘤医院收购中国水利水电第九工程局中心医院进行改建及三期工程建设带来在建工程增加。

信邦制药 2014 年短期借款激增，比 2013 年增长了 722.87%，这是由于为发展医药流通和医疗服务业务及完成科开医药收购向银行申请了部分贷款，增加了短期借款比例。信邦制药非流动负债比例较低，虽然增幅惊人，但仍在可控范围内。

信邦制药 2014 年和 2015 年股本迅速增长，同比 2013 年增幅分别达到了 188.28%和 620.70%，自有资本比例也不断提高，这方便了对新业务和新厂房的建设做出相应的部署，提高经营效率。

10.3.3 现金流量表分析

如表 10-8 和表 10-9 所示，2011～2015 年信邦制药的现金流入结构基本保持稳定，但是 2013 年是一个较为特殊的年份，该年度投资活动现金流入小计占总现金流入量的 26.37%，比 2012 年的 9.13%变化巨大，这主要是得益于公司采取了投资委托机构的正确投资策略，同时，赎回银行理财产品增加了投资活动带来的现金进口。

表 10-8　信邦制药现金流量简表　　　　　　　　单位：元

项目	2011 年	2012 年	2013 年	2014 年	2015 年
一、经营活动产生的现金流量：					
销售商品、提供劳务收到的现金	350 482 952.45	435 602 643.06	607 803 382.31	2 749 181 351.36	3 972 492 738.73
经营活动现金流入小计	379 132 135.75	472 439 448.07	679 977 018.66	2 809 777 799.38	4 074 629 501.34
购买商品、接受劳务支付的现金	172 609 387.87	204 859 987.60	320 627 816.47	1 984 568 815.71	2 878 652 419.53
经营活动现金流出小计	418 998 726.22	508 903 637.20	701 315 211.04	3 008 374 479.63	3 857 227 335.57
经营活动产生的现金流量净额	−43 714 552.77	−94 417 067.86	−21 338 192.38	−198 596 680.25	217 402 165.77
二、投资活动产生的现金流量：					
投资活动现金流入小计		70 567 280.87	368 748 377.17	301 079 132.95	208 006 797.48
投资活动现金流出小计	102 530 704.71	198 655 671.99	505 646 466.65	674 202 301.25	659 873 964.86
投资活动产生的现金流量净额	−102 530 704.71	−128 088 391.12	−136 898 089.48	−373 123 168.30	−451 867 167.38

续表

项目	2011 年	2012 年	2013 年	2014 年	2015 年
三、筹资活动产生的现金流量:					
筹资活动现金流入小计	221 860 000.00	229 860 000.00	349 660 000.00	1 946 460 000.00	2 634 078 900.00
筹资活动现金流出小计	195 352 103.54	218 502 289.36	297 135 563.30	1 019 369 328.23	2 462 361 004.44
筹资活动产生的现金流量净额	26 507 896.46	11 357 710.64	52 524 436.70	927 090 671.77	171 717 895.56
四、汇率变动对现金及现金等价物的影响	—	—	—	—	—
五、现金及现金等价物净增加额	−115 889 398.72	−153 194 869.61	−105 711 845.16	355 370 823.22	−62 747 106.05

表 10-9　信邦制药现金流入结构分析　　　单位: %

项目	2011 年	2012 年	2013 年	2014 年	2015 年
销售商品、提供劳务收到的现金	58.32	56.36	43.46	54.36	57.43
经营活动现金流入小计	63.08	61.13	48.63	55.56	58.91
投资活动现金流入小计	0.00	9.13	26.37	5.95	3.01
筹资活动现金流入小计	36.92	29.74	25.00	38.49	38.08
现金流入小计	100.00	100.00	100.00	100.00	100.00

2015 年信邦制药经营活动产生的现金流量净额为正,主要是因为原材料采购成本增加、销售回款比上年同期增加及增加代理商保证金。

如表 10-10 所示,信邦制药筹资活动结构变化近似于"U"形趋势,先下降后恢复到原有水平,2011～2015 年筹资活动带来的现金流出小计占总现金流出量的比重平均值为 25.51%,说明该公司积极通过筹资活动来增加对新业务和新产品的开发。

表 10-10　信邦制药现金流出结构分析　　　单位: %

项目	2011 年	2012 年	2013 年	2014 年	2015 年
购买商品、接受劳务支付的现金	24.08	22.12	21.32	42.21	41.24
经营活动现金流出小计	58.45	54.95	46.63	63.98	55.27
投资活动现金流出小计	14.30	21.45	33.62	14.34	9.45
筹资活动现金流出小计	27.25	23.60	19.75	21.68	35.28
现金流出小计	100.00	100.00	100.00	100.00	100.00

　　2014 年信邦制药经营活动产生的现金流量净额减少，主要原因为公司下属医药流通企业报告期内为取得医院药品及耗材配送权而支付医院保证金，2014 年共计支付各家医院保证金 3.3 亿元，若扣除该因素，公司经营性现金流量金额应为正数且与报告期净利润匹配。

　　投资活动的现金流出结构变动与投资活动带来的现金流入趋势基本一致，均为倒"U"形结构。

　　相比之下，信邦制药筹资活动的现金流出量结构保持基本平稳，其比重均值为 25.51%，但 2014 年和 2015 年，筹资活动现金流出占比上升，主要原因是银行借款规模增速放缓。

10.4　经营业绩评价

10.4.1　盈利能力分析

　　如表 10-11 所示，2011～2015 年，信邦制药的毛利率、营业利润率及销售净利率呈下跌趋势，其中毛利率陡降点为 2014 年，从 2013 年的 62.43%下降到了 25.78%，说明该企业的盈利空间明显萎缩、盈利效率不断降低、盈利能力变差。

表 10-11　信邦制药盈利能力指标　　　　单位：%

项目	2011 年	2012 年	2013 年	2014 年	2015 年
毛利率	64.43	62.69	62.43	25.78	20.60
营业利润率	13.43	10.25	6.58	7.07	4.41
销售净利率	12.68	10.63	6.97	6.21	4.03
净资产收益率	4.70	4.70	3.89	6.04	6.86
总资产利润率	3.69	3.56	2.67	2.95	2.87

　　与上述三种利润率不同的是，2014 年信邦制药的净资产收益率出现了逆势上扬，该指标增长近一倍，这主要是由于该年度对科开医药合并带来业绩的大幅增长。信邦制药总资产利润率则表现平平，总体呈下降趋势，说明其盈利能力减弱。

10.4.2　营运能力分析

　　如表 10-12 所示，2011～2015 年信邦制药的应收账款周转率呈现出小范围波

动，但总体保持在 3.28～3.98 次，说明其赊销行为比较多，不利于及时回笼资金
和保持资金链稳定，而且容易形成呆账和坏账。

表 10-12　信邦制药营运能力指标　　　　　单位：次

项目	2011 年	2012 年	2013 年	2014 年	2015 年
应收账款周转率	3.28	3.29	3.37	3.98	3.31
存货周转率	1.20	1.05	0.85	4.22	5.72
流动资产周转率	0.39	0.47	0.57	1.13	1.17
固定资产周转率	4.16	4.82	2.96	4.92	4.01
总资产周转率	0.29	0.34	0.38	0.47	0.64

信邦制药 2011～2013 年存货周转率均在 1 次左右，说明其销售能力较差，但
是 2014 年迅速提升至 4.22 次，说明随着对科开医药的并购，信邦制药销售能力
和运营能力显著提高，预期未来几年还会有所提升。

信邦制药流动资产周转率增速较缓，固定资产周转率在 2013 年出现明显下
滑，主要是对固定资产的投资增多导致的。

10.4.3　偿债能力分析

如表 10-13 所示，2011～2015 年信邦制药流动比率和速动比率持续下降，从
2011 年的 3.74% 和 3.17% 下降到了 2015 年的 1.01% 和 0.85%，说明其短期偿债能
力不断减弱，债务和财务风险不断提高。

表 10-13　信邦制药偿债能力指标　　　　　单位：%

项目	2011 年	2012 年	2013 年	2014 年	2015 年
流动比率	3.74	3.25	2.47	1.23	1.01
速动比率	3.17	2.65	1.70	1.03	0.85
资产负债率	21.23	23.38	30.32	52.94	58.97

资产负债率的趋势走向与流动比率和速动比率则刚好相反，这是由于信邦制
药加大对固定资产的投入，长期偿债能力还是较强的，但是仍然可能面临短期到
期应付债务支付不及时造成的相关财物和信用损失。

10.4.4　发展能力分析

如表 10-14 所示，2011～2015 年信邦制药主营业务增长率整体呈现上升趋势，其中 2014 年增长明显，这已经在前面的利润表和现金流量表的分析中详细阐释过了。

表 10-14　信邦制药发展能力指标　　　　　　单位：%

项目	2011 年	2012 年	2013 年	2014 年	2015 年
主营业务增长率	13.57	23.68	27.24	334.81	68.80
净利润增长率	22.07	3.68	−16.58	287.79	9.46
净资产增长率	2.07	4.40	1.30	137.26	8.59
总资产增长率	10.49	7.32	11.39	251.35	24.54

净利润增长率、净资产增长率及总资产增长率变化趋势基本一致，均为先降低后升高，2014 年达到波峰，2015 年仍保持较高水平，说明信邦制药的成长较快和发展能力相对较强，前景较为明晰。

10.5　结论及建议

随着信邦制药重大资产重组事项的实施与完成，该公司致力于成为业务覆盖医药工业、医药流通和医疗服务的全产业链医药医疗公司，充分发挥制药的产业优势、上市公司融资平台优势和科开医药在医药流通、医疗技术、医疗服务方面的优势，以及中肽生化有限公司在多肽、体外诊断试剂领域积累的研发实力，最大限度地发挥业务协同效应，增强公司核心竞争力。

2015 年信邦制药实现营业收入 417 975.61 万元，同比增长 68.80%；实现净利润 16 840.91 万元，比上一年同期增长 9.46%；归属于母公司所有者的净利润为 17 437.94 万元，比上一年同期增长 20.45%；基本每股收益为 0.14 元，比上一年同期的 0.13 元上升 7.69%。营业收入增长的主要原因：一是增加了科开医药一季度的合并数据；二是合并范围增加了贵州医科大学附属白云医院、仁怀新朝阳医院、道真县中医院等子公司；三是公司各业务板块的协同效应得到逐步体现，医药流通业务规模明显提升。

10.5.1 信邦制药存在的主要问题

1. 负债水平较高，偿债能力差

信邦制药负债和所有者权益结构中，负债和所有者权益的配比从 2011 年的近 1：4 逐步提高到 7：5，债务成分不断提高，该公司对负债的控制和管理能力较弱，从而引起偿债能力下降的局面，非常容易出现资金断裂和现金无法及时收回的问题，影响公司日常高效、可持续经营。

2. 利润空间萎缩，成本控制较弱

通过分析 2011～2015 年信邦制药的利润表，不难发现该公司营业成本比重过高，净利润率较低，不断加剧的市场竞争程度和原材料或人工成本的提高，导致信邦制药的利润空间不断萎缩。

在信邦制药三大业务领域之二的医药流通和医疗服务中，虽然营业收入增幅明显，但营业成本的同比增加，使得其利润效率变低，说明该公司对于成本控制的能力较弱，原本高附加值的产品和服务已经逐渐向低附加值靠数量取胜转变，这是极其不利于医药行业企业发展的，这个问题需要引起管理人员的重视。

3. 经营现金流弱，过于重视筹资和投资

作为一个制药企业的立身之本，经营活动是其所有业务和现金流动的核心，但是在信邦制药则不是这样，2015 年与经营活动相关的现金流入量及流出量仅占到总流入量与总流出量的 58.91% 和 55.27%，而投资与筹资活动带来的现金流量占比巨大，这显然在一定程度上违背了企业发展的客观规律。

信邦制药过于注重投资和筹资活动，针对科开医药、贵州省六枝特区博大医院、贵州黔南州汇达药业有限公司等医药公司和医院的合并及募资过多，已经偏离了制药企业应有的发展模式和规律，多元化经营可能会为企业带来风险。

10.5.2 信邦制药发展建议

1. 加快重组进程实现强强联合

经过信邦制药的努力及有关各方积极推动，信邦制药与中肽生化有限公司的重大资产重组事项自 2015 年 2 月启动，于 2015 年 12 月获得证监会核准，并于当月完成了资产交割。信邦制药对于投资和筹资活动非常重视，因此，应及时加快重组或并购的进程，从而改善产品与服务框架结构，提升技术研发和创新能力，从而提高现有盈利水平、抗风险能力和核心竞争力。

2. 推动业务创新与产权保护

随着医药市场竞争程度不断提高及患者的医疗需求的提升，信邦制药应当推动业务创新，加大资金投入，以贵州省肿瘤医院和贵州医科大学附属白云医院为龙头，持续提升医疗机构技术水平和服务能力，提升公司医疗服务规模，大力发展医疗服务和药物流通业务。

为了拓展知识产权工作的管理深度和范围，提升企业社会形象及产品知名度，信邦制药应当按照相关标准体系梳理知识产权保护流程和相关文件，与相关知识产权和商标权的政府管理部门沟通落实相关情况，提高公司知识产权管理的深度和规范性。

3. 探索"互联网+"模式

随着互联网技术和移动互联的大规模应用，信邦制药还可以通过加强互联网和云计算技术的使用，建立起以贵州省肿瘤医院、贵州医科大学附属白云医院、贵州医科大学附属乌当医院等旗下医院网络的云服务 APP，为社区卫生服务和药店提供手机资讯，形成集医生、药师、患者、数据、服务为一体的云端医疗联合体，从而增强医院的社会影响力，提高患者的信任程度，从而扩大服务范围，达到业务扩展、盈利提高的目的。

4. 提高人才培养与科研合作

为集成科技优势资源，解决中药产业发展中的共性、关键性技术难题，加强中药研究开发人才的培养，提升中药产业整体科技水平和持续发展能力，信邦制药可以与处于研究前列的医科大学或医学院合作，建设协同创新中心，构建集产品研发、人才培养、技术指导和成果推广于一体的产、学、研结合的合作中心，推动研究与生产紧密结合、相互促进、共同发展，为公司长期发展提供坚实的研究和技术支持。

5. 推动产业创新和战略合作

为便于公司进一步利用在医疗健康领域的资源优势和医院的经营管理优势进行业务拓展，做强主业，信邦制药还可以与国内金融公司或保险公司合作，建设投资产业基金会，加强对国内医疗健康、药品生产等领域的创新型公司的风险投资、战略布局，完善产业链和产业网络优化升级创新，提高该公司在医疗健康行业内的地位，培养新的利润增长点。

2015 年是国家医疗体制改革纵深推进的一年，药物临床数据核查、仿制药质量一致性评价等政策引发行业地震，刮起质量提升风暴。严控药占比、医保用药控费、招标限价、药品销售零差价等众多政策让医药市场形势更为严峻。

　　2016 年国务院确定深化医改重点，理顺服务端和流通端机制。城市公立医院综合改革试点继续扩大，公立医院综合改革试点开始进入县级医院。具体包括：破除以药补医机制、降低药占比和卫生材料收入占比，合理提升体现医务人员技术劳务价值的医疗服务价格，深化医保支付方式改革，推进社会力量参与公立医院改革，在全国 70%左右的地级市开展分级诊疗试点，开展公立医院在职或退休主治以上医师到基层医疗机构执业或开设工作室试点；新增试点城市公立医院取消药品加成，严控不合理检查、检验费用；全面推进公立医院药品集中采购，建立药品出厂价格信息可追溯机制，推行从生产到流通和从流通到医疗机构各开一次发票的"两票制"，使中间环节加价透明化。这些都表明，在可预见的未来，医疗和制造行业将迎来新的机遇与挑战，这对信邦制药未来发展来说既是机遇又是挑战。

孔庆华　周晋兰

第11章 高鸿股份2015年报告分析

大唐高鸿数据网络技术股份有限公司（以下简称高鸿股份）是由大唐电信科技产业集团整合其多年累积的数据产业技术、产品和资源从而组建的高新技术企业，于2003年成功上市（股票代码：000851），是大唐电信科技产业集团旗下境内两家上市公司之一。目前主要从事企业信息化的物联网和融合通信及独立消费群体的移动互联网与相关服务。

通过相关财务分析，笔者发现高鸿股份整体发展趋势良好，具有一定的核心竞争力，但预期仍可能存在诸如行业竞争加剧、相关政策不明、市场发展萎缩、资金需求变大等问题，并尝试性提出了及时调整战略、加强资源整合、提高资金投资效率的解决策略。

11.1 公 司 简 介

高鸿股份于1998年4月27日发行，1998年6月9日由君安证券有限责任公司承销发行上市，总股本为59 136.43万股，其中流通股51 723.79万股。高鸿股份的母公司和最终控制方为隶属于国务院国有资产监督管理委员会的电信科学技术研究院。1994年1月，其前身贵州中国第七砂轮股份有限公司受批成立。1998年4月，该公司发行股份，并于同年6月在深圳证券交易所挂牌上市。2003年3月，历经达众公司受让股份和转让股份及资产重组，该公司更名为大唐高鸿数据网络技术股份有限公司。2003年5月，公司资产重组完成后，公司控股股东变更为电信科学技术研究院。

高鸿股份主要业务为通信设备产品及制造、计算机涉密、系统集成业务及外围设备销售、信息服务、IT销售，经营范围为多业务宽带电信网络产品，通信器材，通信终端设备，仪器仪表，电子计算机软硬件及外部设备，系统集成的技术开发、转让、咨询、服务及制造、销售；通信及信息系统工程设计；信息服务；自营和代理各类商品与技术的进出口，国家限定公司经营或禁止进出口的商品和技术除外。

高鸿股份依托大唐电信科技产业集团在移动通信领域的领先优势，以电信增值业务为基础，大力拓展移动应用分发业务，具有深厚的技术积累和专利基础。公司积极创新探索，率先实现传统电商向金融电商的商业模式突破，全面完成轻物流业务和金融电商业务的转型，拥有完全自主产权的数字商品交易兑换平台，在综合卡兑换领域的交易规模居市场前列。

11.2 核心竞争力分析

通过持续深入挖掘细分产业领域，高鸿股份在 IP 通信领域充分发挥其领先的产品研发优势，为行业企业用户提供定制化解决方案和综合性业务服务。

作为政府、电信、广电等行业呼叫中心细分市场领先的产品和服务提供商，高鸿股份持续巩固行业地位，并不断扩大在教育、医疗、金融行业的影响力。

高鸿股份拥有工业和信息化部颁发的"中华人民共和国增值电信业务经营许可证"。依托大唐电信科技产业集团在移动通信领域的领先优势，高鸿股份以电信增值业务为基础，大力拓展移动应用分发业务，不断通过平台建设和渠道建设挖掘优质业务增长点，服务通道已覆盖三大电信运营商。

在产业领域，高鸿股份积极创新探索，率先实现传统电商向金融电商的商业模式突破，全面完成轻物流业务和金融电商业务的转型；拥有中国人民银行颁发的"中华人民共和国支付业务许可证"和完全自主知识产权的数字商品交易兑换平台系统，在综合卡兑换业务领域服务交易规模稳居市场前列。

在企业信息化领域，高鸿股份首先通过推动产品自主研发、拓展行业信息化市场，陆续在智慧城市中参与众多项目，从而达到核心产品技术输出的目的，推动解决方案升级换代。其次，贯彻落实广电行业的可持续发展战略目标，以业务支撑系统（business support system）、运营支撑系统（operation support system）领域示范效应为发展基础，全面推广产品线升级换代，发挥自有市场优势和品牌优势，整合外部资源，拓展业务范围。最后，高鸿股份进一步完善云呼叫中心业务布局，做好业务流程外包（business process outsourcing）基地运营统一管理，完善外包业务。

与此同时，构建产学研协同创新联盟，高鸿股份与北京邮电大学多媒体实验室合作，联合研发视频智能分析技术；协同集团创新中心建立"车联网实验室"，成功开发了长期演进-交通工具（long term evolution-vehicle）演示验证系统；完善移动网络安全通信，发展移动密话业务。

在信息服务业务方面，公司大力创新业务，在政策导向下完善并优化现有应用分发推广业务；移动话费支付软件开发工具包（software development kit）业务完成了系统构建，尚未能形成规模收入。

在提供小额数字化商品交易信息服务业务方面，由于该业务仍处于业务推广初期，北京高阳捷迅信息技术有限公司加大推广和拓展力度，积极探索流量充值及虚拟充值等业务创新，为虚拟移动网络运营商提供综合性全网服务平台搭建服务。

IT 连锁零售业务方面，公司充分发挥渠道优势，保持核心品牌产品的市场份额，拓展新产品新业务模式。通过货物直运，降低物流成本，优化物流体系，从而提高企业存货周转率，并与京东商城、苏宁易购、1 号店等在线 B2C（business-to-customer，电子商务中直接面向消费者销售产品和服务商业零售的模式，中文简称商对客）电子商城联合发展。

11.3　行业现状分析

11.3.1　宏观环境分析

"十二五"规划中，我国政府明确将战略性新兴产业作为发展重点和主要目标，大力推动"智慧城市"的建设与发展，带动以物联网、大数据、云计算等现代信息技术的产业升级与发展。同时，智慧城市还可以推动我国医疗保险、交通预警、物流体系、金融投资、通信交流等领域的发展，扩大内需，升级产业结构，优化产业扩展流程，从而为加速城镇化、推动中国特色社会主义发展提供基础能量。我国"十二五"规划期间，"智慧城市"领域的产业投资总额有望突破 5000 亿元人民币大关，成为下一步城镇化发展的起点和增长点。

在可预期的未来几年，我国经济发展将进入新常态阶段，国家急需推动供给侧改革，加速产业结构优化与调整步伐，推动我国市场经济的高速稳步可持续发展。2015 年，国家提出了"互联网+"战略，希望能够帮助调整产业结构，提升传统产业竞争力，推动新兴产业发展，提振消费，较大地促进国家经济发展。2015 年 5 月，国务院正式发布《中国制造 2025》，提出了以创新为驱动、质量为准绳、绿色环保为基础，以人才为主要发展起点，优化产业升级的制造业发展指导思想。2015 年 7 月，国务院办公厅发布《国务院关于积极推进"互联网+"行动的指导意见》，明确"互联网+"模式下重点和优先发展的 11 个领域。

信息技术交汇融合发展，产业变革加速，一方面不断推动传统产业的变革；另一方面也孕育了新兴产业。只有巧妙利用"互联网+"的创新思维，通过战略分析和观察，高效进行资源整合和统御的创新型公司，才能够利用好当前政策和市场的发展机遇。

随着 21 世纪信息化时代的不断发展，在网络安全问题日益严峻和突出的形式下，我国政府高度重视相关信息安全问题，将网络安全作为国家战略发展的一个重点，大力推进各领域的国家安全建设，将法治思想融汇于践行社会主义伟大复兴的全过程。

11.3.2　产业环境分析

随着我国通信市场的进一步发展和产业升级，企业协同远程办公、视频会议和远程服务中心等通信与信息工程细分市场将仍会保持 15% 的发展速度，但是在基础 IP 通信市场增长放缓或负增长是极有可能的。信息安全领域，国家将进一步推动国产设备的自主替代，政府将进一步加大对政府 IT 安全的投入，企业将增加互联网环境下 IT 网络安全系统的投入。

信息服务业务中，随着移动互联网的发展，消费者网络消费习惯的改变，话费、流量、游戏等各类充值及卡兑换业务存在较大发展空间。随着移动终端的增长速度下降，手机份额向大厂商集中，线下应用分发市场发展速度下降，格局悄然改变；公司线下应用分发业务受到考验。与此同时，信息服务业务方面，阿里系和腾讯系对移动话费支付市场份额随支付宝与微信钱包等支付手段的推广逐步提升，高鸿股份缺乏自己的支付手段，难免会形成掣肘。并且，虚拟运营商自身也在加强基于自有技术平台的流量充值和虚拟电商卡业务，比高鸿股份占据了更高的主动性和自主性。再加上之前大力发展的互联网彩票也由于国家的相关规定不得不转行进入 IT 连锁零售业务，互联网博彩行业发展逐渐止步。

而在 IT 连锁零售行业，"千店一面"的局面将会逐步崩解，个性化定制化零售时代即将来临，同时，O2O 探索的逐渐深入，以及"智慧城市""平安城市"等相关第三代城镇化进程的推动，要求 IT 连锁零售行业加速线上线下融合，转变大数据导向，这非常有利于高鸿股份利用自身优势，进行稳固发展，进一步提高市场占有率。但是，该产业整体市场增长缓慢，产业链的整体盈利能力下滑，笔记本等计算机产品市场持续下降，移动终端、智能电视等产品增长较好。淘宝、京东商城、苏宁易购、天猫等在线电子商务网站市场份额将会进一步扩大，线上和线下渠道的搭建及沟通重要性不言而喻，分销行业竞争程度将会进一步提高。

11.4　报　表　分　析

11.4.1　利润表分析

如表 11-1 所示，2011～2015 年高鸿股份营业利润占营业收入的比重逐年上升但基本保持在 1%左右，2015 年该比重已是 2011 年比重的近三倍，从整体上看，高鸿股份的获利能力不高。

表 11-1　高鸿股份利润表结构百分比分析　　　　　　单位：%

项目	2011 年	2012 年	2013 年	2014 年	2015 年
一、营业收入	100.00	100.00	100.00	100.00	100.00
减：营业成本	93.47	93.83	94.95	92.92	92.37
销售费用	2.30	1.47	1.31	1.33	1.38
管理费用	2.13	1.84	1.91	2.48	2.81
财务费用	0.98	1.23	1.04	1.24	1.47
二、营业利润	0.61	0.73	0.85	1.57	1.73
三、利润总额	0.85	0.88	1.72	1.86	2.18
四、净利润	0.67	0.49	1.22	1.42	1.58

　　2011～2015 年高鸿股份利润总额占营业收入的比重也在逐年上升，基本保持在 0.8%～2.2%，营业外收支占比非常低，说明其利润的构成主要是营业利润。高鸿股份的营业利润一般，说明其成本控制不理想，营业成本在营业收入中所占的比重在 93%左右，公司重点拓展企业信息化业务及信息服务业务，优化资产结构，企业信息化业务及信息服务业务毛利润略有上升。

　　2011～2015 年，高鸿股份整体结构变化不大：销售费用 2011～2013 年在营业收入中所占比重持续下降，说明高鸿股份在产品分销过程中销售相关的费用支出在不断下降，2014～2015 年略有上升，说明高鸿股份增加了广告等营销费用以提高公司收入；管理费用占营业收入比重基本保持在 1.8%～2.8%；财务费用除 2013 年略下降外其余年份均呈上升趋势，从 2011 年的 0.98%上升至 2015 年的 1.47%，主要是公司短期贷款增加导致利息支出增加，财务费用增加凸显该公司融资成本的增加。

　　如表 11-2 所示，与基期年度 2011 年相比，高鸿股份的营业收入呈上升趋势，2015 年与 2011 年相比增长 81.88%，主要源于公司加快研发进程，持续推出新产品，结合实例项目拓展行业应用及行业项目；营业成本的定基比增幅基本与营业收入定基比同步，表明高鸿股份 2011～2015 年成本控制程度一般，这影响到企业利润率的提高。

表 11-2　高鸿股份利润表趋势分析　　　　单位：%

项目	2011 年	2012 年	2013 年	2014 年	2015 年
一、营业收入	100.00	113.09	151.83	173.45	181.88
减：营业成本	100.00	113.52	154.23	172.43	179.73
销售费用	100.00	72.02	86.48	100.09	109.24
管理费用	100.00	97.41	136.42	201.48	239.78
财务费用	100.00	142.93	162.41	220.25	273.39
二、营业利润	100.00	135.20	210.24	444.54	513.62
三、利润总额	100.00	116.39	306.44	378.35	464.63
四、净利润	100.00	82.85	278.28	370.94	431.03

　　高鸿股份的营业收入连年提高，与之配比的期间费用也随着销售额的增长而进一步增长。2012 年高鸿股份销售费用较 2011 年相比明显下降，得益于公司 2011 年制订了自己的"十二五"发展战略规划，积极推动产融结合，优化商业模式，深入调整业务和资产结构，整合产业链价值资源，加强公司内部控制风险管理。

　　期间费用中，2014 年与 2015 年管理费用增长幅度明显高于营业收入的增长幅度，虽然 2014 年和 2015 年营业收入与 2011 年分别相比增长 73.45%、81.88%，有了很大的提升，但是该公司管理费用 2014 年和 2015 年与 2011 年相比增幅达到了 101.48%、139.78%，说明高鸿股份的管理费用控制不理想。

　　期间费用中，财务费用的增幅也明显高于公司营业收入的增长幅度，2015 年与 2011 年相比，增长了 173.79%，主要是因为业务规模扩大，对资金的需求上升，债务融资规模的扩大导致财务费用有较大幅度增长。

11.4.2　资产负债表分析

　　如表 11-3 所示，高鸿股份 2011～2015 年流动资产在资产总额中所占的比重均在 68% 以上，整体水平较高，属于保守型资产结构，2012 年流动资产占资产总额的比重更是达到了 86.32%。虽然保守型资产结构可以保证企业在市场竞争激烈的现代商业市场中拥有足够强的流动和强变现能力的资产，用以支付到期债务，保证生产和销售等企业日常运营行为的顺利进行，降低企业面临的运营和财务风险。但是，高比例的流动资产，增大了企业流动资产的机会成本，不利于加速资金循环，致使资金利润率水平降低。

表 11-3　高鸿股份资产负债表资产结构分析　　　　　单位：%

项目	2011 年	2012 年	2013 年	2014 年	2015 年
货币资金	13.14	33.12	20.80	10.71	15.65
应收票据	0.93	0.00	0.01	0.02	0.17
应收账款	23.13	24.08	1.95	22.69	15.95
预付款项	20.60	16.75	19.23	12.71	13.24
存货	15.77	7.67	12.39	20.30	10.92
流动资产合计	78.79	86.32	84.48	78.75	68.18
长期股权投资	2.76	1.64	1.72	1.21	1.33
投资性房地产	5.94	3.86	2.45	3.62	3.94
固定资产	7.83	4.46	2.73	2.96	2.03
在建工程	0.00	0.02	0.20	0.36	1.73
无形资产	3.25	2.28	2.52	3.43	5.03
开发支出	0.80	1.05	1.02	0.86	1.51
非流动资产合计	21.21	13.68	15.52	21.25	31.82
资产总计	100.00	100.00	100.00	100.00	100.00

作为流动资产中的主要部分，货币资金、应收票据、预付账款及存货占流动资产的比例急需企业管理的关注。2012 年，高鸿股份货币资金占资产总额的 33.12%，说明高鸿股份现金持有比较充裕，表明其较强的偿债和现金支付能力，也同时表明资金利用效率较低。因此，自 2013 年高鸿股份开始调整其货币资金比例，以提高资金利用率。

较高的应收账款和预付款项比例会在降低企业资金的利用效率的同时影响资金链的正常有效平稳运转，降低资金链条的安全程度。2011~2015 年，高鸿股份的应收账款与预付款项比例平均达到了 17.56% 和 16.51% 的程度，也说明企业赊销比重极高，明显不利于企业资金回收和业务拓展。

在高鸿股份资产总额中，非流动资产所占比重变化趋势为先下降后上升，非流动资产在资产总额中的比重 2015 年达到顶峰为 31.82%，且主要为无形资产，说明高鸿股份在新技术开发中做出了更多努力并取得了很大进步。

如表 11-4 所示，在高鸿股份的权益总额中负债和所有者权益基本达到 1：1 配比，说明该公司对于债务和债权的控制相对较为合理，但自有资本比重相对还是较低，企业主要依靠外界债务发展。

表 11-4　高鸿股份资产负债表资本结构分析　　　　单位：%

项目	2011 年	2012 年	2013 年	2014 年	2015 年
短期借款	10.46	20.89	23.43	14.57	18.05
应付票据	0.84	—	8.19	5.39	3.92
应付账款	9.56	7.93	10.02	10.72	14.33
预收款项	5.68	5.50	10.26	13.27	2.38
应付职工薪酬	0.18	0.11	0.26	0.17	0.26
应交税费	−0.87	−0.34	−0.31	−1.81	0.49
流动负债合计	52.19	39.11	56.87	54.42	54.06
专项应付款	0.45	0.67	0.53	1.08	1.36
非流动负债合计	1.03	1.02	0.70	1.24	1.47
负债总计	53.22	40.13	57.57	55.66	55.53
股本	13.93	14.37	9.37	9.57	9.12
所有者权益总计	46.78	59.87	42.43	44.34	44.47
负债和所有者权益总计	100.00	100.00	100.00	100.00	100.00

在高鸿股份的资产总额中，负债所占比重较高，2011～2015 年负债占资本总额的比重有四年高于 50%，2013 年更是达到了波峰 57.57%。高鸿股份负债表现形式主要以以短期借款为代表的流动负债为主，非流动负债占比极低，这表明该公司信用水平较高。其应付账款比例也基本保持在 10% 左右，利于对于生产和销售进行及时把控，不容易出现资金链断裂的情况。

如表 11-5 所示，高鸿股份 2011～2015 年资产总额呈现环比上升趋势。2015 年较 2011 年上升到 271.57%，增长速度较为平均。

表 11-5　高鸿股份资产负债表趋势分析（2011 年为基期年度）　　　单位：%

项目	2011 年	2012 年	2013 年	2014 年	2015 年
货币资金	100.00	378.77	365.00	210.70	323.42
应收票据	100.00	0.54	3.55	5.33	48.57
应收账款	100.00	156.46	19.45	253.62	187.25
预付款项	100.00	122.25	215.27	159.62	174.52
存货	100.00	73.14	181.06	332.73	188.02
流动资产合计	100.00	164.65	247.17	258.44	235.02
长期股权投资	100.00	89.56	143.41	113.44	130.92
投资性房地产	100.00	97.58	95.16	157.50	180.19

续表

项目	2011 年	2012 年	2013 年	2014 年	2015 年
固定资产	100.00	85.59	80.33	97.69	70.33
无形资产	100.00	105.55	179.01	272.54	419.91
开发支出	100.00	198.02	294.98	279.28	515.37
非流动资产合计	100.00	96.95	168.71	258.98	407.33
资产总计	100.00	150.29	230.53	258.55	271.57
短期借款	100.00	300.00	516.16	359.91	468.34
应付账款	100.00	124.73	241.72	290.09	407.28
预收款项	100.00	145.50	415.99	603.69	113.87
应付职工薪酬	100.00	86.01	325.28	233.65	385.97
流动负债合计	100.00	112.63	251.21	269.63	281.33
专项应付款	100.00	223.36	272.71	620.68	826.77
非流动负债合计	100.00	148.75	156.15	309.90	386.01
负债总计	100.00	113.33	249.36	270.41	283.36
股本	100.00	154.98	154.98	177.64	177.64
所有者权益总计	100.00	192.34	209.10	245.05	258.15
负债和所有者权益总计	100.00	150.29	230.53	258.55	271.57

在高鸿股份资产总额中，流动资产合计呈先上升后下降趋势，其中货币资金2014 年下降趋势最大，说明高鸿股份在此期间加大了投资力度，有利于企业加强资金的利用，增加企业资金利用率。在资产总额中，存货也呈现出周期性变化趋势，2013 年和 2014 年上升，2012 年和 2015 年下降，可能是受到金融危机影响或产品缺乏竞争力的缘故。

在高鸿股份资产总额中非流动资产的增长幅度比流动资产增长幅度大。在销售不畅的情况下高鸿股份加大了投资力度，扩大了其生产规模。2015 年，高鸿股份在建工程增长到了 411.41%，这是公司基建项目陆续开工，大量资金投入所导致的。

高鸿股份负债总额 2013 年增长明显，与 2012 年相比增幅达到了 136.03%。流动负债中预收款项、应付职工薪酬、短期借款变化周期基本与存货变化趋势一致，但总体呈现出增长趋势，支付给职工的工资、福利也大幅度上升。

短期借款 2012 年较 2011 年增长了 200.00%，主要是由于公司受到金融危机的影响，增加了短期借款以应对经济增长放缓的趋势，同时提高开发支出、开拓新的业务增长点。

11.4.3　现金流量表分析

如表 11-6 和表 11-7 所示，高鸿股份 2011～2015 年的现金流入流量结构发生了明显转变，从以销售商品、提供劳务收到的现金和经营活动的现金流入为主向其他与经营活动有关的收入结构转变。2015 年主营业务的现金流入总额仅占当年现金流入的 11.07%，但经营活动所产生的现金流入金额占比五年来一直居于首位，更是于 2015 年达到 95.10% 的波峰。

表 11-6　高鸿股份现金流入分析　　　　　　单位：万元

项目	2011 年	2012 年	2013 年	2014 年	2015 年
经营活动现金流入小计	473 972.65	529 365.11	1 739 846.00	5 063 290.40	7 087 447.68
投资活动现金流入小计	2.10	588.98	151 606.72	155 813.61	66 974.76
筹资活动现金流入小计	91 800.00	245 420.48	204 532.00	259 443.64	298 178.42
现金流入小计	565 774.75	775 374.57	2 095 984.72	5 478 547.65	7 452 600.86

表 11-7　高鸿股份现金流入结构分析　　　　　　单位：%

项目	2011 年	2012 年	2013 年	2014 年	2015 年
经营活动现金流入小计	83.77	68.27	83.01	92.42	95.10
投资活动现金流入小计	0.00	0.08	7.23	2.84	0.90
筹资活动现金流入小计	16.23	31.65	9.76	4.74	4.00
现金流入小计	100.00	100.00	100.00	100.00	100.00

高鸿股份 2013～2015 年的现金流量主要是经营活动现金流入。2015 年其他与经营活动有关的收入比重达到最高，说明高鸿股份现金流入量并非以销售产品和提供劳务为主，但现金流量仍处于正常水平。

如表 11-8 和表 11-9 所示，2011～2015 年，高鸿股份连续五年的现金流出比重变化基本与现金流入比重变化趋于一致。

表 11-8　高鸿股份现金流出分析　　　　　　单位：万元

项目	2011 年	2012 年	2013 年	2014 年	2015 年
经营活动现金流出小计	509 930.72	533 022.33	172 480.36	5 098 720.48	7 024 137.52
投资活动现金流出小计	15 342.69	12 559.99	203 327.02	172 194.79	128 370.12

续表

项目	2011 年	2012 年	2013 年	2014 年	2015 年
筹资活动现金流出小计	62 610.24	142 281.95	172 328.65	258 839.75	265 368.27
现金流出小计	587 883.65	687 864.27	548 136.03	5 529 755.02	7 417 875.91

表 11-9　高鸿股份现金流出结构分析　　　　　　单位：%

项目	2011 年	2012 年	2013 年	2014 年	2015 年
经营活动现金流出小计	86.74	77.49	82.12	92.21	94.69
投资活动现金流出小计	2.61	1.83	9.68	3.11	1.73
筹资活动现金流出小计	10.65	20.68	8.20	4.68	3.58
现金流出小计	100.00	100.00	100.00	100.00	100.00

2011～2015 年，高鸿股份投资活动现金流出比重依次为 2.61%、1.83%、9.68%、3.11% 和 1.73%，在投资活动现金流出比重中，2013 年投资活动现金流出比重激增，是本期投资理财产品及新增股权投资支出增加所致。

筹资活动的现金流出量 2012 年较 2011 年大比例提升，2013～2015 年则持续下跌，在筹资活动现金流出量中，主要是偿还债务支付的现金流出，说明 2011～2013 年，高鸿股份通过向银行金融机构融资筹资等获取资金，偿债压力较高。

11.5　经营业绩评价

11.5.1　盈利能力分析

如表 11-10 所示，高鸿股份 2011～2015 年主营收入毛利润率增长幅度较小，且较低，说明高鸿股份利润空间较小，难以提供更高的净利润。

表 11-10　高鸿股份盈利能力指标　　　　　　单位：%

项目	2011 年	2012 年	2013 年	2014 年	2015 年
主营收入毛利润率	6.31	5.95	4.83	6.84	7.46
营业利润率	0.61	0.73	0.85	1.46	1.73

续表

项目	2011 年	2012 年	2013 年	2014 年	2015 年
销售净利率	0.67	0.49	1.22	1.29	1.58
净资产收益率	2.30	1.18	2.43	0.87	3.26

营业利润率整体呈现逐年上升的趋势，销售净利率也呈现相同趋势，说明高鸿股份对成本和期间费用的控制不够理想，2013 年销售净利率比营业利润率高了近 0.4 个百分点。

2011～2015 年，高鸿股份的净资产收益率呈现出波动的趋势，2012 年和 2014 年下降，且 2014 年达到最低点 0.87%，说明其自有资产的获利情况较差，盈利能力较弱。

11.5.2　营运能力分析

如表 11-11 所示，高鸿股份 2011～2015 年应收账款周转率基本呈递减趋势，应收账款周转期天数呈增加趋势，从 2011 年的 48.47 天增长到了 2015 年的 59.05 天，说明其销售能力下降，且主要销售模式为赊销。2011～2015 年，高鸿股份存货周转率先升高后下降，说明其存货销售能力下降，相关销售策略存在一定的问题。

表 11-11　高鸿股份营运能力指标

项目	2011 年	2012 年	2013 年	2014 年	2015 年
应收账款周转率/次	7.43	6.52	6.29	5.64	6.10
应收账款周转期/天	48.47	55.25	57.27	63.78	59.05
存货周转率/次	10.44	27.11	12.29	6.80	6.99
流动资产周转率/次	2.11	1.85	1.60	1.49	1.60
固定资产周转率/次	22.06	26.55	39.87	42.45	47.17
总资产周转率/次	1.72	1.54	1.36	1.21	1.17

高鸿股份流动资产周转率和固定资产周转率大体呈现出逐年下降和逐年上升的趋势，说明其运营能力较差，但对固定资产的利用较为合理，使用效率提高。高鸿股份总资产周转率呈现下降趋势，可以推断出主要因为存货积压导致该公司对总资产利用效率不佳。

11.5.3　偿债能力分析

如表 11-12 所示，高鸿股份流动比率 2011～2015 年大多情况低于 2%，速动比率高于 1%，说明其短期偿债能力还是较强的，债务和财务风险相对较低。

表 11-12　高鸿股份偿债能力指标　　　　　　　单位：%

项目	2011 年	2012 年	2013 年	2014 年	2015 年
流动比率	1.51	2.21	1.49	1.46	1.26
速动比率	1.21	2.01	1.27	1.09	1.06
资产负债率	53.22	40.13	57.57	55.04	55.53

除 2012 年外其他四年，高鸿股份资产负债率均高于 50%的水平，说明其具有较强的偿债能力，也反映出债权人发放贷款的安全程度较高。

11.5.4　发展能力分析

如表 11-13 所示，高鸿股份 2011～2015 年主营业务增长率呈下降趋势，主要由于北京高阳捷迅信息技术有限公司话费充值业务迅速扩展，代收款项、代付款项增加。高鸿股份主营业务增长率从 2011 年的 61.24%降至 2012 年的 13.09%主要是由于金融危机对于高新产业的负面影响，销售收入减少。

表 11-13　高鸿股份发展能力指标　　　　　　　单位：%

项目	2011 年	2012 年	2013 年	2014 年	2015 年
主营业务增长率	61.24	13.09	34.25	14.23	4.86
净利润增长率	11.00	−17.15	235.90	33.30	16.20
净资产增长率	2.45	92.34	8.71	18.83	3.89
总资产增长率	1.69	50.29	53.39	12.16	5.03

高鸿股份净利润增长率呈现波动的趋势，2012 年净利润负增长，而 2013 年净利润增长迅猛，整体发展能力相对较好。

11.6　结论及建议

2015 年高鸿股份实现营业收入 742 491.23 万元，比上年同期增长 4.86%；实现利润总额 16 150.53 万元，比上年同期增长 22.80%；归属于上市公司净利润 8538.80 万元，比上年同期增加 51.38%。收入以企业信息化业务和 IT 销售业务为主。

11.6.1　存在的问题

虽然目前高鸿股份的发展还是呈现出上升趋势，但是整体分析市场发展趋势和产业变化，不难发现未来高鸿股份可能会面临行业竞争激烈、相关政策变动带来的阵痛、市场空间萎缩、逐步放缓的发展速度及随着公司规模扩大而不断提高的对于并购资金的需求等不利局面。

企业信息化和信息服务在国家政策支持、行业技术进步及市场需求转换不断加快的背景下，细分行业发展迅猛，吸引了大批社会闲散资金，加剧了产业竞争和产品迭代，提高了企业运营过程中的运营风险，也使得高鸿股份必须及时调整发展战略，才能不被市场和消费者所淘汰。

2015 年 1 月 15 日，财政部、民政部、国家体育总局发布的《关于开展擅自利用互联网销售彩票行为自查自纠工作有关问题的通知》和次月发布的《关于切实落实彩票资金专项审计意见加强体育彩票管理工作的通知》，要求各地针对互联网销售彩票的行为进行统一调查和整治，并处理其中存在的违法、违规行为。当时，高鸿股份旗下高鸿彩票刚加入互联网博彩业不久，不得不暂停运营，这给其互联网彩票业务的发展带来较大不确定性，也致使高鸿股份被动承担了一定程度的经济损失。

随着新一代互联信息技术的进步和升级及消费者对于市场需求的极速变化，企业信息化业务、信息服务及 IT 零售业务等产品市场纷纷出现一定程度的萎缩，利润空间不断缩小，市场空间也受到了不同程度的积压，这显然是该行业领域急需产业升级和换代的信号，也是高鸿股份能否适应市场发展和产业进步的一次考验，与其产品发展、市场拓展、形象维护等日常运营方面息息相关，不得不引起重视。

公司业务规模日益扩大及根据业务战略开展的产业并购，导致对于资金的需求随之扩大，面临资金安全风险与投资回收风险，且项目投资低于预期，固定资产等大型投资进展低于预期。

11.6.2　发展建议

针对通过财务分析和产业分析得出的高鸿股份面临的相关问题，该公司可以通过调整发展战略、加强资源整合产品升级和提高投资效率等方法解决。

高鸿股份主要业务为企业信息化业务、信息服务业务及 IT 销售业务，各业务均存在不同程度的行业竞争压力。为了规避上述业务战略和市场风险，高鸿股份应当密切跟踪行业发展态势与市场变化，适时调整业务战略及对应策略，加强对市场需求的深层次把控，提高公司治理结构，优化信息传递速度。高鸿股份还可以对三个业务板块的业务协同作用进行正向强化，进行业务融合和升级，优势互补，发展集群优势，从而提升公司在市场竞争中的核心竞争实力。该公司还可以深挖公司原有业务的新应用，提升盈利能力，努力发现新的业务增长点，扩大市场蛋糕。

为应对产业升级和市场竞争，高鸿股份还应当加大对资金和资源的投入，优化资源整合，加速产品升级转型速度，推广新业务、新产品，在原有产品基础上不断创新，将产品做细做强，优化创新商业模式，提升市场占有率和盈利能力，推动现行云计算、移动互联、供应链信息平台的深层次发展。

而针对资金应用效率和投资资金回收方面的问题，高鸿股份可以加强库存周转和业务回款管理力度，逐步完善合作方信用体系。对于投资并购导致的资金短缺风险：一方面，丰富投资策略，降低现金支出比例；另一方面，针对投资项目，优化短、中、长期融资结构，降低公司的资金链风险。与此同时，以主要业务为中心，推动产业内横向并购和纵向并购，强化产业链价值，优化资产和资本结构。针对公司战略和发展目标及市场的进步，管理层或战略投资委员会应及时开展全方位、多途径的权益性或债务性融资，优化负债比例结构，积极引入低成本的长期资金。

杨　洋　周晋兰

第 12 章　益佰制药 2015 年报告分析

财务报表通过专门系统的分析方法对企业过去、当前的财务状况与经营业绩进行分析，客观了解企业发展现状，并有效预测企业将来的发展趋势。财务报表分析以财务管理理论与会计学理论为基础，通过对公司经济活动进行分析，可更好地指导企业进行经营决策。本书以贵州益佰制药股份有限公司（以下简称益佰制药）财务状况为研究对象，通过对该公司的宏观环境、微观环境因素分析，客观了解企业发展状况。本章从资产负债表、现金流量表、利润表等方面分析了益佰制药 2011～2015 年的财务状况，最后分析了该公司经营业绩，并为该公司发展提出了有益建议。

12.1　公 司 简 介

12.1.1　公司发展现状与发展历程

益佰制药是一家集新型药品的研究、开发、生产及销售为一体的高新技术企业。公司在 1995 年 6 月 12 日创建，2000 年 11 月完成股份制改造工作，于 2004 年 3 月在上海证券交易所成功上市，公司证券代码为 600594，是贵州第一个非公有制企业获得上市资格的公司。

公司占地面积达到 134 398 平方米，拥有符合国家药品生产质量管理规范的生产厂房达到 43 200 平方米，并且拥有生产基地共 7 个，其中有 3 个在贵州省，还有 4 个在省外。公司生产的产品规格有 49 个，拥有国际先进的尖端生产设备，而且在发展的过程中，公司不断壮大，收入一直都保持增长的状态。公司当前拥有员工 4000 多人，大专以上学历人员所占比例为 81%。在公司发展中，为使公司与员工更好地发展，不断组织员工培训，使员工各方面的能力得到提高，而且公司在发展中，不断进行技术改进与革新，研发新产品。本着为广大客户提供优质的产品、成为优秀的健康医疗服务者，公司不断努力发展，并取得了巨大成就。

12.1.2　公司经营范围

益佰制药的产品种类非常全，涵盖消化系统用药、吸收系统用药、肿瘤系统用药、男科用药、妇科用药、抗感染用药、抗炎镇痛药等十多个类目。当前公司主打产品有克咳家族系列、注射用洛铂、银杏达莫注射液、艾迪注射液、复方斑蝥胶囊、理气活血滴丸、前列癃闭通颗粒等优势品种。注射用洛铂是国家一类新药，第三代铂类抗肿瘤药物，相比其他铂类其毒性较低、耐药性较小。理气活血滴丸则是独家原研苗药，是治疗心血管疾病的一线用药，具有极大的市场潜力。

益佰制药每年在产品开发方面投入巨大，政府各级部门对此极为认可，2006年获得批准设立博士后工作站，获批"国家认定企业技术中心"，2008年被评为国家级创新型试点企业，2012年被评为"国家级创新型企业"。强大的核心竞争力让益佰制药在中国制药工业百强榜连续多年占据一席之地。益佰制药对知识产权保护工作非常重视，2004年设立了知识产权部门，对公司独创产品和配方采取专利保护措施，重视核心竞争力的培养和保护，2012年至今，公司提出的专利申请量在国内同行业企业中处于领先位置。

12.2　行业现状分析

12.2.1　宏观环境分析

1. 政治因素

在近几年发展的过程中，我国政府对医药行业的发展高度重视，为规范医药行业的发展，相继出台了一系列的改革措施，包括基本医疗保险制度、药品分类管理、GMP①认证制度、药品集中招标采购、药品降价、降低出口退税率等规定。这些规定使药品行业的发展得以规范，通过药品集中招标采购的方式，将医药销售之中的不良风气进一步清除，使医疗机构药品购销工作得到进一步的规范，社会医药费用负担进一步减轻。这也使益佰制药赢得了一个公平的竞争空间，对公司的发展有一定帮助。为了缓解群众看病压力，国家实行了药价下调政策，尤其是对感染治疗、心血管疾病使用的抗生素，以及循环系统类药品的零售价格进行下调。降价不分药品生产企业，所有的企业都要按照统一的价格标准进行销售，这使药品生产企业的产品价格受到了一定影响，同时，这也给益佰制药的药品价格带来一定的影响。

2. 经济因素

随着现代人们生活水平的提高，人们对于健康的关注程度也在不断提高。生

---

① GMP（good manufacturing practices）表示药品生产质量管理规范。

病以后很多人对病情都十分关注，人们会在第一时间选择就医。加上国家对看病方面的补助，减少了群众看病压力大的问题，这使更多人对自身的疾病加以关注，出现身体不适等情况能够在第一时间选择就医，这在一定程度上增加了药品的销量。

3. 社会因素

现代人们受生活环境及饮食、生活习惯等方面的影响，患病的概率进一步加大，尤其是肿瘤、心脑血管、呼吸类疾病出现的概率增加。而益佰制药主要生产针对这几类病情的药品，这也使公司的药品销量进一步增加。而且受到现代人们生活环境的影响，过去主要集中发生在中老年人群的疾病发病的概率也在向着年轻化的方向发展，在这样的情况下各种药品的需求量也进一步加大。这也使益佰制药的产品有更大的销售空间，对其产品销售有一定促进作用。

4. 技术因素

在现代社会快速发展的过程中，新技术不断更新，企业在发展的过程中，都纷纷采用新技术进行生产。益佰制药在发展的过程中，应用国际先进的生产技术，在技术上就领先其他的公司，并且产品的质量也十分优质。公司所采用的很多技术都是国际上领先的，在国内也是先进水平，这使公司生产的药品质量更加突出，而且生产的效率更高，为公司的发展奠定坚实的基础。

12.2.2　产业环境分析（波特五力模型）

1. 竞争对手分析

制药行业的发展十分迅速，而且利润非常丰厚，在国内制药企业数量数不胜数。不过益佰制药的排名并不十分靠前，在 2015 年中国制药企业百强排名中为第80 名，在中成药制药主营业务收入排名为第 43 名。表 12-1 显示我国中成药制药前 10 名名单。

表 12-1　2015 年中国中成药制药主营业务收入排名　　　　单位：亿元

排名	品牌	主营业务收入
1	华东医药	61.66
2	康美药业	58.86
3	云南白药	51.70

排名	品牌	主营业务收入
4	白云山	50.51
5	哈药股份	34.52
6	同仁堂	32.57
7	复星医药	32.26
8	天士力	31.45
9	海王生物	31.28
10	人福医药	26.82

在当前，制药的公司较多，遍布全国。益佰制药虽然在发展的过程中不断壮大，也取得了一定的成绩，不过并没有得到社会广泛的关注与认可。就从当前消费者的知晓程度看，益佰制药也并非是让人耳熟能详的品牌。从竞争对手的角度看，益佰制药所面对的竞争十分激烈，益佰制药想要在竞争中脱颖而出还需要进一步改进提升自身的能力。虽然益佰制药也在我国制药企业的百强范围内，而且自身各方面能力也在不断提升，但仍存在很多不足，这使公司的发展受到严重的不良影响，无法更好地适应当前社会的发展。

2. 新进入企业的威胁

制药行业并非是一个特别高端的行业，国家对制药企业的开办进行了严格控制。不过仍然有很多新的公司出现，尤其是一些外资制药企业的出现，这些企业的出现给益佰制药带来了一定的影响，使公司的发展受到影响。一些外资制药企业的资金能力较强，再加上外资的支持及技术上的帮扶，这些企业在发展的过程中各方面能力都较强，这些新公司的出现，给益佰制药的发展也带来了影响，给其发展带来一定的威胁。

3. 替代产品的威胁

近几年随着各类疾病出现的概率增加，很多制药公司对新产品的研发都十分关注，并且有很多新产品推出。加上进口药品进入我国市场，一些医疗机构及个人对优质药品的关注程度加深，在进行疾病治疗的时候会选择一些国外的药品，使我国本土的药品在进行销售的过程中受到一定的阻碍。这些国内新产品及国外产品进入我国市场，使益佰制药及其他同类药品的销售和市场开拓受到影响。

4. 供货商的议价能力

在进行药品生产制造的过程中所需要的原材料众多。随着现代市场环境的变化，很多原材料供应者在原材料价格方面进行了提升，希望使自身获得更多的利润。加上现代各种药品制造企业数量的增加，使药品制造企业生产所需要的原材料的价格也发生了变化，这使企业在未来发展的过程中也受到了一定的影响。加上现在国家政策的变化，药品价格的降低，如果供货商的议价能力较强，公司被迫进行原材料购进价格的提升，必然会进一步缩小公司的盈利空间，使公司的发展受到阻碍。

5. 购买者的议价能力

对于制造企业而言，产品的销售是企业发展的关键，只有购买者购买企业的产品，企业才可以持续发展。在国家政策的影响下及各大零售商、医院等医疗机构对药物需求量的增加，国家对药物把关变得更加严格，加上各大制药企业的影响，这些药品需求者对药品的价格也给予了更多的关注，购买者的议价能力也因此得到提升。购买者议价能力的提升，使企业的药品价格无法得到提高，进而使企业的获利空间受到一定的影响。

12.3　报　表　分　析

12.3.1　资产负债表分析

在研究的过程中，选择益佰制药 2011～2015 年五年的财务情况，对这几年公司的资产负债表进行整合，将这几年公司资产负债表情况进行总结，如表 12-2 所示。

表 12-2　益佰制药资产负债表简表　　　　　　单位：元

项目	2011 年	2012 年	2013 年	2014 年	2015 年
货币资金	164 846 232.81	192 426 566.67	148 688 148.82	1 052 857 704.37	1 049 749 417.58
应收票据	548 921 356.51	802 411 994.57	878 275 549.54	665 464 452.32	681 173 295.89
应收账款	128 798 731.42	97 548 634.74	177 245 692.44	245 677 051.12	236 274 890.54
预付款项	134 520 219.89	413 745 357.49	472 601 946.42	298 297 092.85	353 288 017.14
存货	130 922 811.27	160 121 572.23	194 513 266.50	351 942 609.72	208 269 238.49
流动资产合计	1 255 065 328.07	1 735 162 662.91	1 906 493 926.98	2 706 180 082.24	2 579 967 402.92
固定资产	244 939 284.63	229 160 319.49	452 085 837.48	565 862 279.56	905 199 985.14

续表

项目	2011 年	2012 年	2013 年	2014 年	2015 年
在建工程	3 582 655.41	20 765 722.44	38 323 642.36	158 537 115.84	84 261 564.13
无形资产	155 219 111.08	134 568 775.41	144 332 138.04	356 247 618.34	335 650 237.27
商誉	53 468 477.32	53 468 477.32	540 236 440.71	1 618 174 687.32	1 618 174 687.32
非流动资产合计	548 630 133.54	541 719 334.95	1 294 378 562.05	2 789 494 893.31	3 007 611 595.42
资产总计	1 803 695 461.61	2 276 881 997.86	3 200 872 489.03	5 495 674 975.55	5 587 578 998.34
短期借款	229 000 000.00	250 500 000.00	336 523 000.00	509 523 000.00	801 553 000.00
流动负债合计	642 088 972.42	656 404 900.59	1 212 766 767.64	1 754 282 740.96	1 702 098 992.91
长期借款	1 000 000.00	51 000 000.00	21 000 000.00	251 000 000.00	251 000 000.00
非流动负债合计	23 420 257.38	74 920 856.51	55 646 263.64	299 744 529.87	299 935 942.57
负债合计	665 509 229.80	731 325 757.10	1 268 413 031.28	2 054 027 270.83	2 002 034 935.48
实收资本（或股本）	352 755 000.00	360 701 000.00	360 625 000.00	395 963 700.00	791 927 400.00
资本公积	13 701 735.03	114 139 175.03	124 196 535.03	1 164 351 451.52	768 387 751.52
所有者权益（或股东权益）合计	1 138 186 231.81	1 545 556 240.76	1 932 459 457.75	3 441 647 704.72	3 585 544 062.86
负债和所有者（或股东权益）合计	1 803 695 461.61	2 276 881 997.86	3 200 872 489.03	5 495 674 975.55	5 587 578 998.34

1. 货币资金

在益佰制药发展的过程中，货币资金所占的比重变动较大，2011 年货币资金占资产总额比重为 9.14%，2013 年大幅度下降，货币资金占资产总额比重为 4.65%。在 2014 年与 2015 年有所上升，稳定在 20%左右。整体而言，公司的货币资金变动情况较大，存在不够稳定的问题。

充足的货币资金是企业发展的关键。根据了解，将益佰制药的货币资金情况进行总结，如表 12-3 所示。

表 12-3　益佰制药 2015 年货币资金情况　　　　　　单位：元

项目	期末余额	期初余额
库存现金	752 934.63	435 509.12

续表

项目	期末余额	期初余额
银行存款	1 048 996 482.95	1 051 422 195.25
其他货币资金		1 000 000.00
合计	1 049 749 417.58	1 052 857 704.37
其中：存放在境外的款项总额		

如表 12-3 所示，益佰制药的货币资金期末余额与期初余额相比有所降低，主要是由于其他货币资金的减少。库存现金与 2014 年相比大幅度增加，银行存款有所降低，加上其他货币资金的减少，使公司的货币资金总额有所减少。整体而言，益佰制药的货币资金较为充足，可以满足公司发展的实际需求。

2. 短期借款和长期借款

表 12-2 显示，2011～2015 年益佰制药短期借款、长期借款呈增长趋势，新增的长期借款主要用于新产品研制开发项目。

3. 应收账款

表 12-4 显示，益佰制药从 2012～2014 年应收账款基本呈下降趋势，2013 年应收账款的增加是这个会计周期销售增长及其合并范围变化导致。公司 2015 年应收账款情况如表 12-5 所示。

表 12-4　益佰制药资产负债表简表结构百分比分析　　　　单位：%

项目	2011 年	2012 年	2013 年	2014 年	2015 年
货币资金	9.14	8.45	4.65	19.16	18.79
应收票据	30.43	35.24	27.44	12.11	12.19
应收账款	7.14	4.28	5.54	4.47	4.23
预付款项	7.46	18.17	14.76	5.43	6.32
存货	7.26	7.03	6.08	6.40	3.73
流动资产合计	69.58	76.21	59.56	49.24	46.17
固定资产	13.58	10.06	14.12	10.30	16.20
在建工程	0.20	0.91	1.20	2.88	1.51
无形资产	8.61	5.91	4.51	6.48	6.01
商誉	2.96	2.35	16.88	29.44	28.96
非流动资产合计	30.42	23.79	40.44	50.76	53.83

续表

项目	2011 年	2012 年	2013 年	2014 年	2015 年
资产总计	100.00	100.00	100.00	100.00	100.00
短期借款	12.70	11.00	10.51	9.27	14.35
流动负债合计	35.60	28.83	37.89	31.92	30.46
长期借款	0.06	2.24	0.66	4.57	4.49
非流动负债合计	1.30	3.29	1.74	5.45	5.37
负债合计	36.90	32.12	39.63	37.38	35.83
实收资本（或股本）	19.56	15.84	11.27	7.21	14.17
资本公积	0.76	5.01	3.88	21.19	13.75
所有者权益（或股东权益）合计	63.10	67.88	60.37	62.62	64.17
负债和所有者（或股东权益）合计	100.00	100.00	100.00	100.00	100.00

表 12-5　2015 年益佰制药应收账款情况

账龄	期末金额		
	应收账款/元	坏账准备/元	计提比例/%
1 年以内			
其中：1 年以内分项			
药品销售	178 244 526.23	8 912 226.32	5.00
医疗服务	23 687 867.65	1 184 393.39	5.00
其他	1 380 717.94	69 035.90	5.00
1 年以内小计	203 313 111.82	10 165 655.61	5.00
1～2 年	42 886 251.82	4 288 625.19	10.00
2～3 年	3 195 148.23	639 029.65	20.00
3 年以上	3 289 481.86	1 315 792.74	40.00
3～4 年			
4～5 年			
5 年以上	6 541 345.68	6 541 345.68	100.00
合计	259 225 339.41	22 950 448.87	

如表 12-2 和表 12-5 所示，可以看出公司 2015 年应收账款总额有所增加，主要是由于一年以内短期应收账款增长。

4. 所有者权益情况

益佰制药 2011～2015 年所有者权益总额逐年上升，2014 年较 2013 年增幅较大，2013 年所有者权益总额为 193 246 万元，2014 年所有者权益总额为 344 165 万元，增幅为 78.10%。2015 年股本达到 2014 年的 2 倍之多。资本公积在 2012 年与 2013 年较为稳定，在所有者权益中所占的比例变动不大，整体增长的幅度也不大。在 2014 年与 2013 年相比资本公积增长达到 837.51%。

12.3.2　利润表分析

1. 营业收入

如表 12-6 和表 12-7 所示，益佰制药在发展的过程中，营业收入在不断增加，不过 2015 年公司的营业收入增长的比例相对较少。而且从公司 2011～2015 年营业收入变动情况看，公司的营业收入虽然每年都在增加，但营业收入增加的比例逐步降低。2013 年与上一年相比营业收入增长的比例为 23.63%，2014 年与 2013 年相比增长的比例为 13.36%，2015 年与 2014 年相比增长的比例只有 4.61%。

表 12-6　益佰制药利润表简表　　　　单位：元

项目	2011 年	2012 年	2013 年	2014 年	2015 年
一、营业收入	1 903 335 252.07	2 252 575 486.88	2 784 900 020.43	3 157 075 076.43	3 302 519 183.98
减：营业成本	326 989 996.54	417 159 569.54	496 826 145.30	571 322 104.40	632 282 950.80
销售费用	1 085 595 912.43	1 248 711 214.39	1 528 083 470.73	1 747 371 017.16	2 044 680 193.93
管理费用	126 745 373.55	153 114 036.56	171 283 937.78	230 381 585.27	312 379 280.69
财务费用	21 730 194.23	20 769 062.20	36 392 509.82	39 498 800.56	52 800 582.63
二、营业利润	310 692 488.49	381 010 814.49	492 993 813.77	524 131 047.96	194 538 159.83
三、利润总额	325 068 113.74	403 931 033.45	515 490 084.66	556 525 773.76	227 333 105.91
四、净利润	267 805 264.02	338 758 938.29	431 009 526.99	481 201 994.48	191 994 762.91

表 12-7　益佰制药利润表简表结构百分比分析　　　　单位：%

项目	2011 年	2012 年	2013 年	2014 年	2015 年
一、营业收入	100.00	100.00	100.00	100.00	100.00
减：营业成本	17.18	18.52	17.84	18.10	19.15
销售费用	57.04	55.43	54.87	55.35	61.91

项目	2011 年	2012 年	2013 年	2014 年	2015 年
管理费用	6.66	6.80	6.15	7.30	9.46
财务费用	1.14	0.92	1.31	1.25	1.60
二、营业利润	16.32	16.91	17.70	16.60	5.89
三、利润总额	17.08	17.93	18.51	17.63	6.88
四、净利润	14.07	15.04	15.48	15.24	5.81

根据益佰制药情况，公司 2015 年的具体营业收入情况总结如表 12-8 所示。

表 12-8　2015 年益佰制药的营业收入构成分析表

主营业务分行业情况					
分行业	营业收入/万元	营业成本/万元	毛利率/%	营业收入比上年增减/%	营业成本比上年增减/%	毛利率比上年增减/%
医药工业	305 212.03	46 905.08	84.63	4.76	13.26	−1.35
医疗服务	25 039.89	16 323.21	34.81	3.45	4.18	−1.29

主营业务分产品情况					
分产品	营业收入/万元	营业成本/万元	毛利率/%	营业收入比上年增减/%	营业成本比上年增减/%	毛利率比上年增减/%
非处方药	28 528.83	19 382.09	32.06	61.26	52.80	13.28
处方药	276 683.20	27 522.99	90.05	1.11	−4.19	0.61
医疗服务	25 039.89	16 323.21	34.81	3.45	4.18	−1.29

主营业务分地区情况					
分地区	营业收入/万元	营业成本/万元	毛利率/%	营业收入比上年增减/%	营业成本比上年增减/%	毛利率比上年增减/%
华北东北	39 728.33	6 105.46	84.63	3.17	11.54	−1.35
华东地区	148 131.06	35 239.91	76.21	4.30	8.72	−1.25
华南地区	45 848.01	7 045.94	84.63	0.29	8.43	−1.35
华西地区	58 007.92	8 914.68	84.63	84.95	98.58	−1.23
华中地区	38 536.59	5 922.32	84.63	−33.58	−28.19	−1.35

如表 12-8 所示，益佰制药的主营业务收入来自医药工业，毛利率最高的是

处方类药物。在地域市场范围中，华东地区的营业收入是公司的主要营业收入地区。

2. 成本费用

公司在实际经营的过程中，成本费用是企业发展中的必然投资。在益佰制药发展的过程中，成本费用是公司重要支出。2015 年益佰制药成本费用具体情况如表 12-9 所示。

表 12-9　2015 年益佰制药成本费用分析表

分行业情况						
分行业	成本构成项目	本期金额/万元	本期占总成本比例/%	上年同期金额/万元	上年同期占总成本比例/%	本期金额较上年同期变动比例/%	情况说明
医药工业	直接材料	23 096.33	36.53	14 260.01	24.96	61.97	
	直接人工	4 743.27	7.50	3 553.47	6.22	33.48	
	制造费用	11 824.88	18.70	11 790.53	20.64	0.29	
	小计	39 664.48	62.73	29 604.01	51.82	33.98	
医疗服务及其他	商业采购	23 563.81	37.27	27 528.19	48.18	−14.40	
合计		63 228.29	100.00	57 132.2	100.00	10.67	

分产品情况						
分产品	成本构成项目	本期金额/万元	本期占总成本比例/%	上年同期金额/万元	上年同期占总成本比例/%	本期金额较上年同期变动比例/%	情况说明
处方药	直接材料	19 510.67	49.19	11 733.06	39.63	66.29	
	直接人工	3 789.32	9.55	2 755.76	9.31	37.51	
	制造费用	8 830.89	22.26	9 055.62	30.59	−2.48	
非处方药	直接材料	3 582.44	9.03	2 529.44	8.54	41.63	
	直接人工	954.63	2.41	797.58	2.69	19.69	
	制造费用	2 996.52	7.55	2 732.57	9.23	9.66	
合计		39 664.47	100.00	29 604.03	100.00	33.98	

如表 12-9 所示，2015 年益佰制药的成本费用按照行业分类，医药工业所支付的成本费用最多；按照产品分类，处方类药物的成本费用所占的比例远远高出非处方药。

3. 期间费用分析

近年来，益佰制药销售费用逐年增加，益佰制药营业成本占营业收入的比重不到 20%，而销售费用占营业收入的比重高达 50%以上。2015 年营业成本 6.32亿元，占营业收入的 19.15%；销售费用 20.44 亿元，占营业收入的 61.91%，销售费用逐年增加，2015 年销售费用比 2014 年又增加 17.01%（表 12-10）。近年来，管理费用也连年上升。对于制造业来说，通常营业成本占营业收入的比重高于期间费用的比例，这样才能保证资金用于产品生产上，若营业成本逐年下降，没有高质量的产品来保障，仅靠增加销售费用是不能保证产品畅销的。

表 12-10　　益佰制药期间费用分析

项目	2014 年	2015 年	增减比例/%
销售费用/元	1 747 371 017.16	2 044 680 193.93	17.01
管理费用/元	230 381 585.27	312 379 280.69	35.59
财务费用/元	52 800 582.63	39 498 800.56	−53.08

12.3.3　现金流量表分析

如表 12-11 所示，益佰制药经营活动产生的现金流量净额在 2013 年出现较大涨幅，相比前一年同比增长 100.42%，而在后两年则保持相对稳定。投资活动产生的现金流量净额在 2011～2015 年一直保持为负，企业的投资较大、收益回报较慢。筹资活动产生的现金流量净额从 2012～2015 年均为正，企业吸引资金的能力一直在增强，说明企业未来发展能力得到了投资者认可。综上所述，经营活动产生的现金流量净额为正，投资活动产生的现金流量净额为负，筹资活动产生的现金流量净额大都为正，企业处于快速发展时期，企业财务状况较好。尤其是在 2014年，筹资活动产生的现金流量净额较 2013 年增长了 87.48 倍，企业应注意投资项目的可行性、投资回报的周期，确保企业投资的可持续发展。

表 12-11　　益佰制药现金流量净额　　　　　　　　　单位：元

项目	2011 年	2012 年	2013 年	2014 年	2015 年
经营活动产生的现金流量净额	277 826 783.85	288 014 258.18	577 241 280.10	541 581 197.26	573 678 658.54
投资活动产生的现金流量净额	−107 822 357.63	−267 476 379.13	−734 136 716.60	−787 926 646.22	−935 117 847.90
筹资活动产生的现金流量净额	−70 723 840.58	79 156 662.53	13 427 396.89	1 188 054 485.21	322 201 399.00

12.4　经营业绩评价

12.4.1　盈利能力分析

如表 12-12 所示，在益佰制药发展的过程中，公司不断壮大与改进，各方面能力在不断提高。不过公司的盈利能力整体表现为下降趋势。公司的股东净利润比率在下降，销售毛利率也表现为下降的状态，这些都说明益佰制药的盈利能力还有待于进一步提升。

表 12-12　益佰制药盈利能力分析　　　　　　　单位：%

项目	2011 年	2012 年	2013 年	2014 年	2015 年
股东净利润比率	13.12	16.23	11.07	9.93	8.26
营业利润率	14.32	15.02	15.48	15.24	5.81
资产净利率	24.64	16.60	15.74	10.95	3.44
资本收益率	75.12	93.92	119.52	121.53	24.24
销售毛利率	83.42	81.48	82.16	81.9	80.85

12.4.2　营运能力分析

如表 12-13 所示，益佰制药在发展的过程中，应收账款周转率较高，这与公司在进行销售的过程中，先收款之后再进行发货的规定有一定的关系。不过2011～2015 年受到市场竞争的影响，公司也进行了一定的赊销，导致公司的应收账款周转率有所下降。

表 12-13　益佰制药营运能力分析　　　　　　　单位：次

项目	2011 年	2012 年	2013 年	2014 年	2015 年
应收账款周转率	16.46	19.90	20.27	14.93	13.70
存货周转率	2.84	858.09	816.78	639.53	729.97
流动资产周转率	1.64	1.67	1.51	0.63	0.71
固定资产周转率	7.61	4.74	4.61	0.80	0.55

公司的存货周转率较高，这主要是由于公司采用先进的技术，生产效率较高。现代市场竞争的加剧，使公司的产品销售受到一定的影响，因此，公司的存货周转率会受到影响。加上医药行业与其他行业有一定差异，存货量相对较多，所以存货周转较差。

公司的流动资产周转率降低，这说明公司流动资产的周转速度较快，资产质量较好。

在发展中公司的固定资产周转率也随之下降，这说明公司每 1 元固定资产支持的销售收入降低，这与当前国家对医药价格的控制有一定的关系。

12.4.3　偿债能力分析

如表 12-14 所示，从流动比率角度看，2011～2015 年益佰制药的流动比率呈下降趋势，而流动比率高反映公司的短期偿债能力强，而从计算的数据看，益佰制药的短期偿债能力在逐步减弱。而从西方企业的经验看，2∶1 的比率比较适合，这是公司财务状况稳定可靠的表现，从这个角度看，益佰制药偿债能力还需要进一步提高。

表 12-14　益佰制药偿债能力分析　　　　　　　　单位：%

项目	2011 年	2012 年	2013 年	2014 年	2015 年
流动比率	1.95	4.49	2.50	1.67	1.41
速动比率	1.75	4.19	2.35	1.43	1.09
资产负债率	0.37	0.21	0.32	0.33	0.35

从速动比率上看，速动比率越高说明公司偿还流动负债的能力越强。国际上通常认为 1 的速动比率比较合理，如果小于 1 就说明公司面对的偿债风险较大；如果大于 1 说明公司的偿债安全性较高。这样看来益佰制药的偿债能力较强，2014 年和 2015 年速动比率有所降低。整体而言，公司的偿债能力较强。

从资产负债率的角度看，企业的资产总额应当比负债总额大，因此，资产负债率应当小于 100%。如果公司的资产负债率小于 50%，也就是 0.5，说明企业的偿债能力及负债经营能力都较好。益佰制药在这方面也有较好的表现。

12.4.4　发展能力分析

如表 12-15 所示，在益佰制药发展的过程中，2013 年公司的销售增长率、净利润增长率、总资产增长率和净收益增长率都在不断增加，说明公司的发展势头良好。而 2014 年和 2015 年公司的各项指标都受到影响，这与公司的经营策略等方面的情况有一定的关系。尤其是在国家政策的影响下，药物的价格降低及国家对药物价格的管控等，使公司的净利润增长率表现为下降，而且下降比例较大，这说明国家政策对益佰制药产生了较大影响，如果公司不能更好地适应国家政策的变动，公司的发展可能会受到不良的影响和阻碍。不过公司依然拥有较强的发展能力。

表 12-15　益佰制药发展能力分析　　　　　　　　　　单位：%

项目	2011 年	2012 年	2013 年	2014 年	2015 年
销售增长率	30.35	18.35	23.63	13.36	4.61
净利润增长率	36.00	2.22	18.53	10.43	−150.60
总资产增长率	15.26	21.45	92.83	42.98	4.66
净收益增长率	36.00	16.09	69.62	32.34	3.50
可持续增长率	21.42	35.79	25.03	78.10	1.13

12.5　结论及建议

益佰制药在发展的过程中各方面能力在不断提高，并且公司拥有良好的发展势头。不过受到多方面因素的影响，公司在发展的过程中存在一定的不足，这对公司的发展也带来了一定阻碍。尤其是在 2014 年和 2015 年受到国家政策的影响，公司的盈利受到影响，发展能力有所下降，营运能力及盈利能力等都受到了影响，这方面还需要进一步改进。

12.5.1　及时调整发展战略

公司应当根据国家的相关法律法规与政策，积极响应国家规定，根据国家规定及时进行战略调整，使公司在未来发展的过程之中能够拥有更强的竞争力，避免公司在国家政策变动的情况下各方面能力受到影响。

12.5.2　加大新产品的开发力度

公司在发展的过程中，还应当不断进行新产品的开发。尤其是很多替代药品的出现，使竞争变得愈发激烈。公司想要在市场之中立足，就应当不断进行战略调整，开发新产品，使产品不被其他的产品所替代，这样才可以使公司在发展的过程中拥有更强的竞争力。

12.5.3　注重核心竞争力产品的开发和保护

药物与每一个人的生活都有着紧密的联系，尤其是在现代社会之中，人们受生活环境的变化及生活中各种不良习惯的影响，很多人的身体状况都大不如前，因此对药物的需求量在不断增加。制药企业在未来发展的过程之中拥有更加广阔的发展空间。尤其是肿瘤、心脑血管疾病的患者不断增加，这类疾病的治疗也十分困难，对药物的需求量较大，因此也使制药企业的发展拥有了更加广阔的空间。

益佰制药在发展的过程中，高度重视现代市场环境，并且不断进行各方面的改进，构建品牌，并应用现代化的营销方式开辟自身的市场，使公司的市场范围不断扩大，进而使公司的影响力得到进一步的提升。

在公司不断地进行新产品开发、技术改进的过程中，公司各方面能力都将会不断提升，更好地适应现代社会的发展。2015 年公司各项指标受到国家政策的影响，不过公司凭借自身的能力，还将会在未来发展中拥有更广阔的空间。

任文婷　周晋兰

第13章 贵州百灵2015年报告分析

贵州百灵企业集团制药股份有限公司（以下简称贵州百灵）始建于2005年，是我国最大的苗药研发、生产龙头企业之一，现已形成"百灵鸟"牌咳速停糖浆（胶囊）、银丹心脑通软胶囊、维C银翘片、金感胶囊为主导的产品架构。贵州百灵2010年6月上市，目前在贵州上市的三家医药公司里，排名第二。近年来贵州百灵通过对苗药企业的整合，不断强化其在苗药领域的龙头地位，向全国民族药主导企业的目标奋力前进。

13.1 公司简介

贵州百灵，原为贵州省安顺制药厂，始建于1970年8月。生产剂型包括片剂、胶囊剂、丸剂、颗粒剂、糖浆剂、输液剂等九种，主体业务是以苗药为主的中成药的生产、销售。贵州百灵是目前国内最大的苗药研发、生产企业之一，是贵州省最大的中成药生产企业之一。该公司目前主要从事止咳化痰用药、感冒用药及心脑血管用药系列中成药等产品的生产与销售，以及其他天然药物和化学药物的研究开发。主要产品为咳速停糖浆（胶囊）、维C银翘片、银丹心脑通软胶囊、金感胶囊等。其中拥有自主知识产权的苗药产品销售额占药品工业收入的比例约为50%。公司下设全资子公司有贵州百灵企业集团天台山制药有限公司、贵州百灵企业集团医药销售有限公司、贵州百灵企业集团药用包装材料有限公司、贵州百灵企业集团纯净水有限公司，另有参股企业贵州和仁堂药业有限公司。

13.2 苗药行业现状

医药产业是我国国民经济的重要组成部分，进入21世纪以来，中国医药经济保持快速增长势头，医药行业属于前景被看好的朝阳行业，苗药是我国六大民族药之一，是我国传统医药宝库的一部分。

13.2.1 苗药发展情况

苗药是指在苗族聚居的苗岭山脉、乌蒙山脉、武陵山脉、鄂西山地、大苗山脉及海南山地等地区种植、生长的中草药材，同时也指苗族医药文化。苗药是在苗医药理论指导下产生的药物，随着苗族先民的生存斗争和生产实践而产生并得到不断发展，逐步形成了历史悠久、内容丰富、独具特色的苗医药理论体系，有着极其深厚的群众基础。据研究统计，我国现存最早的药学专著《神农本草经》苗语记录的药草达三分之一，《本草纲目》记载的苗药有 44 种。

中华人民共和国成立后，苗医药的发展进入了一个崭新的阶段，政府组织医药卫生人员进行了大规模的民族药调查和秘方的搜集整理工作，1978 年出版的《中药大辞典》收载了贵州省以苗药为主的民族民间药达 1000 多条。进入 20 世纪 90 年代后，苗药步入了研究与开发的黄金时期。1993 年我国卫生部发布了《关于制定民族药部颁标准的通知》，要求各地卫生厅首先制定民族药的地方标准，此后几年贵州省卫生厅逐步制定了苗药的地方标准，为以后上升到国家标准打下了坚实基础。2001 年新修订的《中华人民共和国药品管理法》及国家药品监督管理局下发的《关于强化中成药国家标准管理工作的通知》，要求选择药用历史悠久、疗效确切、基源清楚、有市场价值的民族药，并将其地方标准上升到国家标准，不能上升为国家标准的药品被淘汰。

13.2.2　贵州省苗药概况

苗族是我国古老而人口较多的少数民族之一，全国共有苗族人口 730 多万人，主要聚居于贵州省、湖南省、云南省、湖北省、广西壮族自治区等（自治区），其中贵州省苗族人口最多，达 400 多万人，占全国苗族总人口的 50%以上。贵州省得天独厚的气候条件和自然环境孕育了许多名贵药材，中药资源极其丰富，素有"天然药物宝库"之称。贵州省苗族在几千年的生产实践中，逐渐形成了自己民族的医药特色。贵州省有中药资源 4290 种，居全国中药品种第四位。在苗族中流传的常用苗药有 1500 种，据《贵州苗族医药研究与开发》收载，经国家有关标准要求再评价的苗族药材也有 165 种。贵州省在实施"科技兴黔"中把发展民族药业作为振兴贵州省的一个主导产业。

近年来贵州省以苗药为主的制药企业得到蓬勃发展，全省以生产苗药为主的制药企业已超过 70 家，占全省制药企业总数的 38%，全省共有药品批准文号 500 多个品种，其中苗药批准文号达 154 个，均为全国独家生产品种。贵州省苗药资源丰富，苗医药特色突出，经研究开发并别具特色的贵州省苗药已走向市场，为贵州省医药产业的发展和中药现代化的促进起到重要作用，有力推进了贵州省经济发展。目前贵州省约有 180 家苗药企业，前二三十家企业占据了 80%以上的市场，呈现出多而散的局面。

13.2.3　苗药发展趋势

尽管苗医药从广义上属于中医药的组成部分，但在长期的发展过程中，形成了自己独特的认病用药规律和经验。在理论模式上，苗医在广泛的医疗实践基础上形成了独具特色的"纲、经、症、疾"理论模式及关于病因、疾病分类、诊断、治疗、预防等方面具有浓郁民族特色的医药理论。此外在诊断方法和立方遣药上也均有不同，苗药治疗疾病主张立方简要、精炼遣药，多数情况下以一方一药为主。但随着时代的发展，苗药也越来越多地应用复方。

苗药作为中药的一个分支，和中药一样未来必将走向产业化和现代化才能获得可持续性的发展，药品的生产经营必须实行标准化和科学化；但同时苗药作为一种独具特色的民族药，其崇尚天然、注重整体的用药理念完全符合目前全世界流行的回归自然的风尚。苗药的发展趋势将是以上二者的完美结合。

13.3　报　表　分　析

13.3.1　经营业绩评价

如表 13-1～表 13-3 所示，2011～2015 年贵州百灵营业收入、营业利润及净利润呈持续上升趋势。

表 13-1　贵州百灵利润表简表　　　　　　单位：元

项目	2011 年	2012 年	2013 年	2014 年	2015 年
一、营业收入	1 138 426 679.15	1 367 582 447.74	1 405 330 331.40	1 574 672 162.30	1 899 087 619.14
减：营业成本	508 335 083.09	622 213 363.24	559 133 067.08	616 202 589.39	720 559 100.67
销售费用	262 227 852.58	354 462 564.85	362 532 097.17	392 508 527.80	456 904 288.64
管理费用	71 888 894.71	93 247 048.66	101 783 399.43	132 997 633.66	165 363 721.31
财务费用	43 124 426.67	26 929 077.13	41 328 638.17	35 483 036.12	15 647 174.40
二、营业利润	238 324 596.64	253 736 970.45	319 899 511.63	371 529 050.48	470 634 476.76
三、利润总额	241 972 031.97	263 383 759.69	326 159 025.74	377 106 269.56	491 899 404.07
四、净利润	209 980 019.56	228 859 404.64	272 993 740.12	315 053 832.76	416 148 673.76

表 13-2　贵州百灵利润表主要项目结构百分比　　　单位：%

项目	2011 年	2012 年	2013 年	2014 年	2015 年
营业收入	100.00	100.00	100.00	100.00	100.00
营业成本	44.65	45.50	39.79	39.13	37.94
销售费用	23.03	25.92	25.80	24.93	24.06
管理费用	6.31	6.82	7.24	8.45	8.71
财务费用	3.79	1.97	2.94	2.25	0.82
营业利润	20.93	18.55	22.76	23.59	24.78
利润总额	21.25	19.26	23.21	23.95	25.90
净利润	18.44	16.73	19.43	20.01	21.91

表 13-3　贵州百灵利润表主要项目趋势百分比　　　单位：%

项目	2011 年	2012 年	2013 年	2014 年	2015 年
营业收入	100.00	120.13	123.44	138.32	166.82
营业成本	100.00	122.40	109.99	121.22	141.75
销售费用	100.00	135.17	138.25	149.68	174.24
管理费用	100.00	129.71	141.58	185.00	230.03
财务费用	100.00	62.45	95.84	82.28	36.28
营业利润	100.00	106.47	134.23	155.89	197.48
利润总额	100.00	108.85	134.79	155.85	203.29
净利润	100.00	108.99	130.01	150.04	198.18

　　2011 年，贵州百灵紧紧围绕"强化公司在苗药领域的龙头地位，力争成为中成药领域具有核心竞争优势的企业"这一战略目标进行全方位的竞争力建设，在物价上涨导致原材料价格上涨、人员费用增加、外部市场竞争环境严峻的情况下，全面完成了年度各项经营目标。2011 年公司实现营业收入 113 842.67 万元，比上年同期 86 375.64 万元增加 31.80%；实现利润总额 24 197.20 万元，比上年同期 18 955.66 万元增加 27.65%；实现净利润 20 998.00 万元，比上年同期 15 819.84 万元增加 32.73%。

　　2012 年，贵州百灵被农业部评为"农业产业化国家重点龙头企业"，同年，被国务院表彰为"全国就业先进企业"，并连续十年荣获国家级"守合同重信用"单位称号。2012 年公司实现营业收入 136 758.24 万元，比上年同期 113 842.67

万元增长 20.13%；实现营业利润 25 373.70 万元，比上年同期 23 832.50 万元，增长 6.47%。

2013 年公司实现营业收入 140 533.03 万元，比上年同期 136 758.24 万元增长 2.76%。销售收入稳步增长，2013 年银丹心脑通软胶囊实现销售收入 4.45 亿元，较上年同期增长 60.67%，名副其实成为公司一线品种中的明星产品。

2014 年，贵州百灵以提升盈利能力为核心，积极开展"开源节流、增收减支"为重点的精细化成本工作，同时，加大市场开拓力度，加强营销网络建设，公司主导产品销售市场趋于稳定成熟，促进收入持续增长。贵州百灵已成为贵州省新医药产业骨干企业和全国最大的苗药研制生产企业。2014 年，贵州百灵实现营业收入 157 467.22 万元，较上年同期增长 12.05%，营业成本 61 620.26 万元，较上年同期增长 10.21%，销售费用、管理费用、财务费用合计 56 098.92 万元，较上年同期增长 10.95%。2014 年受到招投标落实情况的影响，银丹心脑通软胶囊实现销售收入 5.03 亿元，较上年同期增长 13.17%，银丹心脑通软胶囊已发展为公司的明星产品。

2015 年是医药行业改革向纵深方向发展推进的一年，贵州百灵以实施"科技苗药、文化苗药、生态苗药"为抓手，扩大既有的优质苗药资源的规模和效益，同时加快苗医药一体化项目（中医糖尿病医院）的开发和推广运用，持续加大科技投入，逐步加强管理团队的建设，促进营销队伍能力的增长，合理规范药品生产、质量管理，有效推进成本控制工作，企业盈利能力提升明显。报告期内，公司荣获"2015 年度国家知识产权优势企业""贵州省创新型领军企业培育企业"称号。2015 年报告期内，公司实现营业收入 189 908.76 万元，较上年同期增长 20.60%，实现归属于上市公司股东净利润 4.11 亿元，较上年同期增长 32.50%。公司在市场营销、盈利能力建设、科研开发、优化内控管理等方面取得了较好的成绩。

13.3.2 资产质量分析

如表 13-4～表 13-6 所示，2011～2015 年贵州百灵资产总计逐年增加，资产总计的增长主要来自所有者权益的增加。贵州百灵的资产主要分布在流动资产上，2011～2015 年，流动资产合计占资产总计的比重在 70% 以上，流动资产中主要是货币资金、应收款项和存货，与基期年度 2011 年相比，贵州百灵应收款增幅较大，2011 年应收款 5.33 亿元，2015 年应收款高达 11.56 亿元，增幅高达 116.63%，说明其销售额有大量赊销，应关注坏账风险。从资本结构看，2011～2015 年贵州百灵以自有资本为主，债务风险较小。

表 13-4　贵州百灵资产负债表简表　　　　　单位：元

项目	2011 年	2012 年	2013 年	2014 年	2015 年
货币资金	1 099 165 428.63	940 958 907.43	720 321 347.33	661 784 793.83	960 788 371.08
应收票据	295 036 516.51	351 656 934.49	535 062 898.79	573 992 273.20	716 471 630.82
应收账款	238 765 620.56	286 515 595.17	333 458 603.59	408 138 924.48	439 895 073.39
应收款小计	533 802 137.07	638 172 529.66	868 521 502.38	982 131 197.68	1 156 366 704.21
存货	620 816 588.96	657 937 007.67	734 149 556.17	726 015 488.40	632 314 435.89
流动资产合计	2 454 661 069.32	2 376 250 649.97	2 572 581 605.87	2 636 513 065.58	2 905 884 366.63
非流动资产合计	564 159 038.52	863 780 671.20	906 587 377.11	928 668 414.10	935 628 642.92
资产总计	3 018 820 107.84	3 240 031 321.17	3 479 168 982.98	3 565 181 479.68	3 841 513 009.55
流动负债合计	831 528 451.06	1 087 087 893.22	1 308 418 499.42	1 176 981 652.91	1 122 062 951.78
非流动负债合计	246 924 825.88	110 398 677.01	43 371 992.50	40 292 539.54	38 474 096.78
负债合计	1 078 453 276.94	1 197 486 570.23	1 351 790 491.92	1 217 274 192.45	1 160 537 048.56
所有者权益合计	1 940 366 830.90	2 042 544 750.94	2 127 378 491.06	2 347 907 287.23	2 680 975 960.99
负债权益总计	3 018 820 107.84	3 240 031 321.17	3 479 168 982.98	3 565 181 479.68	3 841 513 009.55

表 13-5　贵州百灵资产负债表简表结构百分比　　　　　单位：%

项目	2011 年	2012 年	2013 年	2014 年	2015 年
货币资金	36.41	29.04	20.70	18.56	25.01
应收票据	9.77	10.85	15.38	16.10	18.65
应收账款	7.91	8.84	9.58	11.45	11.45
应收款小计	17.68	19.69	24.96	27.55	30.10
存货	20.56	20.31	21.10	20.36	16.46

续表

项目	2011 年	2012 年	2013 年	2014 年	2015 年
流动资产合计	81.31	73.34	73.94	73.95	75.64
非流动资产合计	18.69	26.66	26.06	26.05	24.36
资产总计	100.00	100.00	100.00	100.00	100.00
流动负债合计	27.54	33.55	37.61	33.01	29.21
非流动负债合计	8.18	3.41	1.25	1.13	1.00
负债合计	35.72	36.96	38.86	34.14	30.21
所有者权益合计	64.28	63.04	61.15	65.86	69.79
负债权益总计	100.00	100.00	100.00	100.00	100.00

13-6　贵州百灵资产负债表简表趋势百分比　　　　单位：%

项目	2011 年	2012 年	2013 年	2014 年	2015 年
货币资金	100.00	85.61	65.53	60.21	87.41
应收票据	100.00	119.19	181.35	194.55	242.84
应收账款	100.00	120.00	139.66	170.94	184.24
应收款小计	100.00	119.55	162.70	183.99	216.63
存货	100.00	105.98	118.26	116.95	101.85
流动资产合计	100.00	96.81	104.80	107.41	118.38
非流动资产合计	100.00	153.11	160.70	164.61	165.84
资产总计	100.00	107.33	115.25	118.10	127.25
流动负债合计	100.00	130.73	157.35	141.54	134.94
非流动负债合计	100.00	44.71	17.56	16.32	15.58
负债合计	100.00	111.04	125.35	112.87	107.61
所有者权益合计	100.00	105.27	109.64	121.00	138.17
负债权益总计	100.00	107.33	115.25	118.10	127.25

13.3.3　现金流量分析

如表 13-7 所示，2011～2015 年贵州百灵的经营活动产生的现金流量净额都是正数，表明贵州百灵销售商品货币资金回笼良好；投资活动产生的现金流量净额均为负数，说明贵州百灵在追加投资扩大生产规模，以取得良好的规模效应。

表 13-7　贵州百灵现金流量表主要项目　　　　　　　　单位：元

项目	2011 年	2012 年	2013 年	2014 年	2015 年
经营活动产生的现金流量净额	201 903 322.18	19 516 226.00	141 756 275.60	395 833 192.16	413 228 742.06
投资活动产生的现金流量净额	−325 639 007.82	−189 808 022.79	−179 126 693.26	−59 375 578.61	−11 675 276.62
筹资活动产生的现金流量净额	−96 040 873.95	15 871 279.59	−183 267 142.44	−394 994 167.05	−102 549 888.19

13.4　杜 邦 分 析

如表 13-8 所示，除 2012 年外，贵州百灵的经营业绩逐年提升，其销售净利率缓慢上升，发展态势良好，这主要得益于贵州百灵合理的营销策略，用较少的销售费用获得了逐年增长的销售收入。贵州百灵 2011～2015 年总资产周转率亦呈现上升的态势，说明资产得到充分利用，股东权益报酬率连年上升。

表 13-8　杜邦分析计算表

项目	2011 年	2012 年	2013 年	2014 年	2015 年
销售净利率/%	18.44	16.73	19.43	20.01	21.91
总资产周转率/次	0.39	0.44	0.42	0.45	0.51
权益乘数	1.56	1.59	1.64	1.52	1.43
股东权益报酬率/%	11.22	11.70	13.38	13.69	15.98

13.5　结论及建议

作为一家 2010 年上市的公司，贵州百灵 2011～2015 年显示了良好的发展态势，销售净利率持续上升，说明成本控制良好，营销策略可行。贵州百灵作为中国最大的苗药研发生产基地，应强化苗药的民族化特色，博采民族医药之众长，以科技创新深度研发为突破，走产业化、规模化的品牌发展道路。

目前贵州百灵经营的成果相对较好，但医药产业相关各项政策的调整对公司的发展将是一系列的挑战。公司将以积极的姿态做好各项工作。第一，进一步加强规范化的法人治理结构建设和内部管理机制建设。不断地完善公司治理结构，建立健全内部控制制度，进一步规范公司运作，努力提高公司治理和管理水平，为持续不断地提升公司的竞争力打牢基础。第二，持续不断地加强公司的核心竞争力建设。

林　文　周晋兰

第14章 贵航股份 2015 年报告分析

　　自 21 世纪以来，中国经济快速发展，行业竞争也随之加剧，汽车产业同样如此，一个巨大的"汽车后市场"正在进入一个快速成长期，汽车零部件产业前景广阔。在人们生活水平的提高及新能源发展的大趋势下，新能源已成为消费主流，汽车零部件行业也迎来春天。本书选取了贵州省汽车零部件企业——贵州贵航汽车零部件股份有限公司（以下简称贵航股份）作为案例研究的对象。首先，本章对公司的行业背景和基本情况进行分析，在分析企业的内外部环境的基础上，提出贵航股份发展战略规划。其次，以公司 2011～2015 年的财务报表为基础，对公司的三大报表进行结构和质量分析，对其主要财务指标的变化情况和变化趋势进行分析，并结合杜邦分析体系进行综合财务状况分析，剖析其产生和变化的原因，从而使报告使用者清楚认识贵州省汽车零部件行业的总体状况。

14.1　公 司 简 介

　　贵航股份成立于 1999 年 12 月，作为中国航空工业集团公司的成员单位之一，由中国航空汽车系统控股有限公司直接领导。公司于 2001 年 12 月在上海证券交易所上市交易，总部设在贵州省贵阳市，所属单位共有 22 家，分布在贵阳市和国内九个省、市。截止到 2015 年 12 月底，公司在册员工 7600 余人，总资产约为 38 亿元，市值达 51 亿元。公司是一家具有较强的市场竞争力的汽车零部件制造企业，是集国内规模最大的铝质散热器研究生产企业、最早和最大的锁匙总体国产化开发供应商与橡胶管带行业骨干企业于一体的西部最大汽车零部件生产企业。

　　公司除拥有众多国家级、省部级新产品及优质产品称号，还获得过 22 项省部级、市级科技进步奖，也曾五次在博览会和展览会上获奖，曾分别被评为"中国行业百强企业""有重大贡献单位"。

　　贵航股份主营业务是密封系统、热交换系统、电子电器类三个行业，产品主要是密封条、车锁、汽车刮水器、散热器、空气滤清器、电器开关、汽车升降器等汽车零部件，配套客户主要是国内的一些知名的自主品牌和一些合资品牌汽车制造企业。另外，汽车的电器开关和锁匙总体、密封条、玻璃升降器、汽车刮水器和散热器等产品也作为公司的外贸产品出口到国外。

14.2　核心竞争力分析

14.2.1　产品优势

贵航股份主要是基于航空技术成立的，拥有比较完善的生产工艺手段，生产时继承航空生产的严谨性，部分产品已经通过了 QS9000 认证、VDA6.1 认证、TS16949 认证等，拥有包括长度、温度、力学、电磁、无线电、颗粒度等经国家授权认可的多种专业计量体系。相对同行业其他生产厂家而言，贵航股份拥有一定的生产优势。

在生产方面，近年来，贵航股份为使生产达到流水线生产模式，从国外先进汽车零部件生产国家引进多条先进生产线，有效地优化了原有生产模式，大大提高了生产效率。

在研发方面，贵航股份重视创新发展，将先进的航空技术与汽车零部件的研发和大批量生产的要求相结合进行生产，基本形成比较完善的汽车零部件自主研发技术、质量保证技术、大批量生产技术、检测试验技术，并通过引进、合并等渠道获得先进技术和先进产品，不断丰富、更新产品，达到生产与市场相结合。

虽然受国际市场低迷的影响，中国经济发展放缓，冲击了许多企业的发展，也影响到了许多行业的发展，但贵航股份拥有多种产品，有效分担了风险，降低了经济萎靡带来的影响，截止到 2015 年底，公司处于盈利状况，甚至较 2014 年发展有所提升。

14.2.2　运营模式

贵航股份是研发—生产—销售一体化的企业，旗下有多个子公司，设有比较完善的管理体系，故而全部环节都在企业的控制下，这种模式有效减少了不可控因素，降低了其运营风险。

在研发环节，贵航股份根据市场需求进行研发，顺应市场的规律，提高市场适应能力；在采购环节，公司根据当期生产情况、市场需求及下期生产计划，制订有效的采购计划，要求供应商在规定时间内提供规定的原材料，从而降低钢材、橡胶、铝材等原材料的库存，更多地释放流动资金，提高资金流转率，达到精益生产。供应商基本是和公司合作多年且其产品均已通过质量管理标准体系认证。同时，为进一步提升采购的原材料质量，贵航股份还根据供应商原材料的优劣等级，对照制定并完善供应商考核管理体系。

在生产环节，贵航股份因其产品具有相对较强的专业性和专一性，故采用以销量确定产量的方式进行组织生产，即完全根据客户的需求、订单及市场需求，结合自我生产能力、库存量、物流和生产周期，由主管部门制订生产计划，下达到下属的生产部门，由生产部门组织生产，主管部门协调其他部门来配合生产部门的生产过程，各个工序之间均采用拉动式方法进行。这种方式有效减少了产品的仓储成本。

在销售环节，贵航股份基本为直销式，通过直接面对整车制造客户，根据客户一定时期内的生产需求，对其进行配送，满足其生产需求。这种方式有效地减少了中间环节，节约了销售成本。

14.2.3　销售渠道

贵航股份经过多年努力已经建立了比较完善的营销体系，在上海、武汉、重庆、南京、广州、西安、深圳等地均设有办事处或售后服务中心，基本覆盖国内各个省、市，能够有效保证及时为国内各个区域提供销售及售后服务。

14.3　汽车零部件行业现状分析

14.3.1　行业趋势

自从步入 21 世纪之后，不仅中国经济得到了快速的发展，汽车行业也在经济发展的促进下快速发展，从而引领着汽车的相关产业——零部件企业发展。如今中国的汽车行业在国际市场上占比确实得到了长足的提高。但是，中国汽车零部件制造还是基于传统的汽车制造进行配套生产。因此，汽车正面临新一轮的改革，作为配套零件的汽车零部件生产商也正面临深度调整和改革。零部件创新是汽车产业发展的原动力，汽车发展主要方向基本是围绕"节能环保、智能转型、创新自主"这三个方面，汽车零部件发展更要跟上并领先于汽车发展步伐，因此，中国的汽车零部件制造企业要想把握住这种机遇，把控市场，做市场的领路人，需要做到以下三个方面来进行产品的创新研发及产品质量的提升。

（1）节能环保。目前最热门的当属电动汽车，汽车零部件制造商想要进入这个市场，首先要克服的就是零部件研发和生产的困难，如推动动力的电池系统、驱动电机、电机控制器、燃料电池系统及电堆、电机耦合装置等，做好这些方能提高自身竞争力，把控节能、环保汽车的零部件市场。

（2）智能转型。这方面主要是涉及软件设施，改革汽车零部件，使其向电气化、智能化、互联网化方向发展。

（3）自主创新。目前的中国已进入经济新常态，整车、零部件生产企业都不能像原来那样进行粗放式的增长。我国的零部件发展的现状如下：①技术创新的能力较弱，研发手段还不够完善，独创的成果较少；②产品的附加值、科技含量和价格偏低，缺乏竞争力产品；③跟世界先进的制造企业比起来，我国的制造工艺水平仍有一定差距；④产品单位能耗高，品牌的认可度不高；⑤人才队伍不够合理，高端、基础应用人才不足。因此，应当大力推进自主创新技术的发展，加大研究的投入。

14.3.2　国际环境

随着全球经济危机影响，全球经济普遍发展缓慢，美国还未全面从经济危机中走出来；欧洲市场又处于关键时期，传统的新兴经济体的发展放缓；等等，这些都对汽车行业的发展带来影响，制约着汽车行业的发展。但随着人们生活水平的提升，作为代步工具，汽车势必会走进千万平常百姓家，所以汽车行业前景还是很好的。借此机会，国际汽车品牌都在对传统汽车进行换代升级，零部件是其重要的改革地方。

14.3.3　国家政策

制造业作为支撑我国经济发展的重要产业，为我国经济复苏提供了有力的保障，但自改革开放以来，我国制造业还处于初级阶段，很多产品基本属于人力成本制造出来的，与世界发达国家制造业相比，只是处于大而不强的尴尬地位，缺乏自己的技术产品，严重受其他国家的牵制。因此，要想提升我国的制造业水平，提升国力，就要通过打造有强大国际竞争力的制造业来实现。

为了加强我国制造业的发展，国务院于 2015 年 3 月 25 日正式审议通过《中国制造 2025》，其确定的指导思想已指明了下一步我国制造业发展的方向，同时其基本原则明确了我国发展制造业的方法、途径。汽车零部件的制造作为制造业不可或缺的一部分，已成为国家大力发展的产业之一，培育和发展新能源汽车及智能汽车的关键零部件产业更被视为《中国制造 2025》在"十三五"时期的重要任务之一。

14.3.4　企业发展与挑战

相比其他的民营企业，贵航股份因引进了先进生产线，产品研发的能力较强，拥有多种产品、多家子公司，相对而言有一定技术优势，因此，对市场波动的抗压性较强；相对于国外先进的同行业来说，贵航股份处于我国西部地区，生产成本较低，比较契合中国目前汽车配套市场。但目前公司自身缺乏附加值较高的自主产品，没有核心技术，容易受外来经济排挤，不过短时内维持稳定的经营问题不大，公司也在努力改变这种现状。

1. 市场竞争加剧

中国能够吸引越来越多跨国汽车零部件企业到这里安家，主要是因为中国市场潜力相对较大、劳动力众多且低廉，跨国企业中也有很多是世界 500 强企业，中国现已成为世界汽车零部件最大的生产工厂之一。

2. 产品的市场竞争力不佳

随着同行业竞争力的加大及各种资源的逐渐枯竭，公司运营的前期、中期、后期的成本越来越大，而公司产品多数是附加值较低的一般产品，由于利润率较低等原因，可能会制约公司的正常运营。

3. 未确定因素

汽车市场目前正处于深度改革时期，未来有多种不确定因素，相对其他先进的制造企业，公司缺乏核心竞争力，而且目前公司研发投入相对较低，如果遇到较大市场变革，企业风险颇大。

14.4　财务报表分析

14.4.1　资产负债表分析

资产负债表反映公司在特定时点的财务状况，集中体现公司的经营管理活动结果。通过分析，我们可以了解公司偿还短期债务的能力，公司经营稳健与否或经营风险的大小及公司经营管理总体水平的高低等。

如表 14-1 所示，贵航股份的流动资产在资产总额中所占的比重较高，且在 2011～2015 年基本变化不大，占比均在 62%～68%，属于相对保守的资产结构。这种资产结构能使贵航股份有足够的流动资产进行变现来偿还公司的债务，拥有足够的存货来保证公司的正常生产和销售，因此，其无风险或风险较低，但同时带来不好的影响是，流动资产占用大量资金，就占用了大量的机会成本，不利于公司的长远发展。

表 14-1 贵航股份流动资产占资产总额结构百分比分析表

项目	2011 年	2012 年	2013 年	2014 年	2015 年
流动资产合计/万元	194 028	176 514	215 701	252 639	254 484
资产合计/万元	288 202	282 333	322 391	375 596	376 660
流动资产占资产总额的比重/%	67.32	62.52	66.91	67.26	67.56

如表 14-2 所示，贵航股份以自有资本为主，但外来资本仍高达 37%～45%，资本结构国际公认标准为资产负债率 50%，即由债权人提供了企业的一半资本，由股东提供另一半，这样不仅能利用财务杠杆，而且财务的压力也不会过大。贵航股份 2011～2015 年的资产负债率均稍低于国际公认标准 50%，说明了贵航股份自有资本实力和抗风险的能力不错，但没有充分利用财务杠杆来获取利润。

表 14-2 贵航股份资本结构百分比分析表

项目	2011 年	2012 年	2013 年	2014 年	2015 年
负债合计/万元	110 192	105 023	134 486	168 899	157 375
资产总计/万元	288 202	282 333	322 391	375 596	376 660
资产负债率/%	38.23	37.20	41.72	44.97	41.78

如表 14-3 所示，贵航股份的资产总计数在逐年增加，说明其资产规模逐年扩大。该公司 2014 年的固定资产投资有巨大的增长，2014 年有更大的建设发展项目，而 2015 年比 2014 年仅增长了 2.14%，说明公司的 2015 年的项目和机遇相对上年度较少。所有者权益合计每年都有增加，但其增加幅度还没有负债的大，虽然 2015 年公司负债合计数相对 2014 年减少了 6.82%，但其负债累计增长了 18.77%，而所有者权益合计仅增长了 6.09%，这说明该公司 2015 年偿还了大部分债务，而所有者权益的增长将会使得企业资金实力增长，说明该公司为扩大资产规模依靠的是增长所有者权益，采用的财务政策相对保守。

表 14-3 贵航股份资产负债增减变动趋势表

项目	2014 年比 2013 年		2015 年比 2014 年	
	增减额/万元	百分比/%	增减额/万元	百分比/%
流动资产合计	36 938	17.12	1 845	0.73
固定资产净额	8 795	15.09	1 433	2.14
资产总计	53 205	16.50	1 064	0.28
负债合计	34 413	25.59	−11 524	−6.82
所有者权益合计	18 793	10.00	12 587	6.09

如表 14-4 所示,贵航股份流动资产远大于非流动资产,以流动资产为主,2011～2015 年的流动资产占比均在 60%以上, 说明企业流动性较好、风险较低;而在流动资产中又是以应收账款占比最大,货币资金占比较少,说明企业的现金较为短缺;在资产总计中存货所占比重逐年下降,但基本在 14%以上, 说明其采取少量存货,多采用订单式生产,减少仓储成本,也说明其产品市场在缩小;在负债和所有者权益合计中,负债合计占比较低,主要还是流动负债,流动负债中应付账款占比较高,因此,其可能通过占用其他企业的资金来缓解自身的营运资金压力,增加资金盈利的能力。

表 14-4　贵航股份资产负债表结构分析表　　　　　单位: %

项目	2011 年	2012 年	2013 年	2014 年	2015 年
货币资金	11.61	13.58	12.96	14.38	12.69
应收账款	27.11	24.34	22.02	18.34	20.19
存货	21.28	19.81	16.32	15.63	14.38
流动资产合计	67.32	62.52	66.91	67.26	67.56
固定资产净额	19.88	20.88	18.08	17.86	18.19
在建工程	1.74	1.38	1.32	2.39	2.45
无形资产	4.19	5.26	4.54	3.90	3.82
非流动资产合计	32.68	37.48	33.09	32.74	32.44
资产总计	100.00	100.00	100.00	100.00	100.00
预收账款	0.78	0.70	0.52	0.49	0.50
应付账款	12.62	12.04	15.61	21.92	23.36
流动负债合计	34.63	26.99	34.71	44.36	41.08
负债合计	38.23	37.20	41.72	44.97	41.78
实收资本（或股本）	10.02	10.23	8.96	7.69	7.67
资本公积	31.28	32.41	28.46	24.72	24.73
盈余公积	3.71	4.55	4.49	4.08	4.56
未分配利润	9.21	11.26	12.22	12.65	15.35
所有者权益（或股东权益）合计	61.77	62.80	58.28	55.03	58.22
负债和所有者权益总计	100.00	100.00	100.00	100.00	100.00

14.4.2　利润表分析

如表 14-5 所示，2011～2015 年贵航股份的营业成本占比均在 80%左右，说明该行业的成本很高；而营业利润占营业收入的比重却仅有 2%～7%，且自 2011～2014 年，其利润总额呈下降趋势，2015 年有所回升，但幅度不大，说明贵航股份利润质量均衡，但依然有下降趋势；2011～2015 年贵航股份的利润总额占比均在 2%以上，营业外支出所占的比重非常低，说明其利润构成仍主要是依靠营业利润，仍然有可持续发展的能力。

表 14-5　贵航股份利润表结构百分比分析　　　　单位：%

项目	2011 年	2012 年	2013 年	2014 年	2015 年
一、营业收入	100.00	100.00	100.00	100.00	100.00
减：营业成本	79.15	79.97	81.62	80.64	78.72
营业税金及附加	0.39	0.44	0.52	0.47	0.57
销售费用	4.46	4.62	4.14	4.51	4.18
管理费用	8.93	9.58	9.92	10.99	11.03
财务费用	0.41	0.62	0.59	1.05	0.77
二、营业利润	6.66	4.77	3.21	2.34	4.73
营业外收入	0.52	0.55	1.08	0.73	0.62
营业外支出	0.18	0.22	0.08	0.17	0.31
三、利润总额	7.00	5.10	4.21	2.90	5.04
所得税费用	1.37	0.18	0.65	0.78	0.55
四、净利润	5.63	4.92	3.56	2.12	4.49

如表 14-6 所示，首先，与 2011 年（基期）相比，2011～2015 年的营业收入与营业利润基本呈上升趋势，2015 年营业收入与 2011 年相比增长 20.42%，2015 年净利润与 2011 年相比增长 6.80%。净利润增长的速度已远低于营业收入的速度，随着营业收入的增长，营业成本也在增加，营业成本上升的趋势略低于营业收入，说明 2011～2015 年贵航股份虽然进行成本控制，但效果非常差，对此，即使营业收入有所增长，利润却无法增长太多。值得关注的，还有 2015 年的财务费用、营业外支出均与 2011 年相比增长超过 100%，说明公司有大部分营业外支出，经查 2015 年有 493.9 万元的非流动资产处置损失，占营业外支出（1000.59 万元）的近 50%，说明贵航股份固定资产的内部控制未发挥有效作用。

表 14-6　贵航股份利润表趋势分析表　　　　单位：%

项目	2011 年	2012 年	2013 年	2014 年	2015 年
一、营业收入	100.00	98.29	102.34	115.41	120.42
营业成本	100.00	99.31	105.54	117.58	119.77
营业税金及附加	100.00	112.82	137.57	141.17	178.54
销售费用	100.00	101.76	95.00	116.49	112.73
管理费用	100.00	105.53	113.71	142.13	148.86
财务费用	100.00	150.97	149.77	299.35	229.81
二、营业利润	100.00	79.31	69.69	82.25	95.74
营业外收入	100.00	103.33	212.67	162.27	143.30
营业外支出	100.00	122.32	45.28	114.38	214.81
三、利润总额	100.00	79.96	80.06	87.00	96.25
所得税费用	100.00	12.98	48.88	66.00	48.20
四、净利润	100.00	94.67	86.89	91.61	106.80

　　贵航股份营业税金及附加的增长幅度比较大，2015 年与 2011 年相比就已经增长了 78.54%，已远远超过了营业收入增长幅度，这与国家宏观调控政策密切相关，更加利于企业的长远发展。

　　贵航股份营业收入连年上升，与之同期的期间费用也随着销售额的增长而增长，但是销售费用比较特殊，增长幅度不稳定，说明贵航股份对自己的销售环节进行调整。管理费用增长幅度明显高于营业收入，2015 年的营业收入与四年前的 2011 年相比仅增长 20.42%，而 2015 年的管理费用比 2011 年相比却增长了 48.86%，同期的营业成本相比增加了 19.77%，再次说明贵航股份对营业成本的控制力度和控制效果与管理费用的控制相比稍为理想，但基数较大，因此还需改进。

　　期间费用中的财务费用增长幅度远高于营业收入的增长幅度，且是以正数列示的，故其是利息负债，2015 年财务费用与 2011 年相比增长 129.81%，说明贵航股份在举债经营，扩大生产规模。

14.4.3　现金流量表分析

　　如表 14-7 所示，贵航股份 2011～2015 年的现金流入都以经营活动产生的现金流入为主，占总现金流入的 74% 以上，说明其现金流入量仍以经营活动为主。在经营活动中，又是以销售商品、提供劳务收到的现金为主，说明其产品比较畅销，资金回笼较快，货币资金较为宽裕；筹资活动产生的现金流入占比次之，且是以取得借款收入收到的现金为主，说明其主要是依靠债务融资来应对经营活动和投资活动中所需要的现金，一旦中间某一环节出问题，甚至可能会给公司带来破产的风险；投资活动产生的现金流入占比最小，说明其在对外投资方面很少。

表 14-7　贵航股份现金流入结构分析表　　　　　　　　单位：%

项目	2011 年	2012 年	2013 年	2014 年	2015 年
销售商品、提供劳务收到的现金	72.84	79.11	80.29	73.17	77.60
经营活动现金流入小计	74.48	81.54	82.57	74.86	79.95
投资活动现金流入小计	5.20	1.57	1.79	2.54	1.60
取得借款收到的现金	17.78	8.07	13.69	20.43	17.82
筹资活动现金流入小计	20.31	16.89	15.64	22.60	18.45
现金流入小计	100.00	100.00	100.00	100.00	100.00

如表 14-8 所示，首先，贵航股份 2011～2015 年的现金流出主要是经营活动产生的现金流出量，其占总现金流出的 70% 以上；自从 2011 年起，投资活动现金流出量就逐年呈下降趋势（除 2013 年外），其投资活动现金流出量占总现金流出量的比率依次为 10.56%、4.59%、9.08%、4.57%、2.64%，说明贵航股份 2011～2015 年减少了投资的力度。筹资活动的现金流出占比在 2011～2015 年均维持在 17% 左右，甚至在 2015 年高达 25.08%，且偿还债务支付的现金基本等同于筹资活动的现金流出小计，说明贵航股份的筹资活动主要是为偿还到期债务。

表 14-8　贵航股份现金流出结构分析表　　　　　　　　单位：%

项目	2011 年	2012 年	2013 年	2014 年	2015 年
购买商品、接受劳务支付的现金	44.09	48.62	51.11	45.29	41.17
支付给职工及为职工支付的现金	15.75	17.46	21.25	19.56	20.15
支付的各项税费	6.18	5.75	6.69	5.31	6.33
支付的其他与经营活动有关的现金	4.90	4.20	4.46	4.64	4.14
经营活动现金流出小计	70.92	76.03	83.51	74.80	71.79
购建固定资产、无形资产和其他长期资产所支付的现金	6.52	4.59	5.89	4.57	2.55
投资所支付的现金	4.04	—	3.19	—	0.09
投资活动现金流出小计	10.56	4.59	9.08	4.57	2.64
偿还债务支付的现金	14.61	13.74	3.52	17.44	22.38
分配股利、利润或偿付利息所支付的现金	3.67	2.80	2.66	2.80	2.70
筹资活动现金流出小计	18.28	17.41	6.18	20.24	25.08
现金流出小计	100.00	100.00	100.00	100.00	100.00

其次，在经营活动现金流出中，与总现金流出量相比，贵航股份购买商品、接受劳务支付的现金都维持在 40% 以上；支付给职工及为职工支付的现金占比也呈上升趋势，说明贵航股份的职工都享有较高的报酬；支付的各项税费、支付的其他与经营活动有关的现金占比相对较小且波动不大。

再次，在投资活动现金流出中，除了少数年度进行支付投资外面项目的现金外，大部分是支付公司购建固定资产、无形资产和其他长期资产的购建款，2011～2015 年占比分别为 6.52%、4.59%、5.89%、4.57%、2.55%，说明其对内的投资方面减少了力度，且幅度很大。

最后，在筹资活动现金流出量中，偿还公司债务支付的现金占比远大于分配股利、利润或偿付利息所支付的现金，故可判断该项现金流出主要还是使用在偿还债务上。

如表 14-9 所示，2011～2015 年贵航股份的现金流量净额基本上是依靠经营活动产生的，只有经营活动现金流量净额均为正数；投资活动产生的现金流量净额是负值，说明其为促进企业本身的发展，在进行一些比较大的投资，而在 2015 年有所减缓，并且连续的扩大投资也需要大量筹资来弥补；筹资活动产生的现金流量净额在 2015 年绝对值最大且为负数，说明流入量小于流出量，企业均在偿还账务，甚至有筹新资还旧债的情况。

表 14-9   贵航股份现金流量表统计分析   单位：万元

项目	2011 年	2012 年	2013 年	2014 年	2015 年
经营活动产生的现金流量净额	4 281	18 081	915	8 888	19 814
投资活动产生的现金流量净额	−14 420	−12 538	−16 129	−5 832	−3 657
筹资活动产生的现金流量净额	3 350	−463	18 878	8 536	−24 039
现金及现金等价物净增加额	−6 790	5 068	3 664	11 595	−7 875

14.5   经营业绩评价

14.5.1   盈利能力分析

盈利能力主要是指企业在一定期间内正常营业状况下能够获取利润的多少，也是企业资本、资金的增值水准。要对公司的盈利能力进行分析，就必须对企业的营业收入、成本费用、利润表结构及趋势进行分析，形成对企业获利能力的一个综合评价。

如表 14-10 所示，2011～2015 年贵航股份销售毛利率处于 20% 上下，说明其销售毛利率水平偏低，利润空间不大。2011～2015 年的营业利润率与销售净利率均在 7.5%以下，甚至 2013 年营业利润率与 2014 年的销售净利率不到 5%，2015 年两者较 2014 年增长不到 1%，说明贵航股份没有进行期间费用控制。2011～2015 年净资产收益率有降有升，总资产报酬率从整体看是下降的，此两项 2015 年较 2014 年增长 1%～2%，这说明贵航股份开始重视资产的利用效率，从而导致其总资产报酬率和净资产收益率在 2015 年均有所升高。

表 14-10　贵航股份主要盈利能力指标　　　　　　单位：%

项目	2011 年	2012 年	2013 年	2014 年	2015 年
销售毛利率	20.85	20.03	18.38	19.36	21.28
营业利润率	7.24	5.84	4.93	5.16	5.76
销售净利率	6.22	5.99	5.28	4.94	5.52
净资产收益率	7.16	6.91	7.51	7.21	8.41
总资产报酬率	31.57	32.36	29.73	27.79	29.41

14.5.2　营运能力分析

企业营运能力分析，是指对企业的资产营运效率与效益进行分析，并以此为基础数据来评价企业的营运能力。

如表 14-11 所示，2011～2015 年贵航股份的总资产周转率连续五年逐年下降，说明总资产的利用效率不够理想。2015 年与上一年的流动资产周转率及固定资产周转率相比，均呈现下降趋势，说明公司的流动资产和固定资产的利用率较上一年有所下降。2015 年的应收账款周转率与之前相比在下降的同时，其周转天数在增长；与之相反的是存货周转率继续上升的同时存货周转天数在减少，可看出贵航股份销售情况有在改善，但这部分可能有赊销力度加强的原因。

表 14-11　贵航股份营运能力指标

项目	2011 年	2012 年	2013 年	2014 年	2015 年
总资产周转率/次	0.97	0.92	0.90	0.88	0.85
流动资产周转率/次	1.46	1.41	1.39	1.31	1.26
固定资产周转率/次	4.62	4.40	4.55	4.81	4.65
应收账款周转率/次	4.97	4.75	4.43	3.78	3.31
应收账款周转天数/天	72.37	75.78	81.23	95.28	108.82
存货周转率/次	3.69	3.56	4.09	4.44	4.47
存货周转天数/天	97.65	101.02	87.99	81.00	80.62

14.5.3　偿债能力分析

企业的偿债能力是指企业用自有资产进行偿还支付债务的保障和能力，标志着企业在此时间段内的财务状况、经营能力，它是企业支付现金、偿还到期债务的能力，也是企业生存和健康发展的关键。

如表 14-12 所示，2011～2015 年贵航股份的资产负债率均为 45%以下，表明其资本结构较为保守。资产负债率比较保守的国际认定标准一般为 50%，大部分认为超过 60%对资本结构和公司的发展比较好。从偿债能力方面来讲，其长期偿债能力还算不错，风险系数不高，但同时也反映出其财务杠杆的运用依然不够。公司流动比率最高为 2012 年的 2.32%,最低为 2014 年的 1.52%,但 2015 年比 2014 年高出 0.12%,相对来说近几年不会有太大波动，1 元的负债有 1.64 元的资产做保障，说明其短期偿债能力比较平稳。速动比率均在 1.1 以上，远高于国际公认标准的 1，同样可表明企业的短期偿债能力较强。

表 14-12　贵航股份偿债能力指标

项目	2011 年	2012 年	2013 年	2014 年	2015 年
资产负债率/%	38.23	37.20	41.72	44.97	41.78
流动比率/%	1.94	2.32	1.93	1.52	1.64
速动比率/%	1.33	1.58	1.46	1.16	1.29
现金比率/%	33.51	50.31	37.36	32.42	30.95
利息支付倍数	1971.09	1091.09	1100.18	643.93	883.91

14.5.4　发展能力分析

企业的发展能力，即企业的成长性，是指企业日常的生产经营活动，扩大自身生产规模，壮大自身实力，持续发展的潜在能力。

如表 14-13 所示，2015 年贵航股份的主营业务收入增长率远低于 2011 年与 2014 年的指标，说明企业 2015 年企业经营状况和市场占有能力不佳。贵航股份 2015 年的总资产增长率相比以前年度（2012 年除外）有大幅度下降的趋势，但总体来讲，也是增长的，说明企业还是在发展的，只不过扩张的速度减缓较多，2011 年和 2014 年应该是市场竞争力强且高速扩张的一年。

表 14-13　贵航股份发展能力指标　　　　　　单位：%

项目	2011 年	2012 年	2013 年	2014 年	2015 年
主营业务收入增长率	15.97	−1.71	4.12	12.77	4.34
净利润增长率	12.93	−5.33	−8.21	5.42	16.58
净资产增长率	6.68	−0.39	5.98	10.00	6.09
总资产增长率	11.82	−2.04	14.19	16.5	0.28

14.5.5　杜邦分析

通过上述分析，虽然我们对贵航股份有了比较详细的了解，但是仅依靠单独分析其中任何一类财务指标，都不能达到全面评价企业的财务状况和企业经营效果的目标。因此，我们需要做的是将若干个用以评价企业经营效率和财务状况的比率按其内在联系有机地结合起来，形成一个完整的指标体系，并最终通过权益收益率来综合反映，即杜邦分析系统。

采用这一系统，可使财务比率分析的层次更清晰、条理更突出，有助于我们全面仔细地了解企业的经营和盈利状况，更加清晰、明确地看到权益基本收益率的决定因素，以及销售净利润与总资产周转率、债务比率之间的相互关联关系。

如表 14-14 所示，2011～2015 年贵航股份净资产收益率总体呈下降趋势，但是 2015 年又有了相对较大的上升趋势。在所有因素中，影响着净资产收益率的关键因素按照重要程度划分，分别为销售净利率、权益乘数。所以应围绕销售净利率这一指标加大管理力度，以提高销售的收益率。

表 14-14　杜邦分析计算表

项目	2011 年	2012 年	2013 年	2014 年	2015 年
净资产收益率/%	7.16	6.91	7.51	7.21	8.41
销售净利率/%	6.22	5.99	5.28	4.94	5.52
总资产周转率/次	0.97	0.92	0.9	0.88	0.85
权益乘数	1.62	1.59	1.72	1.82	1.72

14.6　结论及建议

2015 年是贵航股份在国有企业改革队伍中再度把握了新方向的一年，先是为了充分提高所属企业的经营活力，完成了本年度的大手笔——收购三井华阳汽车配件有限公司 38%的股权，实现了混合所有制的改造。2015 年，贵航股份全面完成年度经营计划目标，营业收入实现了 320 075 万元，同比增长 4.34%；营业利润 18 423 万元，同比增长 16.39%；利润总额 19 401 万元，同比增长 10.63%。在取得经营业绩的同时，我们也应看到贵航股份所面临的挑战和存在的问题。

14.6.1　贵航股份存在的主要问题

1. 过于保守的资产结构

贵航股份作为西部汽车零配件制造业大户，2011～2015 年的流动资产在资产总额中所占的比重较高，均达 62%以上，资产结构较为保守。

2. 相对保守的资本结构

贵航股份 2011～2015 年的资产负债率均稍低于国际公认标准 50%，说明了贵航股份自有资本实力和抗风险的能力不错，但依然没有充分利用财务杠杆来获取利润。

3. 举债经营，风险较大

贵航股份 2015 年没有太多的项目投资和机遇，因此减少了对外、外内的投资力度。2015 年偿还了大部分负债，而筹资活动的现金也基本用于偿还债务，资金实力的增长是依靠较多的所有者权益增长来缓解自身的营运资金压力，一旦市场依然低迷，容易造成恶性循环。

4. 营业成本占比较大，内部控制力度不够

2011～2015 年，贵航股份的营业成本占比均在 80%左右，而公司的营业利润占营业收入的比重仅有 2%～7%，这其中主要是因为管理费用、财务费用等期间费用的增长幅度均远高于营业收入的增长幅度，故使得利润总额基本呈下降趋势，因此，构成公司利润中的营业利润占比较低，说明公司未完全进行内部控制措施，造成最终的成果不佳。

14.6.2　发展建议

1. 利用规模经济效益，加强成本控制

目前全国的汽车零配件市场已接近饱和，成本占比也基本偏高，贵航股份要想打响总成本领先战，就必须充分利用规模经济效益，加强内部控制，发现并减少不必要的成本，重视技术创新，在满足现有产品的同时，挖掘客户的潜在需求，推陈出新。同时注重发展产品的多样性，从中体现自身的特色，创造出难以被模仿的差异，从而削弱对手模仿和学习的能力。

2. 扩宽投资渠道，加大投资力度

在产品市场基本饱和的前提下，贵航股份应进行"开源"，寻求新的投资渠道，加大投资力度，而不应减少投资，不谋发展。只通过筹资维持经营不是长久之计，应加大投资力度，扩展投资项目，优化资产结构。另外，为建立起更加畅通、快速、稳固的销售网络，要缩短渠道长度，结合现在多种销售方式，采取各种现代的营销方式和营销手段开拓市场、扩大销售。

3. 以品牌营销为核心

贵航股份作为军工企业的一员，在现行众多汽车因零配件设计缺陷被召回，影响企业制造商对其品牌的信心不足的阶段，应更加注重自身的品牌形象。同时，以市场为导向，加快自身产品的创新节奏，提高自身产品质量，从而恢复消费者对产品质量的信心和对品牌的信赖，最后达到产业化经营和社会化服务相结合、相配套的终极目标。

蒋星星　周晋兰

第15章 航天电器2015年报告分析

  贵州航天电器股份有限公司（以下简称航天电器）作为国家高新技术型制造生产企业，其发展目标主要是不断壮大其主业。航天电器主要从事高端继电器、连接器和组件线缆的研制生产与技术服务，是我国电子元器件行业高端领域、高端产品研制生产的主要企业之一。本书通过对其2011~2015年的财务报告的分析，发现其不断壮大、经营业绩不断提升的同时，发展同样存在着问题。本章结合财务报表分析框架，运用主要财务指标对其进行分析，提出问题并给予相对应的解决对策。

15.1　公　司　简　介

15.1.1　公司发展历程

  航天电器是经贵州省人民政府黔府函〔2001〕663号文批准，由贵州航天朝晖电器厂（原名"中国江南航天工业集团公司朝晖电器厂"），联合贵州航天朝阳电器厂（原名"中国江南航天工业集团国营朝阳电器厂"）、贵州航天工业有限责任公司、遵义朝日电器有限责任公司、梅岭化工厂、国营风华机器厂、贵州航天凯天科技有限责任公司、上海英谱乐惯性技术有限公司共同发起设立的股份有限公司。2004年7月在深圳证券交易所上市。所属行业为电子元器件制造行业。截至2015年12月31日，公司累计发行股本总数42 900万股，注册资本为42 900万元，总资产规模达到32亿元。

15.1.2　公司经营范围

  航天电器主要从事电器、电机、电源、仪器、仪表、遥测遥控设备、伺服控制系统等产品的研制、生产和销售；自产产品及技术的出口业务；本公司所需的原辅材料、仪器仪表、机械设备、零配件及技术的进口业务（国家限定公司经营和国家禁止进出口的商品及技术除外）。公司可以按国家规定，以各种贸易方式从事进出口业务。产品包括继电器、连接器、电机等系列，产品主要应用于航天、航空、电子、通信等领域，主要从事高端继电器、连接器和组件线缆的研制生产与技术服务，航天电器是我国电子元器件行业高端领域、高端产品研制生产的主要企业之一。公司跨地域、集团化经营，在上海、苏州、泰州、遵义等地有七个子公司，研制生产的高端继电器、连接器、微特电机和电子组件，性能指标优良，部分产品属国内独家开发和生产，在国内同行业中具有较强的竞争优势。公司 80% 以上的产品销售给航天、航空、电子及舰船等领域的高端客户。公司承担了我国载人航天飞行试验和探月工程的配套产品研制任务，为我国航天事业做出了贡献。

15.2　行业现状分析（PEST 模型分析）

15.2.1　政治因素

军工行业作为一个国家长期的重点投入行业，汇聚了一个国家最顶尖的人才和技术，通常先进的科学技术都是首先应用在军事领域，一旦转为民用，则具有很高的外部效益，其中航空航天工程涉及面广、产业链长、附加值高。

军工行业的发展及走向与国家安全、政治军事政策密不可分。近年来，美国亚太战略布局、日本防卫预算增加等一系列国防问题的出现，促使我国国防预算不断增加。2013 年，我国国防预算增长 10.7%，总额为 7202 亿元人民币（约等于 1143 亿美元）。这些问题的出现给国家国防带来威胁的同时也给航天等国防企业带来了发展契机。

15.2.2　经济因素

近年来，国外同行业著名公司看好中国的市场前景，持续加大对国内市场拓展力度，以品牌、技术、规模等优势抢占国内市场，行业竞争日趋加剧。国防研究和生产管理系统进行调整，鼓励民营企业进入国防科技工业领域，非传统军品配套企业正逐步进入军事领域的研究和生产服务，这对传统科研协作配套企业是一种挑战。

电子元器件行业属于技术、劳动密集型产业，受国内经济大环境影响，公司运营成本不断上升，需要进一步加强产品开发、市场营销、供应链及生产管理水平，以巩固和扩大行业竞争优势。

15.2.3　社会因素

航天电器作为电子元器件制造加工型军工企业，其产品不仅供国防安全使用，同样给我国经济发展提供了极大保障。根据航天电器披露的 2015 年报告显示，其产品销售区域主要为华北地区和华东地区，而这两大区域是我国科技发展的排头兵。从社会发展角度来看，航天电器对我国国家经济发展起到了巨大的促进作用。

15.2.4　技术因素

公司在连接器、继电器、微特电机等中高档机电组件领域掌握大量核心关键技术，新技术、新产品为公司业务发展持续注入新动力，进一步巩固和提升了航天电器的市场竞争力。截至 2015 年 12 月 31 日，公司已获得专利授权 637 项，其中发明专利 168 项（含国防专利）。2015 年继续增加研究投资，通过改进对新产品、新技术、新工艺及关键特殊产品的激励政策，采取及时奖励、阶梯式奖励模式，有效地激发研发技术人员对工作的热情和积极性，不断推进公司重点项目，不断取得新的突破及新产品、新工艺的技术创新。

15.3　报　表　分　析

15.3.1　利润表分析

1. 营业收入

如表 15-1 所示，从利润表中很明显可以发现航天电器的净利润中 90% 都是由营业利润所带来的，可见，航天电器的利润构成是比较合理的，说明企业正在健康良性发展。同时 2011～2015 年航天电器营业收入持续上涨，主要原因是公司持续加大重点市场与重点用户开发、优势系列产品推广，拓展公司优势系列产品和新产品的应用领域，产品订货和销售收入均实现较快增长。

表 15-1　航天电器利润表　　　　　　单位：万元

项目	2011 年	2012 年	2013 年	2014 年	2015 年
一、营业收入	86 019	109 416	137 084	160 434	187 343
减：营业成本	49 013	64 767	81 614	99 068	119 519
营业税金及附加	194	287	487	385	434
销售费用	4 246	5 285	6 341	6 464	4 709
管理费用	18 346	22 445	26 816	30 681	33 948
财务费用	−897	−724	−570	−910	−1150
资产减值损失	420	651	1 952	1 493	1 707

续表

项目	2011 年	2012 年	2013 年	2014 年	2015 年
二、营业利润	14 698	16 706	20 446	23 252	28 461
加：营业外收入	2 975	2 642	701	1 323	1 506
减：营业外支出	30	85	49	35	359
三、利润总额	17 642	19 263	21 097	24 540	29 608
减：所得税费用	2 453	2 413	3 037	3 369	3 858
四、净利润	15 189	16 851	18 060	21 171	25 750

2. 管理费用

如表 15-2 所示，研究开发支出占管理费用的比重逐年上升，到 2015 年比重约占一半，原因是公司注重技术创新能力建设，继续加强研发投入力度，加快新产品研发和产品技术更新，稳步提高公司技术创新能力与水平。公司加强科研队伍建设，招聘了很多高学历年轻人才；针对航天、航空、电子、通信等领域的技术发展需求加大了对高速传输、光电传输技术、射频技术、电源连接器、固态继电器、线束组装件等项目的技术研究开发投入；加大对科研设施投入，加快技术改造，提升公司的基础科研能力；加强生产工艺技术的研究并增加相应投入，着力提高半自动化、自动化生产技术研究与投入。

表 15-2　航天电器管理费用明细表

项目	2011 年	2012 年	2013 年	2014 年	2015 年
研究开发支出/万元	7 425	10 122	13 130	14 627	16 468
管理费用总计/万元	18 346	22 445	26 815	30 681	33 948
研究开发支出占管理费用比重/%	40	45	49	48	49

3. 资产减值损失

通过表 15-3 对航天电器 2011～2015 年利润表趋势百分比的分析，可以发现，资产减值损失呈增加趋势，并且增加幅度明显，这对于制造型企业来说并不是好现象。资产减值损失是资产可回收金额低于账面价值，说明企业的设备已经处于更新换代期，或者设备的产出低于设备的投入。作为制造型企业，固定资产主要是机械设备等，一旦设备出现了问题将直接影响企业的产出，导致营业收入的下降。由此可以看出，航天电器虽然主营业务在逐年增加，但未来发展存在潜在的威胁。

表 15-3 航天电器利润表趋势分析   单位：%

项目	2011 年	2012 年	2013 年	2014 年	2015 年
一、营业收入	100	127	159	187	218
减：营业成本	100	132	167	202	244
营业税金及附加	100	148	251	198	224
销售费用	100	124	149	152	111
管理费用	100	122	146	167	185
财务费用	100	81	64	101	128
资产减值损失	100	155	465	355	406
二、营业利润	100	114	139	158	194
加：营业外收入	100	89	24	44	51
减：营业外支出	100	283	163	117	1197
三、利润总额	100	109	120	139	168
减：所得税费用	100	98	124	137	157
四、净利润	100	111	119	139	170

15.3.2 资产负债表分析

资产负债表是反映企业一定日期财务状况的会计报表。通过对资产负债表进行分析，可以了解企业资产规模、资产结构、资本结构。本节根据其资产负债表主要项目及资产结构、资本结构进行分析。

1. 货币资金分析

如表 15-4 所示，航天电器的货币资金比较充足，其数额呈不断上升趋势，2014～2015 年增长较快，2015 年货币资金数额为 816 363 万元，占资产总计的25%，超过了该行业的平均水平。造成这种情况的主要原因是，该公司采用现销方式，没有进行对外投资，造成大量资金留滞企业，没有实现资金的价值最大化，也说明企业经营过于保守。

表 15-4 航天电器共同比资产负债表简表   单位：%

项目	2011 年	2012 年	2013 年	2014 年	2015 年
货币资金	20	18	19	18	25
应收账款	12	16	19	23	21
应收票据	8	11	15	18	20
存货	19	19	15	12	10

续表

项目	2011 年	2012 年	2013 年	2014 年	2015 年
固定资产	25	23	20	19	13
资产总计	100	100	100	100	100
应付账款	65	61	54	57	63
流动负债合计	79	84	81	80	82
非流动负债合计	21	16	19	20	18
负债合计	13	17	20	25	28
股东权益合计	87	83	80	75	72

2. 应收账款分析

随着公司经营业绩提高，销售规模的不断扩大，公司应收账款也逐年上涨。从应收账款质量看，账龄一年以内的应收账款占应收账款总额的 95% 以上，相对稳定，同时公司按相应的会计准则规定，对应收账款足额计提坏账准备，应收账款质量较高；从货款回收情况来看，公司货款回笼正常，符合历年经营规律，并且公司与客户保持长期业务合作关系，交易信用记录较好，公司应收账款产生呆坏账的概率较低。但是由于应收账款的金额巨大，占流动资产比例逐年增加，再加上宏观经济形势发生变化，某些客户可能会因资金周转、经营暂时困难等拖欠公司的货款，由此增加公司呆坏账。

3. 存货分析

航天电器的存货水平从 2012 年开始就逐年下降，在 2015 年下降到 10%，这可能是由于国防装备需求的较快增长，销售量增加，变现能力强，同时少存货对企业资金的周转是十分有益的，减少存货企业就有充足的资金进行产品的投产和其他经营活动。

4. 固定资产分析

航天电器固定资产占资产总计的比重 2011 年为 25%，而 2015 年下降到 13%，下降速度较快；从总体趋势来看，航天电器的固定资产在逐年下降，对于一个制造型且产量逐年增加的企业来说，更好的选择是扩大固定资产的比重，提升经营规模，只有这样企业才能持续发展。

5. 资本结构分析

航天电器的短期借款和长期借款数额为零，说明公司没有对外举债。因为公司没有过多投资与主业不相关且需要大量资金的产业，而且本身拥有大量资金，足够支持企业的运营，所以不需要举债，资本结构过于保守。保守的资本结构虽然不会给企业带来财务风险，但也因此失去了财务杠杆效应，大量的资金闲置，没有使企业资金实现最大价值。在一定程度上这也是企业的一种损失，不利于企业的长久发展。

6. 负债结构分析

如表 15-5 所示，航天电器的负债也是呈逐年增加的趋势。分析其他的负债项目，发现其增加的主要原因是应付账款的大量增加。因此，可以发现应付账款的大幅度增加会对企业的资产负债率产生重要影响。同时，对负债结构分析发现，流动负债合计占比较大，2011~2015 年流动负债占比一直保持在 80%左右，高比例的流动负债率对企业的资金流要求较高，经营产生的资金流直接用来偿还债务，尽管航天电器的货币资金、流动资产占比较大，但也在极大程度上失去了资金的价值最大化的机会。

表 15-5　航天电器资产负债表简表　　　　　　　单位：万元

项目	2011 年	2012 年	2013 年	2014 年	2015 年
货币资金	38 024	39 162	46 034	51 635	81 636
应收账款	24 176	35 480	47 958	64 446	69 419
应收票据	15 791	24 121	37 363	50 870	65 528
存货	37 405	40 939	36 113	34 432	32 007
固定资产	48 564	51 021	48 988	52 553	43 485
资产总计	194 552	220 788	248 103	283 237	323 260
应付账款	12 922	19 767	21 690	32 120	46 376
流动负债合计	19 856	32 385	40 047	56 077	73 740
非流动负债合计	5 411	6 098	9 638	13 713	16 234
负债合计	25 266	38 483	49 685	69 790	89 974
股东权益合计	169 286	182 304	198 418	213 447	233 285

15.3.3　现金流量表分析

现金流量表是用来反映企业一定会计期间内，现金和现金等价物流入流出企业的报表。分析现金流量表，关键是看企业来自经营活动的现金流量净额，最理想的现金流量是由经营活动所带来的现金流量净额为正数。经营活动现金流量净额为正数说明企业销售商品、提供劳务收到的现金足以抵补经营活动的日常开销，并有剩余的现金流量用于偿还债务或进行投资。通过分析现金流量净额表可以了解企业的收支和偿债能力，了解企业的现金流量净额并预测企业未来的现金流量净额。通过相关指标的计算还可以进一步了解现金流量的充裕程度。

如表 15-6 所示，通过对现金流量净额的分析发现，自 2011 年以来由经营活动所带来的现金流量净额呈上升趋势，其中 2015 年增加幅度巨大，这主要是由于 2015 年主营业务收入大幅增加，由销售商品、提供劳务所带来的现金流量净额相比 2014 年有更大幅度提升，同时分析其 2015 年现金流量表也可以发现，2015 年收到的税费返还金额达到 700 多万元。总体来看，由经营活动所带来的现金流在近期足以弥补由筹投资所支付的现金，总体企业经营良好。

表 15-6　航天电器现金流量净额　　　　　单位：万元

项目	2011 年	2012 年	2013 年	2014 年	2015 年
经营活动产生的现金流量净额	−1915	11 203	10 764	13 531	41 183
投资活动产生的现金流量净额	−12 082	−6 227	−1392	−4 290	−5 814
筹资活动产生的现金流量净额	−3 610	−3 839	−2 501	−3 640	−5 367
现金及现金等价物的净增加额	−17 607	1 138	6 871	5 601	30 001

如表 15-7 所示，从现金净流量净额结构百分比分析来看，长久以来，航天电器的现金流入结构构成主要是由经营活动所带来，可以看出航天电器是一家严格按照主业来发展的企业，投资、筹资占比一直较小，没有进行相应的扩张发展，显然是一家相对比较保守的企业。考虑到航天电器的国有企业性质，就不难理解其经营与发展模式，但是在当今企业竞争激烈的境况下，又加上经济大环境不景气，任何性质的企业想要发展都必须进行变革，拓宽发展的道路，这样才不至于被社会所淘汰。所以由此来看，航天电器的发展任重而道远。

表 15-7　航天电器现金流量净额结构百分比计算表　　　单位：%

项目	2011 年	2012 年	2013 年	2014 年	2015 年
经营活动现金流入小计	125.67	97.97	88.31	92.33	84.63
投资活动现金流入小计	1.57	0.84	4.15	1.59	0.50
筹资活动现金流入小计	0.00	0.00	2.29	2.38	0.86
现金及现金等价物的净增加额	−27.25	1.19	5.25	3.70	14.01

15.4　经营业绩评价

15.4.1　盈利能力分析

如表 15-8 所示，可以看出，航天电器销售毛利率处于较高水平，2011 年航天电器销售毛利率高达 43.02%，为航天电器提供了较大的利润空间，但此后四年销售毛利率呈下降趋势，逐年递减，到 2015 年销售毛利率下降至 36.20%。而营业利润率和销售净利率也是呈下降趋势，营业利润率在 2015 年有所回升，这说明航天电器的期间费用控制不够理想。净资产收益率和总资产收益率呈上升趋势，说明航天电器资产利用效率慢慢提高。

表 15-8　航天电器盈利能力指标　　　　　　单位：%

项目	2011 年	2012 年	2013 年	2014 年	2015 年
净资产收益率	9.83	10.19	10.73	11.40	11.89
总资产收益率	7.93	8.11	7.70	7.97	8.49
销售净利率	15.84	14.04	12.81	12.68	12.45
销售毛利率	43.02	40.81	40.46	38.25	36.20
营业利润率	17.09	15.27	14.91	14.49	15.19

15.4.2　营运能力分析

如表 15-9 所示，航天电器 2011～2015 年总资产周转率逐年上升，表明总资产的利用效率提高。流动资产周转率与固定资产周转率 2011～2015 年也有不同程度的上浮，说明流动资产与固定资产的利用效率提高。应收账款周转率从 2011 年开始逐年下降，应收账款周转天数从 2011 年开始逐年上涨，到 2015 年高达 128.62 天，说明债务人拖欠时间越来越长，资信度降低，增加了发生坏账损失的风险；同时也说明公司催收账款能力下降，使资产形成了呆账甚至坏账，造成了流动资产停滞不流动，也表明该公司可能通过给予客户过于宽松的付款条件以促进销售。存货周转天数呈现缩短趋势，这与高新技术行业的特点密切相关，产品更新换代快，销售速度快。

表 15-9　航天电器营运能力指标

项目	2011 年	2012 年	2013 年	2014 年	2015 年
总资产周转率/次	0.45	0.53	0.58	0.60	0.62
流动资产周转率/次	0.69	0.80	0.84	0.82	0.79
固定资产周转率/次	2.10	2.19	2.73	3.14	3.87
应收账款周转率/次	3.81	3.67	3.29	2.85	2.80
应收账款周转天数/天	94.39	98.14	109.56	126.11	128.62
存货周转率/次	1.46	1.65	2.12	2.81	3.60
存货周转天数/天	246.22	217.73	169.94	128.17	100.06

15.4.3　偿债能力分析

如表 15-10 所示，航天电器 2011~2015 年连续五年的资产负债率均低于 30%，说明资本结构较保守，一般来说资产负债率不高于 50% 视为比较保守，国际上通常认为 60% 比较好。仅从偿债能力来看，航天电器长期偿债能力很强，但同时也反映出航天电器不擅长使用财务杠杆。但是航天电器资产负债率逐年上升，说明公司也认识到资本结构保守，开始有意识地提高资产负债率。航天电器流动比率由 2011 年的 6.29% 下降到 2015 年的 3.53%，下降速度快，但是仍然超过了国际公认标准 2%；速动比率由 2011 年的 4.41% 下降到 2015 年的 3.10%，下降速度平缓（2013 年有所上升），但是也超过了国际公认标准 1%，说明该公司资金比较充足，短期偿债能力很强，债务风险很低。

表 15-10　航天电器偿债能力指标　　　　　单位：%

项目	2011 年	2012 年	2013 年	2014 年	2015 年
流动比率	6.29	4.57	4.43	3.82	3.53
速动比率	4.41	3.31	3.53	3.20	3.10
资产负债率	12.99	17.43	20.03	24.64	27.83

15.4.4　发展能力分析

如表 15-11 所示，航天电器经营增长状况指标有所下降，但整体趋势是上升的，说明 2011~2015 年航天电器经营业绩较好，发展势头良好。航天电器 2011~2015 年总资产增长率总体呈上升的趋势，但主要是流动资产所占比例持续上涨，固定资产并没有显著增加，这对企业的未来经营来说并不是十分利好的信息。航天电器资产的增长主要来自股东权益的增长，股东权益的增长来自留存收益的增长，表明航天电器发展前景较好。

表 15-11　航天电器发展能力指标　　　　　单位：%

项目	2011 年	2012 年	2013 年	2014 年	2015 年
营业收入增长率	26.96	27.20	25.29	17.03	16.77
净利润增长率	16.40	10.94	7.18	17.22	21.63
净资产增长率	7.34	7.69	8.84	7.57	9.29
总资产增长率	3.28	13.48	12.37	14.16	14.13

15.5　结论及建议

国家信息产业规划鼓励新型机电组件的发展，公司研究开发的项目属于新型机电组件，列入重点支持产品。随着国内经济转型过程中战略新兴产业的崛起，工业领域网络化、智能化呈快速发展趋势，给电子元器件行业带来新的发展机遇。随着新一代信息技术产业、先进装备制造业的发展，对基础元件需求持续增加，而且对技术性能、品质、种类等都提出更高要求，驱动机电基础产品行业的快速发展。国内行业厂家的产品技术稳步提升，与国外产品技术和标准的差距正在不断缩小。近年来，航天电器经营稳健，重视新技术、新产品研发投入，但在发展过程中出现的如下问题应引起重视。

15.5.1　存在的问题

1. 资产结构过于保守

航天电器作为电子元器制造业，其流动资产在资产总额中所占的比重较高，由 2011 年的 75%上升到 2015 年的 87%，其资产结构较为保守。保守型资产结构的优势是，在企业面临应付债务到期时，可以通过资产较强的流动性和变现能力来渡过难关，同时其拥有的大量存货可以为企业的生产和销售提供保障，使企业面临的风险较小。

其缺点是，流动资产占用了大量的资金，增加了资金的机会成本，不利于加快资金的流动，导致企业资本利润率相对较低。

2. 过于保守的资本结构

航天电器 2011～2015 年资产负债率虽然一直在上升，2015 年为 27.83%，但均低于 30%，扣除预收款项后航天电器 2011～2015 年资产负债率由 11%上升涨到27%，而国际公认标准资产负债率为 50%，说明该公司资本结构较为保守，同时也表明航天电器没有充分利用财务杠杆。

3. 大量货币资金闲置，资产利用效率较低

2015 年航天电器资产总额 32 亿元，其中货币资金高达 8 亿元，表明航天电器的现金持有量非常充足，有很强的支付能力和偿债能力，但也预示其闲散资金比较多，资产利用效率不高，导致资产周转率和投资报酬率均呈现下降趋势。

4. 发展规模即固定资产投入较小

航天电器固定资产占总资产的比重 2011 年为 25%，而 2015 年下降到 13%，从总体趋势来看，航天电器的固定资产在逐年下降，对于一个制造型且产量逐年增加的企业来说，更好的选择是加大固定资产的比重，提升经营规模，只有这样企业才能持续发展。

5. 销售毛利率下降

航天电器 2011～2015 年销售毛利率由 43.2% 下降到 36.20%，可能是因为该公司的产品为高新技术产品，产品更新换代快，技术含量高，同行业竞争激烈导致航天电器产品竞争力下降，迫使产品价格下降，从而销售毛利率下降。

15.5.2　解决对策

1. 让沉睡在银行的资金苏醒，发挥其作用，提升盈利能力

2011～2015 年航天电器采取的是保守的经营策略，拥有大量的闲置资金，保守的资产结构对应保守的资本结构。因此，航天电器应该改变保守的经营策略，将现金资产转化为非现金资产，增加公司的资产盈利能力。

2. 加大对固定资产的投入

对于一家电子元器制造业公司来说，随着公司的经营规模扩大，相应的固定资产的比重也是在增加的，但是，航天电器的固定资产却在逐年下降。因此，航天电器应扩大固定资产的比重，提升经营规模，这样企业才能持续发展。

3. 加大研发，提升科技实力

在当今快速发展的时代，以高新技术为导向，产品研发、更新换代快，任何企业如果固守自封，不进行创新，那么给企业带来的损失或风险将会是巨大的，很快就会被市场淘汰掉。对于航天电器来说，电子元器是其主要高新技术产品，要想在市场中占主导地位，就要加大对科研的投入，提高自身的产品优势，只有这样，才能在市场中占有一席之地，不会被同行业的产品超越。

参 考 文 献

陈科. 2009. 制造型供应链绩效建模分析研究与实践[J]. 机械制造及其自动化，(9)：17-20.

代君利. 2008. 连接器厂商借势 CEF 展雄风[J]. 中国电子商情，(5)：46-48.

蒋志坚. 2010. 深圳盛凌电子股份有限公司发展战略研究[D]. 广州：中山大学.

路艳辉. 2008. 大国崛起利好航天军工板块[J]. 私人理财,(6):20-23.

任建华. 2006. 贵州航天电器股份有限公司管理存在的问题及建议[J]. 沿海企业与科技,(2):72-74.

王田苗. 2003. 机器人技术与先进制造装备战略研究[J]. 机器人技术与应用,(5):7-13.

王雅芳. 2002. 造纸行业上市公司最新动态[J]. 造纸信息,(2):15-17.

原维亮. 2009. 从山尖尖儿上助力奔月的功勋团队[J]. 中国军转民,(6):50-54.

朱建军. 2010. 在数控机床上零件某特征中心坐标的找定法[J]. 新技术新工艺,(3):99-101.

沈莉惠　周晋兰

第16章 天成控股 2015 年报告分析

本章以贵州长征天成控股股份有限公司（以下简称天成控股）为例，主要站在企业的角度，从相关的理论介绍到应用的现状分析。首先，简述财务报表的概念、作用等；其次，提出对财务报表分析所采用的方法，详细分析了如何利用比率分析方法对各种财务报表进行分析；最后，根据分析得出了相应的结论，对天成控股的财务状况和经营成果进行评价和剖析，以反映企业在运营过程中的利弊得失、财务状况及发展趋势，为改进企业财务管理工作和优化经济决策提供重要的财务信息。

16.1 公 司 简 介

天成控股是贵州省遵义市的一家上市公司，李勇任是公司法人代表，天成控股注册资本约人民币 11 400 万元，天成控股是 20 世纪 60 年代从上海市内迁入贵州省遵义市的中央直属企业，是我国原五大电器生产基地之一。天成控股于 1997 年在上海证券交易所挂牌上市，股票代码为 600112。公司旗下拥有很多家控股和全资子公司及两个省级企业技术中心，公司员工超过 1000 人。天成控股是专业从事无励磁分接开关和变压器有载分接开关研发、制造、销售和服务于一体的高新技术企业。

天成控股属于电气机械及器材制造业，是中国西南地区大型的工业电器生产企业，自 1997 年上市以来，已形成电气设备、互联网金融、矿产资源开发三大产业格局。天成控股是中国知名的电气设备制造商，拥有能够提供移动互联金融服务的第三方支付公司，是贵州省重要的矿产资源整合平台。

（1）电气设备是整个公司经营战略的核心产业，多年来为公司带来持续可观的收益。在传统制造业面临成本上升和产业结构升级、竞争加剧的背景下，公司通过加大自主创新力度、增强核心技术竞争力来提高产品附加值，进一步巩固公司电气设备在行业中的优势地位。

（2）互联网金融是使公司实现产业结构升级战略的一种重要体现。公司拥有了中国人民银行颁发的第三方支付许可证，通过参与各个地方智慧城市建设，可以为市民提供便民支付和互联网金融服务。现在数据化服务平台业务已在保定、遵义、临汾等多家城市落地，并且今后要在试点城市总结经验，形成可供全国其他城市复制的商业模式。

（3）矿产资源的开发是未来经营战略规划的轴心。新兴产业规模迅速增长，进而稀有金属需求量将快速提高，此时，公司应该抓住机遇。近年来，公司整合了多处钼镍矿资源，并且通过资产置换方式成功实现了非洲的锆钛矿资源开发。矿产资源的开发将有利于改善公司资产质量和财务状况，并且能助推公司持续稳定发展。

16.2　核心竞争力分析

天成控股于 1997 年在上海证券交易所上市，是一家专业生产高、中压电器元件的国家大型一档企业，还是中国西南地区大型的工业电器生产基地之一，并且拥有广西最大固封式真空断路器与高压成套设备生产基地。目前公司已形成以电气设备、金融及矿业开发三大产业为支柱的产业集团。报告期内，公司的核心竞争力主要表现在以下几点。

16.2.1　产品优势

高压领域，公司有载分接开关销售量世界第三，中国国内市场占有率第二；中压领域，公司固体绝缘开关柜等产品荣获国家级和省级科学技术进步奖、国家级新产品奖、国家级和省级名牌产品等多项荣誉，并且与国家电网公司直属的山东电工电气集团有限公司及美国通用电气公司等跨国企业形成了良好的合作关系。互联网金融领域，公司拥有中国人民银行颁发的第三方支付许可证，这使公司在互联网金融领域具有竞争优势，公司通过牵手国内金融机构为本业务提供了业务保障；通过签约智慧城市为本业务的实施提供了市场切入口；通过建立小微金融服务网点、融合支付平台并利用移动智能终端，提供了丰富的金融借贷和理财增值服务。这些互联网金融服务为消费者提供了一站式便捷服务，并且迅速提升了小微商户经营的效率与收入。

16.2.2　区位政策优势

公司注册地为贵州省遵义地区，目前，公司主要的控股企业享受了国家关于西部大开发税收政策优惠。2012 年 1 月 12 日，国务院印发的《国务院关于进一步促进贵州经济社会又好又快发展的若干意见》（国发〔2012〕2 号）文件，明确要从基础设施、城镇化、社会服务、体制改革等方面促进贵州省又好又快地发展，贵州省企业迎来一轮难得的投资发展机遇。公司互联网金融事业部办公地位于北京市海淀区——国内互联网和金融政策扶持力度最大的地区之一。

公司将进一步争取获得政府对公司未来发展的支持，进一步抓住区位政策为公司发展创造的良好机遇。

16.2.3 管理团队

一个好的管理团队决定了一个企业的发展，天成控股有着由业界管理精英、多位资深专家、博士组成的高素质的优秀团队，而且拥有较丰富的投资、经营管理经验的人才来管理。这必然能使企业发展得更好。中国银联、互联网与电子商务领域的人才组合成了互联网金融团队核心成员，并且他们均具备多年相关行业经验。他们对互联网、金融支付、电子商务、社区消费、消费商业模式、用户体验等均具有很深刻的理解与研究。其中，来自国内领先的互联网企业及专业电子商务平台的人才组成了天成控股的运营团队，他们拥有丰富的技术开发、网络运营、渠道建设与客服督导经验。

16.3 行业现状分析

16.3.1 电气设备制造行业

为加快配电网建设改造、推进转型升级、服务经济社会发展，国家能源局于2015 年 7 月 31 日发布了《配电网建设改造行动计划（2015—2020 年）》，政府通过实施配电网建设改造行动计划，有效加大了配电网资金投入。2015～2020 年，配电网建设改造投资不低于 2 万亿元，其中，2015 年投资不低于 3000 亿元，"十三五"期间累计投资不低于 1.7 万亿元。预计到 2020 年，高压配电网变电容量将达到 21 亿千伏安、线路长度达到 101 万公里，分别是 2014 年的 1.5 倍、1.4 倍；中压公用配变容量达到 11.5 亿千伏安、线路长度达到 404 万公里，分别是 2014年的 1.4 倍、1.3 倍。电力变压器作为发电行业必备的输配电设备，其需求量与电网投资规模密切相关，公司作为变压器厂商的上游供应商，其高压电气设备将在电网改造带来的发展机遇中获得较大的发展空间。同时，随着国家政府加大对配电网建设改造的力度和投入，也将直接影响中压电气成套设备行业的市场需求情况，公司的中压电气设备正面临着更大的需求增长。

16.3.2 互联网金融行业

金融领域，国家从政策方面逐渐对民营资本放开准入门槛。中共十八届三中全会期间发布的《中共中央关于全面深化改革若干重大问题的决定》，对国有企业改革做出全面部署，提出"允许更多国有经济和其他所有制经济发展成为混合所有制经济"。近年来，银行、证券、基金、期货、保险等金融领域都在不同程度地推行混合所有制改革，扩大对内、对外的开放，支持社会资本准入，鼓励民营资本参与国有金融企业的改革，逐渐放宽各类资本的准入条件。这些政策和措施为民营资本进入金融各领域、获取金融相关牌照创造了良好的基础环境，天成控股也将抓住机遇大力实施金融产业战略规划，打造综合性的金融集团公司。

互联网金融方面，相关技术的迅速发展深深影响并改变着传统金融经营业态和格局。但近年来由于监管规则不够完善，一些公司出现违规经营甚至诈骗等不良行为，影响了互联网金融行业的良性发展。2016 年 4 月 14 日国务院组织 14 部委召开会议，在全国范围内启动了为期一年的互联网金融专项整治，并出台《互联网金融风险专项整治工作实施方案》。专项整治有助于去伪存真、优胜劣汰，使整个互联网金融行业更加有序和规范。天成控股作为正规合法的上市企业，必将因此获得更为广阔而良好的发展空间。

16.3.3 矿产资源开发产业

天成控股的矿产资源开发主要为锆钛矿和钼镍矿两方面。锆钛矿由于其特殊的金属特性，被广泛应用于精密铸造、高级耐火材料、航空航天、化工等行业。近年来，国际市场锆钛矿的价格波动较大，中国国内锆钛资源有限，而需求量不断增大。锆钛矿的开发，不但对于带动莫桑比克的经济发展具有重要的意义，而且对于缓解中国国内矿产资源的短缺现状具有现实和长远的经济意义。

钼镍矿方面，中国镍资源储量只占世界储量的 3.7%，其特点是分布不均衡，优质资源少。2015 年 10 月国际镍业研究组织发布报告称，由于中国的镍消费量增加，全球镍市场将转为供需缺口。

16.4 报 表 分 析

16.4.1 利润表分析

1. 净利润分析

净利润是指企业所有者最终取得的财务成果或可供企业所有者分配使用的财务成果。如表 16-1 和表 16-2 所示，天成控股 2015 年实现净利润为–17 659.10 万元,比上一年下降了 1210%;2014 年实现净利润 1591.12 万元,比上年增加了 119%;2013 年实现净利润 727.89 万元,比上年减少了 90%;2012 年实现净利润 7485.11 万元,比上年增加 16%;营业收入 2015 年比 2014 年增加了 37%。从水平分析来看,公司净利润下降主要是利润总额 2015 年比 2014 年减少了 19 708.14 万元引起的。

表 16-1　天成控股利润表　　　　　　　　单位:元

项目	2011 年	2012 年	2013 年	2014 年	2015 年
一、营业收入	474 120 679.01	826 083 082.32	654 631 311.12	489 162 640.60	670 347 407.00
减:营业成本	283 158 794.88	582 119 339.43	438 922 035.00	285 283 500.41	482 050 958.89
营业税金及附加	4 610 741.58	4 255 741.24	5 204 054.15	4 577 260.40	4 582 802.31
销售费用	70 421 523.61	96 887 395.03	74 547 393.23	68 480 544.17	88 468 145.21
管理费用	69 383 643.47	92 287 974.65	94 832 684.23	98 539 267.32	85 264 858.84
财务费用	15 319 516.65	51 684 109.85	80 526 063.49	63 271 631.47	59 818 991.24
资产减值损失	16 642 726.62	22 189 197.89	12 877 997.63	17 439 292.38	136 838 754.96
投资收益	7 377 028.98	7 106 421.94	1 052 978.13	66 354 980.33	9 284 192.22
二、营业利润	21 960 761.18	−16 234 253.83	−51 225 938.48	17 926 124.78	−177 392 912.23
加:营业外收入	66 793 956.61	94 151 466.51	13 422 697.42	7 038 656.41	12 293 516.64
减:营业外支出	2 249 630.94	414 972.04	949 160.03	154 217.09	7 171 413.99
三、利润总额	86 505 086.85	77 502 240.64	7 149 394.62	24 810 564.10	−172 270 809.58
减:所得税费用	21 735 948.83	2 651 170.48	−129 502.60	8 899 369.15	4 320 145.67
四、净利润	64 769 138.02	74 851 070.16	7 278 897.22	15 911 194.95	−176 590 955.25

表 16-2　天成控股利润表趋势分析　　　　　　　单位:%

项目	2012 年	2013 年	2014 年	2015 年
一、营业收入	74.23	−20.75	−25.28	37.04
减:营业成本	105.58	−24.60	−35.00	68.97
营业税金及附加	−7.70	22.28	−12.04	0.12
销售费用	37.58	−23.06	−8.14	29.19
管理费用	33.01	2.76	3.91	−13.47
财务费用	237.37	55.80	−21.43	−5.46
资产减值损失	33.33	−41.96	35.42	684.66
投资收益	−3.67	−85.18	6201.65	−86.01
二、营业利润	−173.92	215.54	−134.99	−1089.58

续表

项目	2012 年	2013 年	2014 年	2015 年
营业外收入	40.96	−36.99	−47.56	74.66
减：营业外支出	−81.55	128.73	−83.75	4550.21
三、利润总额	−10.41	−90.78	247.03	−794.34
减：所得税费用	−87.80	−104.88	−6971.96	−51.46
四、净利润	15.57	−90.28	118.59	−1209.85

2. 利润总额分析

利润总额是反映公司全部财务成果的指标，它不仅反映公司的营业利润，而且反映公司的营业外收支情况。如表 16-1 和表 16-2 所示，公司利润总额 2015 年比 2014 年减少 19 708.14 万元，尽管 2015 年营业收入比 2014 年增加了 18 118.48 万元，增加幅度达 37%，但是未能弥补期间费用增加所导致营业利润减少的额度。

3. 营业利润分析

营业利润反映了公司自身生产经营业务的财务成果。它是指公司营业收入与营业成本、期间费用、资产减值损失、资产变动净收益之间的差额。如表 16-1 和表 16-2 所示，2015 年公司营业利润比 2014 年下降了 19 531.90 万元，下降幅度为 1089.58%，关键原因是 2015 年公司的资产减值损失数额巨大，这一年资产减值损失高达 13 683.88 万元，比上一年的资产减值损失上涨了 11 939.95 万元，上涨幅度达到 684.66%。而 2014 年与 2013 年还有 2012 年、2011 年这几年中资产减值损失变化不算大。2014 年与 2013 年的营业利润之间的变化主要原因是投资收益的影响，2014 年比 2013 年的投资收益增加了 6530.20 万元，使得 2014 年的营业利润比 2013 年高出了 6915.21 万元。通过 2013 年与 2012 年的营业利润的比较可以发现，这两年主要是由于 2013 年的营业收入比 2012 营业收入减少了 17 145.18 万元，营业收入大小直接影响着营业利润的情况，使得 2013 年与 2012 年的营业利润相差很大。通过 2012 年与 2011 年数据分析对比可以得出，由于 2012 年天成控股在进行扩建，收购了一些公司，所以三大期间费用相比增长很多，影响了营业利润。

4. 利润结构变动分析

表 16-3 是天成控股报告期内各项财务成果的构成情况。其中，营业利润占营业收入的比重分别为 4%、−2%、−7%、4%、−27%，2015 年度比上年度的营业利

润明显下降。由此可见，从利润构成情况上看，天成控股 2015 年的盈利能力较上年有所下降。

表 16-3　天成控股利润表结构百分比分析　　　　单位：%

项目	2011 年	2012 年	2013 年	2014 年	2015 年
一、营业收入	100	100	100	100	100
减：营业成本	60	70	67	58	72
营业税金及附加	1	1	1	1	1
销售费用	15	12	11	14	13
管理费用	15	11	14	20	13
财务费用	3	6	12	13	9
资产减值损失	4	3	2	4	20
投资收益	2	1	0	14	1
二、营业利润	4	−2	−7	4	−27
营业外收入	14	11	9	1	2
减：营业外支出	0	0	0	0	1
三、利润总额	18	9	5	5	−26
减：所得税费用	5	0	0	2	1
四、净利润	13	9	1	3	−27

5. 成本费用水平

天成控股 2011～2015 年的营业成本占营业收入的比重在 2015 年达到最高，主要是所有产品的成本增加导致的，销售费用与管理费用每年的占比在 10%左右，但是 2014 年的管理费用增加到 20%，这是由于天成控股进行了扩张。财务费用在 2013 年与 2014 年均在 13%左右，这是由于天成控股在这两年进行了公司规模的扩张，短期借款比较多，产生的财务费用比较大。由此可见，天成控股的成本费用水平整体较低，但产品成本利润水平却有待进一步加强。

16.4.2　资产负债表分析

1. 从投资或资产角度分析

如表 16-4 所示，天成控股 2011～2013 年资产总计一直在增长，增长最高为

2013 年，与 2012 年相比，增幅为 22%，2015 年与 2014 年资产规模有较小幅度的减少。

表 16-4　天成控股资产负债表　　　　　单位：元

项目	2011 年	2012 年	2013 年	2014 年	2015 年
货币资金	334 765 540.10	232 681 088.66	509 162 288.46	258 703 286.34	122 012 872.67
应收票据	16 296 500.00	129 623 721.58	138 310 271.25	90 606 605.40	89 496 524.48
应收账款	57 324 283.18	244 550 169.87	320 774 388.63	285 579 373.34	240 615 946.43
预付款项	230 511 142.53	381 082 078.37	405 977 519.15	287 171 974.00	56 626 709.38
应收股利	8 813 601.49	8 813 601.49	12 113 601.49	10 163 601.49	5 850 000.00
其他应收款	30 157 456.60	105 924 465.86	132 269 262.25	162 308 248.42	129 570 326.00
存货	29 498 196.90	246 758 202.61	262 714 465.51	165 008 618.91	190 928 200.48
其他流动资产	9 690 257.96	—	9 990 542.94	163 956.71	519 063.20
流动资产合计	717 056 978.76	1 349 433 328.44	1 791 312 339.68	1 259 705 664.61	835 619 642.64
可供出售金融资产	—	—	15 567 000.00	573 295 441.01	654 985 041.01
长期股权投资	875 665 723.86	88 749 846.13	70 935 824.26	76 003 176.44	80 457 368.66
固定资产净额	26 398 548.13	467 149 714.83	492 067 070.99	313 081 461.74	353 849 597.90
在建工程	115 052 192.90	154 196 054.15	168 691 130.31	30 966 369.04	32 740 394.47
无形资产	42 385 650.37	317 989 924.90	335 795 648.88	259 604 664.72	277 908 241.58
开发支出	24 000.00	102 647 258.38	108 202 603.72	51 087 737.48	54 239 465.60
商誉	—	7 555 525.69	39 818 179.07	39 818 179.07	39 818 179.07
长期待摊费用	—	—	—	121 951.09	121 385.32
递延所得税资产	16 228 743.29	29 209 840.08	41 997 145.16	29 731 429.19	30 250 462.25
其他非流动资产	—	—	—	—	19 000 000.00
非流动资产合计	1 075 754 858.55	1 167 498 164.16	1 273 074 602.39	1 373 710 409.78	1 543 370 135.86
资产总计	1 792 811 837.31	2 516 931 492.60	3 064 386 942.07	2 633 416 074.39	2 378 989 778.50
短期借款	110 000 000.00	159 000 000.00	598 000 000.00	468 000 000.00	816 400 000.00
应付票据	6 491 000.00	97 829 337.11	153 813 701.46	46 210 000.00	77 520 000.00
应付账款	29 476 405.53	267 940 614.53	298 370 207.13	153 407 709.72	177 146 383.20
预收款项	173 131 227.66	13 970 373.40	11 070 836.87	12 787 467.72	11 281 581.71
应付职工薪酬	84 057.96	325 154.20	427 808.73	1 021 326.04	2 377 410.81
应交税费	3 381 122.08	9 525 971.05	6 806 906.52	21 161 140.26	8 686 976.56
应付利息	4 817 904.91	4 923 324.63	—	—	—
应付股利	—	—	894 994.00	64 090.00	—
其他应付款	67 884 154.10	55 071 409.57	69 019 864.24	53 718 808.43	70 660 767.60

续表

项目	2011 年	2012 年	2013 年	2014 年	2015 年
一年内到期的非流动负债	—	8 000 000.00	30 000 000.00	548 900 000.00	217 506.00
其他流动负债	—	3 551 431.48	3 859 158.36	3 267 932.94	3 513 038.56
流动负债合计	458 780 355.07	620 137 615.97	1 172 263 477.31	1 308 538 475.11	1 167 803 664.44
长期借款	45 140 908.00	236 922 726.00	625 654 544.00	435 688.00	—
应付债券	390 420 091.32	393 753 424.65	—	—	—
专项应付款	1 774 884.07	1 774 884.07	1 774 884.07	1 774 884.07	1 774 884.07
递延收益	—	—	46 743 993.92	23 085 789.17	18 017 654.88
递延所得税负债	—	31 939 325.00	31 939 325.00	31 939 325.00	31 939 325.00
其他非流动负债	—	51 125 672.13	—	—	—
非流动负债合计	437 335 883.39	715 516 031.85	706 112 746.99	57 235 686.24	51 731 863.95
负债合计	896 116 238.46	1 335 653 647.82	1 878 376 224.30	1 365 774 161.35	1 219 535 528.39
实收资本（或股本）	424 337 372.00	509 204 846.00	509 204 846.00	509 204 846.00	509 204 846.00
资本公积	420 731 197.10	324 045 023.96	324 045 023.96	392 311 048.57	463 260 365.12
盈余公积	22 848 279.75	22 848 279.75	22 848 279.75	22 848 279.75	22 848 279.75
未分配利润	28 778 750.00	325 179 695.07	329 912 568.06	343 277 738.72	164 140 759.24
归属于母公司股东权益合计	896 695 598.85	1 181 277 844.78	1 186 010 717.77	1 267 641 913.04	1 159 454 250.11
所有者权益合计	896 695 598.85	1 181 277 844.78	1 186 010 717.77	1 267 641 913.04	1 159 454 250.11
负债和所有者权益总计	1 792 811 837.31	2 516 931 492.60	3 064 386 942.07	2 633 416 074.39	2 378 989 778.50

（1）公司 2015 年比 2014 年流动资产减少了 42 408.60 万元，下降幅度为 34%，使总资产规模下降了 10%，可以看出流动资产占了总资产流动的一大部分。公司非流动资产 2015 年比 2014 年增加了 16 965.97 万元，上升幅度为 12%，主要是其他非流动资产净额增加了 1900 万元和固定资产净额增加了 4076.81 万元等，所以使资产规模降低了 10%。非流动资产的变动主要体现在下面三个方面：一是固定资产净额的增长；二是无形资产的增长；三是长期股权投资的增长。2011 年比 2010 年公司在建工程增加了 24 292.48 万元，那是由于在 2011 年的时候公司进行了扩建，在 2013 年达到预定使用状态转成固定资产，使得 2014 年的固定资产增加。

（2）2015 年公司总资产的变化主要原因是在流动资产减少上。仅从这一减少变化来看，虽然公司资产的流动性有所减弱，但其实总体变化幅度不大。虽然公司流动资产各个项目都有不同程度的增减变动，但其减少变化主要体现在两个方面：一是预付账款大幅变化。2015 年比 2014 年其他应收款减少了 3273.79 万元，减少幅度达 20%。公司于 2015 年加强其他应收款的催收，定期存款增加，其他应收款减少，而应收账款 2015 年比 2014 年减少了 4496.34 万元，减少幅度为 16%，应收账款的减少除加强应收账款催收力度外，主要是由于 2015 年销售收入减少，还有就是预付账款 2015 年比 2014 年减少了 23 054.53 万元，减幅高达 80%；预付账款 2014 年比 2013 年减少了 11 880.55 万元，减幅达 29%；2013 年比 2012 年预付账款增加 2489.54 万元，增幅 7%；预付账款 2012 年比 2011 年增加了 15 057.09 万元，增幅为 65%。其他应收款与预付账款增幅比较大，因此，该项目应结合公司销售规模变动及收账政策等进行评价。二是存货的减少。公司 2014 年比 2013 年存货减少了 9770.59 万元，减少幅度为 37%。

（3）公司非流动资产的变动主要体现在以下两个方面。第一，2015 年固定资产净额增加。固定资产净额 2015 年比 2014 年增加了 4076.81 万元，增加幅度为 13%，但其增加主要是 2015 年固定资产正常折旧，处置部分生产设备，以及将部分办公楼和生产基地改为出租而转为投资性房地产所致，而本期累计折旧增加 1864.25 万元，增幅为 21.65%，对总资产的影响为 2.14%，是非流动资产中对资产变动影响最大的项目，但这种变化对公司的生产能力不会有太大的影响，只是固定资产新旧程度有些差异而已。第二，公司 2014 年比 2013 年固定资产净额减少了 17 898.56 万元，减少幅度为 36%，对总资产的影响为 1.73%；在建工程 2014 年比 2013 年减少 13 772.48 万元，减少幅度为 82%，使总资产减少 1.95%，这主要是 2014 年办公楼、基地基本建设及基地大型设备转入固定资产所致。因此，综合来看，公司的生产能力仍有一定增长。

一个公司的资产变化是否合理将直接关系到资产生产能力的形成和发挥，而且通过资产的利用效率体现出来。因此，应该主要从资产变化与产值变动、销售收入变化、利润变化及经营活动现金净流量变化进行比较，这样才能对资产的合理性和效率性做出充分的整体分析与评价。

2. 从筹资或权益角度分析

天成控股所有者权益合计 2015 年较上年同期减少了 10 818.77 万元，减少幅度为 9%，说明天成控股 2015 年所有者权益合计总额变化不大。负债合计 2015 年比 2014 年减少了 14 623.86 万元，减少的幅度为 11%。

2011～2015 年所有者权益合计的减少主要体现在负债的减少上，非流动负债的减少是其主要方面。非流动负债合计 2015 年比 2014 年减少了 550.38 万元，减少的幅度为 10%，2014 年比 2013 年减少 64 887.71 万元，减小的幅度为 92%，对所有者权益合计的影响为 30.65%，这种变动减少了公司偿债压力及财务风险。非流动负债合计的减少主要表现在长期借款的减少，2014 年比 2013 年长期借款减少了 62 521.89 万元，减少的幅度为 100%；还有递延收益 2014 年比 2013 年减少

2365.82 万元，减幅为 51%。而在流动负债合计方面，每年应付票据和应付账款增减幅度都较大，这说明公司的负债比较大。

3. 公司资金的来源与去向分析

公司 2015 年建设基于移动互联的小微金融服务平台，维持正常生产经营活动、技术改造及项目投资所需的资金，主要通过自有资金、定向增发募集资金、银行融资、争取政府财政支持等多种方式解决。2015 年，公司加强内部控制，通过对资金的统一调度、管理和运用，充分盘活资金存量，有效提高资金使用效率，降低财务成本和资金风险。同时，严控公司各项费用支出，加快资金周转速度，合理安排资金使用计划，保证公司健康快速发展。

4. 资产结构分析

如表 16-5 所示，天成控股资产总计 2015 年比 2014 年减少 25 442.63 万元，减少幅度为 10%，说明该公司 2015 年资产规模有较大幅度下降。公司经营资产与非经营资产都有所增长，且经营资产的增长速度高于非经营资产的增长速度，表明天成控股的实际经营能力有所提升。

表 16-5　天成控股资产结构、资本结构分析

项目	2011 年	2012 年	2013 年	2014 年	2015 年
流动资产合计/元	717 056 978.76	1 349 433 328.44	1 791 312 339.68	1 259 705 664.61	835 619 642.64
资产总计/元	1 792 811 837.31	2 516 931 492.60	3 064 386 942.07	2 633 416 074.39	2 378 989 778.50
负债合计/元	896 116 238.46	1 335 653 647.82	1 878 376 224.30	1 365 774 161.35	1 219 535 528.39
流动资产占资产总计比重/%	40.00	53.61	58.46	47.84	35.12
负债占资产总计比重/%	49.98	53.07	61.30	51.86	51.26

同时，天成控股的 2011～2015 年流动资产占资产比重均在 50% 左右，表明企业的资产结构属于中庸型，不保守也不冒进。

5. 资本结构分析

在资本结构上，负债占资产比重在 2011～2015 年始终保持在 50% 左右，按照国际资产负债率 50% 的标准，说明天成控股在资本结构上属于风险型。查阅公司相关信息披露情况及资产负债表可以看出，公司 2013 年的负债率占到 61% 主要是

2013 年的长期借款比较大，高达 62 565.45 万元。由于流动负债对公司资产的流动性要求较高，公司所奉行的负债筹资政策虽然会增加公司的偿债压力，使公司承担较大的财务风险，但同时也会降低公司的负债成本。

16.4.3　现金流量表分析

如表 16-6 所示，天成控股的经营活动产生的现金流量净额 2015 年比 2014 年增长 3.31 亿元，增长幅度为 855%。同时，公司的营业收入增长幅度比营业成本增长幅度大，使得公司的现金流量变动有了一定的增加。

表 16-6　天成控股现金流量净额分析　　　　　单位：元

项目	2011 年	2012 年	2013 年	2014 年	2015 年
经营活动产生的现金流量净额	−25 536 565.26	−31 757 497.10	−13 058 423.77	−38 801 647.48	293 078 354.64
投资活动产生的现金流量净额	−407 988 215.77	−311 908 353.00	−76 203 787.15	36 628 150.06	−91 832 205.51
筹资活动产生的现金流量净额	534 510 288.14	63 955 152.00	234 975 615.87	−188 859 412.88	−295 908 989.65
现金及现金等价物净增加额	100 986 284.98	−279 670 690.89	145 714 015.36	−191 032 185.26	−94 662 149.30

从 2015 年与 2014 年的比较来看，公司经营活动产生的现金流量净额增长了3.31 亿元，经营活动现金流入量的增长远大于经营活动现金流出量的增长，这使得经营活动现金流量净额有了一定幅度的增长。天成控股的经营活动现金流入量的增加，主要是由于销售商品、提供劳务。

2015 年，公司资金需求约为 41 亿元，主要表现为拓展互联网金融业务，建设基于移动互联的小微金融服务平台；升级及扩大高压电气设备生产，进行电气技术升级与创新及建设、完善矿产资源的挖掘、加工工作。资金的筹集具有一定的政策风险和市场风险。

16.5　结论及建议

随着 2013 年全球经济的缓慢复苏，呈现出的不平衡、弱增长格局是世界经济总体发展形势，而且新兴经济体和发展中国家经济增速下行风险依旧是存在的。从公司的所属行业层面看，全国电网建设投资在 2013 年是投资小年，并且低于"十一五"计划时期的增速；从国内市场来看，风电装机容量，随着"十一五"计划爆发式增长后,增速处于一种放缓状态,而且整机价格一直处于持续的低迷状态,经过天成控股董事会的领导,公司管理层紧扣并围绕 2013 年初制定的全年生产经营指标,全面推进各项工作,克服了各种外部环境的不利因素,保证了公司持续盈利,2013 年公司实现营业收入 654 631 311.12 元,较上年同期下降 20.75%,归属于母公司所有者的净利润 7 278 897.22 元,较上年同期下降 90.28%,主要原因为公司风电及高压产品收入下降及政府补贴减少。

2014 年,天成控股积极主动执行产业结构调整战略,始终坚定不移地实施各种既定的战略目标与规划,已形成以电气设备、互联网金融、资源能源开发利用为主的产业结构。在董事会的领导下,公司管理按照"巩固现有,转型升级"的总体目标,始终全力推进各项工作,这些努力为公司实现跨越式发展打下夯实的基础。随着传统产业总体平稳发展,互联网金融业务在数个省、市全面展开,并且矿产业务向国际化迈进,非公开发行股票预案获董事会通过并向社会公布。2014 年公司实现营业收入 489 162 640.60 元,较上年同期下降 25.28%。

2015 年是天成控股谋求转型的一年,鉴于传统业务高中压电气设备制造的发展已经无法让公司获得强劲的收入增长,公司董事会决定在已经开展的金融支付业务和与多个城市签订的数字化服务平台项目的基础上,确立进军金融的转型方向。天成控股在保持电气设备主营业务稳健经营的同时,公布了非公开发行股份募集资金 36.8 亿元,全部用于建设基于移动互联的小微金融服务平台项目的定增预案,拉开公司向金融业务领域转型的序幕。2015 年,公司实现营业收入 67 034.74 万元,较上年同期增长了 18 118.48 万元,同比增长 37.04%。目前,公司金融事业部组织机构和团队已建立,业务模式日渐清晰,通过参股与相对控股等多种方式获得或申报金融牌照取得重要进展。

2016 年是"十三五"规划的开局之年,公司以转型战略为指引,全面提升公司的核心竞争优势,持续推动金融业务的发展,全面开展基于移动互联的小微金融服务平台建设;继续发展电气设备产业,加大在高电压等级、高附加值产品领域的投资;积极推动香港长城矿业开发有限公司的矿业工作,深入开发该地区的锆钛矿资源,并做好贵州省内钼镍矿安全建设工作。

邱书婷　周晋兰

第17章 贵绳股份 2015 年报告分析

　　贵州钢绳股份有限公司（以下简称贵绳股份）位于历史文化名城贵州省遵义市，是省属大一型企业、全国冶金重点企业、目前中国国内最大的金属线材制品专业生产基地之一、行业龙头企业。2015 年贵绳股份实现营业总收入 149 841.60 万元，比上一年同期下降了 18.93%，实现净利润 1835.77 万元。通过对贵绳股份 2015 年报告分析之后，笔者得出，贵绳股份因受原材料价格波动、产能控制差、市场发展放缓、竞争加剧等问题对利润的影响，导致总收入减少，针对此问题提出了完善物流与客户管理系统、加强信息沟通、进行产品升级及强化人才培养等建议。

17.1　公　司　简　介

　　贵绳股份是国内主要从事钢丝绳、钢丝、钢绞线的生产、加工、销售，以及相关产品的材料、设备及技术研究的重点企业，2015 年拥有员工 5115 人，是该领域国内技术实力最强、生产能力最大、市场占有率较高的企业之一。贵绳股份截至 2015 年已连续盈利 15 年，获得了很高的市场信誉。

　　公司坐落于中国西部重镇遵义市，遵义市是中国气候宜人、景色优美的革命历史名城。遵义市北距重庆市 260 公里，南离贵阳市 150 公里，国家高速公路网中 G75 兰海高速与 G56 杭瑞高速在遵义市交汇，拥有航空、铁路、公路、水运四位一体的交通网络，交通十分便利。

　　公司占地总面积 100 万平方米，厂房建筑面积 40 万平方米。金属制品年生产能力达 45 万吨，其中，钢丝绳年产能 15 万吨，商品钢丝年产能 10 万吨，钢绞线年产能 20 万吨。公司已积累了多年钢丝绳生产的经验和技术，拥有国内高水平的整体装备、先进的生产工艺和完善的质量管理体系。

　　贵绳股份已承担并完成多项国家重点技术创新项目，1998 年 11 月获得省级技术中心认定，2013 年 11 月获国家认定企业技术中心认定，公司具备雄厚的钢丝绳技术研发实力。公司生产的"巨龙"牌钢丝绳广泛应用于煤炭、石油、冶金、化工、船舶、桥梁、电力、邮电、橡胶、军工、旅游、水利、轻工等行业，形成了矿用钢丝绳、船舶用钢丝绳、桥梁用钢丝绳、石油用钢丝绳、索道用钢丝绳、特大直径钢丝绳、特殊用途钢丝绳、镀锌钢绞线、回火胎圈钢丝九大系列拳头产品。"巨龙"牌钢丝绳先后用于中国葛洲坝水利枢纽工程、龙羊峡水电站、武汉钢铁（集团）公司、中国宝武钢铁集团有限公司、汕头海湾大桥、虎门大桥、润扬长江大桥、贵州坝陵河大桥、舟山西堠门大桥、矮寨大桥、神舟八号飞船、神舟九号载人飞船、神舟十号载人飞船等国家重要工程，为国民经济和国防建设做出了贡献。按国际先进标准生产的"巨龙"牌钢丝绳已出口到美国、英国、加拿大、丹麦、荷兰、新加坡等国家。分布在全中国的 20 多个销售分公司，随时为客户提供优质的服务。

17.2　核心竞争力分析

17.2.1　人才与技术竞争力

贵绳股份具有雄厚的产品设计和制造工艺，形成了颇为完备的技术研发系统和产品质量管理体系，尤其是在生产高强度的超长、大直径特殊钢丝绳方面，具有明显的人才与技术优势。

2012 年，贵绳股份通过了中国合格评定国家认可委员会对国家实验室的认可。2013 年，贵绳股份技术中心被认定为第二十批国家认定企业技术中心。2015 年，贵绳股份成为国家技术创新示范企业，进入国家地方联合工程研究中心（工程实验室）名单公示。截至 2015 年，贵绳股份累计申请专利 227 件，获得授权 108 件。

贵绳股份积极参加国际标准立项和国家级技术研究课题或项目，推动国际通用钢丝绳技术条件标准化进程。

贵绳股份所属行业为劳动密集型，其几十年在本行业领域的深耕不辍和员工培训，培养了一批具有精湛金属制品技术的高级人才，是该公司立身于世界大型钢丝绳制造企业之林的根本。

17.2.2　品牌与质量竞争力

贵绳股份产品和服务具有极高的知名度，旗下"巨龙"牌钢丝绳和"回火胎圈钢丝"被确认为贵州省名牌产品，并多次被评为"用户满意产品"和"中国名牌产品"，且被中国质量检验协会认定为国家免检产品，具有极强的品牌和企业效应。

该公司先后通过中国船级社、英国劳氏船级社、挪威船级社、法国船级社、德国船级社等工厂认证，获得 ISO9001 质量管理体系认证、我国军用标准GJB9001B 质量体系认证等多项权威认证，是国家科学技术部评定的国家火炬计划重点高新技术企业和技术创新示范企业。

贵绳股份产品已经被成功用于"神舟八号""神舟九号""神舟十号"载人航天飞船，以及国内的各项水利枢纽工程、海上石油钻探、景区索道等项目中，替代进口产品，填补了我国钢丝制品行业的空白。

贵绳股份"海洋用钢丝绳防腐先进技术研究项目"已于 2015 年获批立项,"大跨径悬索桥吊索制造关键技术研发与应用"项目也在深入实施和推进中。2015 年开发含锌铝合金钢丝、桥用绳、海工绳、港机绳、工程机械用绳等近十种新产品,新产品销售产能已达到 5 万吨以上。

17.2.3　市场与规模竞争力

贵绳股份通过长达数十年的专业研究和销售积累,已在全国 21 个主要城市设有销售网络,拥有一大批长期稳定合作的网络客户。

贵绳股份是中国最大、钢丝绳产量居世界前列的钢丝绳制品生产企业,旗下产品涵盖钢丝绳和钢丝等百余种,客户范围涉及航空航天、海洋工程、水利枢纽工程、煤炭矿产行业、电梯生产、机械加工等国民经济的各个领域。该公司先进的生产技术和经验填补了国内钢丝制品行业的空白,其产品成为进口产品的替代品,具有强度高、作业率高、成本低、质量好等特点,其市场与规模优势极其明显。

17.3　行业现状分析

17.3.1　宏观环境

随着改革开放和"十三五"规划的不断推进,我国目前已成为金属制品的生产大国。虽然我国经济发展势头已逐步放缓,从高速到中高速的稳定转变势必会带来金属制品的产能过剩问题,但钢丝绳在各个国民经济领域有着不可或缺的作用和无可替代的地位,这使得钢丝绳同质化竞争日趋激烈。

近年来,国家大力推进中西部地区崛起,将西部大开发战略放在区域发展战略的优先地位,同时,发展海洋经济,集中力量建设一批水利枢纽工程,稳步可持续推进工业化和城镇化的进程,这些国家和地方项目的建设,势必会需要大量的钢丝绳或预应力产品,无论从技术优势、人才优势、产品优势和质量优势及市场规模优势,贵绳股份都具有极强的发展空间和潜力。

与此同时,随着上游供应商和下游分销商的产能削减与库存优化,原材料价格上涨,势必会影响市场的产品需求,淘汰一批资金不够雄厚、产能控制不够科学、产品与技术水平较差的企业。

17.3.2　行业环境

近些年,我国钢丝绳企业投资规模、产量规模均在高速发展,针对普通应用领域的钢丝绳已经出现产能过剩的局面，供给量超过了需求量，加剧了钢丝绳企业之间的同质化竞争，该产业已经实现了寡头垄断到完全竞争的转变。

目前，大量外资企业进入中国市场，通过在中国开设工厂，利用我国较低水平的劳动力成本扩展市场，一定程度上提高了我国钢丝绳产业的平均技术水平，使行业竞争实现从低端走量到高端走质转变，但产品同质化程度还是较为严重。同时，针对煤矿开采、海洋石油开发、港口运输等行业的特种钢丝绳还是处于大量进口的局面，目前国内产品还是存在一定的空白和技术差距。

随着国家环保节能要求、行业标准更新及相关政策的颁布和实施，管理层在钢丝绳的生产和日常管理过程中，必须对其高度重视。与此同时，客制化和特殊化的定制服务需求也逐渐增多，这都使得钢丝绳市场企业需要优化产品结构，加快新产品研发速度，细化产品市场，进一步发展高质量、高性价比、长寿命的复合特种钢丝绳。

当前环境下的钢丝绳行业要求企业应具有一定的生产和经营特色、技术和人才优势及对细分产品市场的前瞻性把控，只有这样，才能适应我国当前钢丝绳制造产业的产品升级和结构优化进程，不被市场所淘汰。

17.4 报 表 分 析

17.4.1 利润表分析

如表 17-1 和表 17-2 所示，2011～2015 年连续五年，贵绳股份营业利润占营业总收入的比重基本不变，保持在 1%左右，说明其获利能力不高，产品附加值较低，这也很符合劳动密集型制造企业的特点。

表 17-1 贵绳股份利润表简表 单位：万元

项目	2011 年	2012 年	2013 年	2014 年	2015 年
一、营业总收入	148 555.45	156 086.92	192 797.67	184 819.91	149 841.60
减：营业成本	128 093.96	136 637.05	167 924.87	160 535.72	127 629.34
销售费用	12 322.88	13 526.98	16 557.06	16 646.74	15 305.11
管理费用	4 258.42	3 521.99	3 984.50	3 988.80	3 924.19
财务费用	490.82	548.55	1 442.50	259.57	−359.96
二、营业利润	2 693.45	1 643.37	1 816.45	2 027.50	2 049.98
三、利润总额	3 016.18	2 015.59	2 339.25	2 423.36	2 162.33
四、净利润	2 607.83	1 657.45	2 017.70	2 029.88	1 835.77

表 17-2　贵绳股份利润表结构分析　　　　　单位：%

项目	2011 年	2012 年	2013 年	2014 年	2015 年
一、营业总收入	100.00	100.00	100.00	100.00	100.00
减：营业成本	86.23	87.54	87.10	86.86	85.18
销售费用	8.30	8.67	8.59	9.01	10.21
管理费用	2.87	2.26	2.07	2.16	2.62
财务费用	0.33	0.35	0.75	0.14	−0.24
二、营业利润	1.81	1.05	0.94	1.10	1.37
三、利润总额	2.03	1.29	1.21	1.31	1.44
四、净利润	1.76	1.06	1.05	1.10	1.23

贵绳股份利润总额占比 2013 年最低，仅 1.21%，2014 年和 2015 年比重持续升高，保持在 1.31%和 1.44%。

贵绳股份 2012～2015 年营业成本和期间费用（销售费用、管理费用、财务费用）整体结构变化不大，营业成本下降主要由于原料价格下降，销量减少；销售费用占比持续上升，主要由于运输费和包装费的增加及市场竞争强度的不断提高；管理费用占营业总收入比重基本保持在 2.0%～2.9%；财务费用占营业总收入比重先上升后下降。

如表 17-3 所示，与基期年 2011 年相比，贵绳股份的营业总收入呈先上升后下降的 N 形趋势，2015 年与 2011 年基本持平；营业成本的定基比变化幅度基本与营业总收入定基比同步，表明贵绳股份 2011～2015 年成本控制程度较差，影响了企业盈利。

表 17-3　贵绳股份利润表定基比趋势分析表　　　　　单位：%

项目	2011 年	2012 年	2013 年	2014 年	2015 年
一、营业总收入	100.00	105.07	129.78	124.41	100.87
减：营业成本	100.00	106.67	131.10	125.33	99.64
销售费用	100.00	109.77	134.36	135.09	124.20
管理费用	100.00	82.71	93.57	93.67	92.15
财务费用	100.00	111.76	293.90	52.88	−73.34
二、营业利润	100.00	61.01	67.44	75.28	76.11
三、利润总额	100.00	66.83	77.56	80.35	71.69
四、净利润	100.00	63.56	77.37	77.84	70.39

　　贵绳股份的营业总收入短暂上升之后还是无可避免地下降这是受国内经济下行及公司产品销售量和销售价格下降的影响，说明市场竞争激烈。

　　期间费用中，销售费用与营业成本变化趋势趋同，2015 年营业成本和营业总收入较 2014 年双双下降近 20 个百分点，是由于经济形势不稳，原材料价格和销售量的下降；财务费用 2013 年比 2012 年增长了 162.97%，主要是因为不断增加的利息支出，而 2015 年比 2014 年减少的 238.68%，则是因为利息收入的增加。虽然营业总收入和营业成本后期下降了，但是管理费用和销售费用变化不大，这说明企业管理还是存在一定的提升空间的，需要开发新的成本控制技术。

17.4.2　资产负债表分析

　　如表 17-4 和表 17-5 所示，由贵绳股份资产负债表资产结构分析表可以发现，贵绳股份 2011～2015 年流动资产合计在资产总计中所占的比重均在 64% 以上，平均达到了 71.44%，属于保守型资产结构。虽然保守型资产结构可以保证企业在竞争激烈的现代商业市场中，拥有足够强流动和强变现能力的资产，用以支付到期债务，保证生产和销售等企业日常运营行为的顺利进行，降低企业面临的运营和财务风险。但是，高比例的流动资产，增大了企业流动资产的机会成本，不利于加速资金循环，致使资金利润率水平降低。

表 17-4　贵绳股份资产负债表简表　　　　　　单位：万元

项目	2011 年	2012 年	2013 年	2014 年	2015 年
货币资金	44 874.09	23 496.44	62 008.71	68 364.00	69 890.35
应收票据	6 363.58	4 576.90	4 066.53	7 395.86	1 458.69
应收账款	11 030.40	15 484.74	21 567.00	26 102.29	28 818.21
预付款项	6 813.43	10 054.86	5 723.24	6 281.55	3 707.20
存货	38 703.08	39 251.76	44 624.37	42 848.17	34 263.32
流动资产合计	108 077.54	94 411.61	138 882.14	151 731.83	138 962.53
固定资产	25 823.05	39 250.52	36 530.75	33 048.81	30 292.52
在建工程	7 007.11	12 779.85	15 592.03	19 922.19	28 018.91
非流动资产合计	33 230.43	52 503.55	52 552.98	53 826.82	59 229.95
资产总计	141 307.97	146 915.16	191 435.12	205 558.65	198 192.48
短期借款	8 860.00	24 960.00	30 660.00	29 500.00	21 500.00
应付票据	31 886.00	20 822.00	11 885.00	21 561.69	17 177.00
应付账款	9 439.25	7 478.01	8 579.29	6 207.95	7 732.53

续表

项目	2011 年	2012 年	2013 年	2014 年	2015 年
预收款项	3 192.99	3 380.32	4 017.81	3 910.62	3 624.68
应付职工薪酬	2 559.65	2 778.15	3 084.19	2 354.91	4 409.90
应交税费	209.89	238.04	221.27	225.16	602.51
流动负债合计	56 410.27	59 982.83	58 763.03	64 123.94	55 551.26
非流动负债合计	6.00	514.10	500.00	7 968.00	8 074.00
负债总计	56 416.27	60 496.93	59 263.03	72 091.94	63 625.26
股本	16 437.00	16 437.00	24 509.00	24 509.00	24 509.00
所有者权益总计	86 075.74	86 418.23	132 172.09	133 466.70	134 567.21
负债和所有者权益总计	142 492.01	146 915.16	191 435.12	205 558.64	198 192.47

表 17-5　贵绳股份资产负债表资产结构分析表　　　　单位：%

项目	2011 年	2012 年	2013 年	2014 年	2015 年
货币资金	31.76	15.99	32.39	33.26	35.26
应收票据	4.50	3.12	2.12	3.60	0.74
应收账款	7.81	10.54	11.27	12.70	14.54
预付款项	4.82	6.84	2.99	3.06	1.87
存货	27.39	26.72	23.31	20.84	17.29
流动资产合计	76.48	64.26	72.55	73.81	70.11
固定资产	18.27	26.72	19.08	16.08	15.28
在建工程	4.96	8.70	8.14	9.69	14.14
非流动资产合计	23.52	35.74	27.45	26.19	29.89
资产总计	100.00	100.00	100.00	100.00	100.00

　　企业管理者在进行日常管理的过程中，需要适时监控货币资金、应收票据、预付账款及存货占流动资产的比例。贵绳股份货币资金占资产总计的比例平均保持在近 30%，表明其现金持有量较高，具有较强的偿债和现金支付能力，也同时表明其资金利用效率较低。

　　2011～2015 年贵绳股份的应收账款比例持续上升，说明其赊销比例不断提高。较高的应收账款容易产生坏账和呆账，不利于企业资金回收和企业发展。

　　在贵绳股份资产总计中，非流动资产合计所占资产总计比重变化趋势先上升后下降，非流动资产合计占资产总计中的比重 2012 年达到 35.74%，且主要为固定资产。

如表 17-6 所示，在贵绳股份的权益总额中负债和所有者权益比例约为 1∶2，说明该公司债务控制较为科学合理，较高的自有资本比重便于企业发展，拓展新的业务增长点，但不利于降低资本风险。

表 17-6　贵绳股份资产负债表资本结构分析表　　　　单位：%

项目	2011 年	2012 年	2013 年	2014 年	2015 年
短期借款	6.22	16.99	16.02	14.35	10.85
应付票据	22.38	14.17	6.21	10.49	8.67
应付账款	6.62	5.09	4.48	3.02	3.90
预收款项	2.24	2.30	2.10	1.90	1.83
应付职工薪酬	1.80	1.89	1.61	1.15	2.23
应交税费	0.15	0.16	0.12	0.11	0.30
流动负债合计	39.59	40.83	30.70	31.19	28.03
长期借款	0.00	0.00	0.00	2.92	3.03
非流动负债合计	0.00	0.35	0.26	3.88	4.07
负债总计	39.59	41.18	30.96	35.07	32.10
股本	11.54	11.19	12.80	11.92	12.37
所有者权益总计	60.41	58.82	69.04	64.93	67.90
负债和所有者权益总计	100.00	100.00	100.00	100.00	100.00

贵绳股份负债总计在负债和所有者权益总计中所占比例较低，最高仅为 2012 年的 41.18%，2013 年达到最低点 30.96%。该公司负债主要为短期借款，流动性强，非流动负债所占比例极低。如表 17-6 所示，自从 2011 年起，贵绳股份调整采购政策，逐步降低赊购比例，应付账款和应付票据比例与 2011 年比较下降较多。

贵绳股份 2011～2015 年资产总计整体呈现上升趋势，经过 2012 年国家 40 000 亿刺激内需的政策调整，2013 年资产增幅达到了 30.30%，之后增长速度放缓。

如表 17-7 所示，在贵绳股份资产总计中，流动资产合计呈先上升后下降的趋势，流动资产合计 2012 年期末金额较上期期末金额减少了 12.64%，主要原因为货币资金的减少，非流动资产合计 2012 年期末金额较上期期末金额增加了 58.00%，主要原因为固定资产和在建工程的增加。

表 17-7　贵绳股份资产负债定基比趋势分析表　　　　单位：%

项目	2011 年	2012 年	2013 年	2014 年	2015 年
货币资金	100.00	52.36	138.18	152.35	155.75
应收票据	100.00	71.92	63.90	116.22	22.92
应收账款	100.00	140.38	195.52	236.64	261.26
预付款项	100.00	147.57	84.00	92.19	54.41
存货	100.00	101.42	115.30	110.71	88.53
流动资产合计	100.00	87.36	128.50	140.39	128.58
固定资产	100.00	152.00	141.47	127.98	117.31
在建工程	100.00	182.38	222.52	284.31	399.86
非流动资产合计	100.00	158.00	158.15	161.98	178.24
资产总计	100.00	103.97	135.47	145.47	140.26
短期借款	100.00	281.72	346.05	332.96	242.66
应付票据	100.00	65.30	37.27	67.62	53.87
应付账款	100.00	79.22	90.89	65.77	81.92
预收款项	100.00	105.87	125.83	122.48	113.52
应付职工薪酬	100.00	108.54	120.49	92.00	172.29
应交税费	100.00	113.41	105.42	107.28	287.06
流动负债合计	100.00	106.33	104.17	113.67	98.48
非流动负债合计	100.00	8 568.33	8 333.33	132 800.00	134 566.67
负债总计	100.00	107.23	105.05	127.79	112.78
股本	100.00	100.00	149.11	149.11	149.11
所有者权益总计	100.00	100.40	153.55	155.06	156.34
负债和所有者权益总计	100.00	103.10	134.35	144.26	139.09

　　贵绳股份存货在 2013 年后逐渐下降，主要是因为贵绳股份调整存货政策和产能控制政策来应对钢丝绳市场供大于求的局面和日益激烈的竞争。

　　贵绳股份非流动负债合计 2012 年增长迅猛增幅达到了 8468.33%，其主要原因为贵州省政府给予了新区投资补助用以应对金融危机的浪潮，同时公司进行了厂房搬迁的起始工作。

　　贵绳股份短期借款 2012 年较 2011 年增长了 181.72%，主要是由于金融危机的影响，贵绳股份增加了短期借款以应对经济增长放缓的趋势，同时提高开发支出，开发新的业务增长点。

17.4.3　现金流量表分析

如表 17-8 和表 17-9 所示，贵绳股份 2011～2015 年连续五年的现金流入结构发生了明显转变，从以经营活动现金流入为主到以筹资活动现金流入为主再到经营活动现金流入为主，说明了市场环境的变化和公司经营策略的变化，2013 年经营活动现金流入小计占比仅为 62.58%，这明显不符合制造型企业的特点，说明公司需要进行政策和战略的调整。2011～2015 年贵绳股份的投资活动现金流入几乎为零，说明其投资成效太差，亏损较多，固定资产投资的增加没有提供明显的现金流。

表 17-8　贵绳股份现金流量表简表　　　　　单位：万元

项目	2011 年	2012 年	2013 年	2014 年	2015 年
一、经营活动产生的现金流量					
销售商品、提供劳务收到的现金	140 258.47	117 425.23	126 037.64	134 917.13	156 732.79
经营活动现金流入小计	142 790.07	119 894.32	129 285.51	136 635.23	160 166.08
购买商品、接受劳务支付的现金	108 395.25	85 717.85	84 628.40	80 361.05	92 233.68
经营活动现金流出小计	147 161.53	129 336.02	132 159.99	134 171.83	143 539.15
经营活动产生的现金流量净额	−4 371.46	−9 441.70	−2 874.48	2 463.40	16 626.93
二、投资活动产生的现金流量					
投资活动现金流入小计	17.47	515.98	—	1 468.00	121.36
投资活动现金流出小计	7 375.98	21 280.62	3 926.39	3 015.12	3 601.75
投资活动产生的现金流量净额	−7 358.51	−20 764.63	−3 926.39	−1 547.12	−3 480.39
三、筹资活动产生的现金流量					
筹资活动现金流入小计	8 860.00	36 560.00	77 318.02	44 500.00	23 500.00
筹资活动现金流出小计	9 331.48	23 051.12	29 582.60	42 075.52	33 959.98
筹资活动产生的现金流量净额	−471.48	13 508.88	47 735.42	2 424.48	−10 459.98
四、汇率变动对现金及现金等价物的影响	−58.55	58.56	−61.74	3.08	—
五、现金及现金等价物净增加额	−12 260.00	−16 638.90	40 872.80	3 343.84	−10 458.67

表 17-9　贵绳股份现金流入结构分析　　　　　单位：%

项目	2011 年	2012 年	2013 年	2014 年	2015 年
销售商品、提供劳务收到的现金	92.48	74.81	61.00	73.89	85.28
经营活动现金流入小计	94.15	76.38	62.58	74.83	87.15
投资活动现金流入小计	0.01	0.33	—	0.80	0.06

续表

项目	2011 年	2012 年	2013 年	2014 年	2015 年
筹资活动现金流入小计	5.84	23.29	37.42	24.37	12.79
现金流入小计	100.00	100.00	100.00	100.00	100.00

表 17-8 显示，2011～2015 年的现金流量主要是经营活动现金流入，说明贵绳股份现金流入量以销售商品和提供劳务为主，但现金余额处于不断下降的趋势，说明其对现金流的控制较差。

2012 年贵绳股份筹资活动产生的现金流量净额为 13 508.88 万元，同比增加了 2965.2%，这是由于其不断扩大生产规模，增加了一部分流动资金贷款。

如表 17-10 所示，2011～2015 年，贵绳股份连续五年的现金流出比重变化基本与现金流入比重变化趋于一致。在经营活动现金流出结构分析中，购买商品、接受劳务支付的现金占总现金流出量的比重较为平稳，经营活动现金流出所占比例略高。

表 17-10　贵绳股份现金流出结构分析　　　　　单位：%

项目	2011 年	2012 年	2013 年	2014 年	2015 年
购买商品、接受劳务支付的现金	66.15	49.36	51.08	44.83	50.93
经营活动现金流出小计	89.80	74.47	79.77	74.85	79.26
投资活动现金流出小计	4.46	12.25	2.37	1.68	1.99
筹资活动现金流出小计	5.64	13.27	17.86	23.47	18.75
现金流出小计	100.00	100.00	100.00	100.00	100.00

贵绳股份 2012 年投资活动现金流出小计占比达到最高为 12.25%，主要是因为固定资产投资的增加，相比 2011 年下降了 188.51%。

贵绳股份筹资活动的现金流出小计 2011～2014 年连续四年增长，2015 年开始减少。在筹资活动现金流出量中，主要是偿还债务支付的现金流出，说明 2011～2013 年，贵绳股份通过向银行金融机构融资等筹资活动获取资金，偿债压力较高。

17.5　经营业绩评价

17.5.1　盈利能力分析

如表 17-11 所示，2011～2015 年贵绳股份毛利率增长幅度较小，说明该公司主营业务利润空间较小，难以较高的净利润为扩大企业规模提供支撑。

表 17-11　贵绳股份盈利能力指标　　　　　　单位：%

项目	2011 年	2012 年	2013 年	2014 年	2015 年
销售毛利率	13.77	12.46	12.90	13.14	14.82
营业利润率	1.81	1.05	0.94	1.10	1.37
销售利润率	2.03	1.29	1.21	1.31	1.44
销售净利率	1.76	1.06	1.05	1.10	1.23
净资产收益率	3.03	1.40	1.53	1.52	1.36

　　贵绳股份营业利润率和销售利润率整体呈现先下降后上升的 V 形趋势，销售净利率也呈现相同趋势，说明其成本和期间费用的控制不够理想，2012 年销售净利率仅比营业利润率高了 0.1 个百分点，说明其盈利能力较差，成长空间不明显。

　　2011～2015 年贵绳股份的净资产收益率持续下降，从 2011 年的 3.03%一直下降到 2015 年的 1.36%，再一次证明了该公司自有资产的获利能力差，公司发展陷入了瓶颈。

17.5.2　营运能力分析

　　如表 17-12 所示，贵绳股份 2011～2015 年应收账款周转率呈递减趋势，说明其销售能力下降，且主要销售模式为赊销，这不利于公司资金的收回和维持现金流的稳定，容易受到市场或国家政策等外界因素的影响。

表 17-12　贵绳股份营运能力指标　　　　　　单位：次

项目	2011 年	2012 年	2013 年	2014 年	2015 年
应收账款周转率	13.70	11.77	10.41	7.75	5.46
存货周转率	3.78	3.51	4.00	3.67	3.31
流动资产周转率	1.38	1.54	1.65	1.27	1.03
固定资产周转率	6.22	4.80	5.09	5.31	4.73
总资产周转率	1.07	1.08	1.14	0.93	0.74
股东权益周转率	1.74	1.81	1.76	1.39	1.12

　　2011～2015 年，该公司存货周转率和流动资产周转率先升高后下降，说明其存货销售能力下降，运营能力差。

　　固定资产周转率和总资产周转率也在下降，说明贵绳股份目前应该调整资产、利用政策，转变对流动资产和非流动资产的使用观念，提高自有资产的使用效率，减少存货积压的问题。

17.5.3　偿债能力分析

如表 17-13 所示，贵绳股份流动比率 2011～2015 年与国际标准流动比率 2.00 相差不大，速动比率高于国际标准的 1.00，说明其短期偿债能力还是较强的，债务和财务风险相对较低。

表 17-13　贵绳股份偿债能力指标

项目	2011 年	2012 年	2013 年	2014 年	2015 年
流动比率	1.96	1.57	2.36	2.37	2.50
速动比率	1.23	0.92	1.60	1.70	1.88
资产负债率/%	39.59	41.18	30.96	35.07	32.10

除 2012 年外其他四年，贵绳股份资产负债率均低于 40%的水平，说明其具有较强的偿债能力，也反映了其债务风险避让能力较强。

17.5.4　发展能力分析

如表 17-14 所示，贵绳股份 2011～2015 年主营业务增长率不够稳定，2013 年之后呈现了负增长，主要受限于激烈的市场竞争和低迷的经济形势。2013 年该公司较高的净资产增长率，则主要是因为购买大量固定资产。

表 17-14　贵绳股份发展能力指标　　　　　　单位：%

项目	2011 年	2012 年	2013 年	2014 年	2015 年
主营业务增长率	10.95	5.07	23.52	−4.14	−18.93
净利润增长率	−16.64	−36.44	21.74	0.60	−9.56
净资产增长率	1.92	0.40	52.94	0.98	0.82
总资产增长率	4.58	3.97	30.30	7.38	−3.58

贵绳股份净利润增长率呈现波动的趋势，2011 年、2012 年和 2015 年净利润均为负向增长，而 2013 年净利润增长迅猛，是由于公司搬迁前，利用现有生产条件生产个人电脑产品等，贵绳股份整体发展能力还是相对较好的。

17.6　结论及建议

2015 年，国内经济运行的下行压力进一步加大，产业效益下滑、风险突发、预测不确定性变强的趋势已经无法阻止，对于钢丝绳和钢丝产品的内需和外需严重萎缩，产品销售量和价格暴跌，存货大量积压，贷款和应收账款回收难度提高，但贵绳股份还是在积极调整战略导向和管理策略，力图在下行的行业态势中力挽狂澜，积极应对激烈的市场竞争。

2015 年贵绳股份实现营业总收入 1 498 415 958.87 元，比上一年同期下降了18.93%；实现净利润 18 357 731.54 元，比上一年同期减少了 9.56%。

贵绳股份积极与遵义市政府沟通协调，配置 297 亩①土地作为货场建设用地。相关第三方专业评价机构初步完成了铁路货场的建设设计，项目的可行性得到了一定程度的肯定。通过对贵绳股份 2011～2015 年五年报告的分析，笔者得出贵绳股份可能会面临的发展问题，如由地理位置较差导致的交通运输不便、原材料价格频繁波动导致的产能控制难度提升及市场发展放缓导致的同业竞争加剧。

17.6.1　存在的主要问题

1. 地理位置较差，交通运输不便

贵绳股份位于我国西部贵州省遵义市，交通运输主要是通过铁路运输和公路运输，然而遵义市附近缺乏相应的铁矿石原料，致使企业的运输成本和仓储成本相对较高。公司所需的原料要外运，配送产品也要外运，交通运输不便在一定程度上限制了公司发展和经营销售。

2. 原材料价格波动频繁，难以实现高效产能控制

随着我国经济环境市场化程度的提高，经济运行的不确定性也越来越突出。贵绳股份需要的铁矿石和其他金属材料的价格容易随着经济环境的变化而频繁波动，随之而来的就是提高了公司对成本控制的压力和对精度的要求。

与此同时，由于经济形势还不是特别明朗，基础建设和其他建设项目中对钢丝绳和钢丝的需求逐渐下降，钢丝绳市场已经出现了一定程度的供大于求，这就需要管理层能够及时把握市场需求和供应链，适时做出产能控制的调整。

3. 市场发展放缓，竞争程度加剧

由于国内外经济形势都处于下行阶段，对于经济形势的预测便呈现出波动大、

---

① 1 亩≈666.67 平方米。

增幅下降、风险激增、预测不准的特点，我们难以对市场发展做出合适、科学有效的判断和评估，内需和外需都有不同程度的缩减。

随着外国资本和资金的不断涌入，我国国内钢丝绳行业内部竞争程度不断提高，针对普通应用领域钢丝绳和钢丝已经出现了产能过剩的情况，这就要求国内相关企业提高生产技术水平，从低端向高端转化，因此，加剧了市场的竞争难度。

同时，国家相关政策和行业标准的颁布和实施，也在一定程度上对钢丝绳产业的生产和经营提出了要求和设立了门槛，这就需要贵绳股份及时调整公司经营和发展战略，只有这样公司才能不被市场所淘汰，进而不断地开拓新的业务增长点。

17.6.2　发展建议

1. 完善物流与客户管理系统，发挥品牌优势

贵绳股份应当自行建立客户信用风险评估机制或系统，通过该系统，及时把握客户的信用情况和履约记录等。

首先，公司应该在销售过程中对涉及款项和物资的交接等环节做好风险预警。针对风险较大或与公司业务关系密切的客户，信用管理部门应会同销售团队对其资产信用情况进行定期和及时更新调查，建立科学有效的信用管理系统，并对相关赊销款项进行及时追踪。

其次，针对不同客户，设置不同的授信等级，给予不同的授信额度，切实将已经调查掌握的关于该客户的背景资料、行业情况、财务状况（主要是偿债能力）等信息量化，确定具体的赊销额度和相关条件。对于从未开展过业务的公司，要注意尽可能不要提供赊销业务，只有商誉良好、知名度高的企业才可以由相关信用管理部门主管或销售主管审批进行赊销，从而避免不必要的损失。

最后，企业内控系统过程汇总应该加强客户关系管理，利用电子信息技术和互联网技术协调目标企业与相关客户之间的关系，提供创新性、个性化客户交互和客户互交过程，从而维护原有客户关系，将旧客户转变为忠实客户，发展新客户，提高市场占有率和产品知名度。针对不同的企业可以选择不同量级的客户关系管理系统，以达到适合企业自身特点的客户关系管理目的。

2. 加强市场信息交流沟通，推动技术更新

当今社会是一个高速发展的信息社会，企业必须能够及时获取并处理相关经营信息，尤其对于劳动密集型的制造企业，信息必须保证完整性、真实性、及时性和可靠性，这样才能有利于企业管理层根据相关信息做出合理的经营决策和战略。

首先，贵绳股份应该保障公司内部信息沟通传递体系的完整和高效，必须保证所有业务人员和管理人员能够第一时间获取真实有效的信息，同时，应当建立起高效的反馈机制，允许员工之间互相监督，保护对徇私舞弊和违法乱纪行为进行举报的员工安全，并对合理化建议予以采纳和奖励。

其次，贵绳股份还应该加强与企业外部的信息沟通和传递体系的建设。管理层应及时与股东和消费者及其他的利益相关方进行沟通，将产品信息和政策变化及时传递给利益相关者，同时，采用高效安全的网上交易平台，方便顾客进行新产品的选购或售后服务，从而提升企业的社会声誉和形象，提高贵绳股份的销售效率及盈利水平，推动企业进一步发展。

3. 强化人才管理和培养，凝聚核心竞争力

作为以技术为核心竞争力的生产制造型企业，尤其是像贵绳股份这种量级的公司，针对内部技术和管理人员的人力资源管理与培训就具有极高的重要性，必须加以严格管理。

首先，贵绳股份应当强化对于人才的日常管理和培养，保证新员工进入企业后能尽快适应相关的工作，形成明确的权责划分，责任到人。除了新员工进入企业时的培训之外，还应当及时派遣技术人员和管理人员向优秀企业与高校进行进一步深造及学习，强化技术水平和管理技能，从而凝聚核心竞争力，提高企业发展能力。

其次，公司应选拔优秀员工或充实高级人力资源储备。一方面，加强内部员工对于公司的认同感和归属感；另一方面，不断充实公司内部高级管理人员的新鲜血液，及时引进先进的管理经验和技术，提高对于人力资源的内部控制，从而减少运营成本，提高盈利效率。

吴煜朗　周晋兰

第18章 南方汇通2015年报告分析

南方汇通股份有限公司（以下简称南方汇通）的前身为铁道部①贵阳车辆厂，2014年在第一大股东中国南车集团的主导下，南方汇通进行了资产重组，剥离了铁路货车业务，转型为以复合反渗透膜业务、净水设备业务和棕纤维业务为主的经营模式。那么这项重大的资产重组对南方汇通产生了怎样的影响？本章从财务报表、经营业绩和发展前景三个角度，基于2011～2015年报表数据，通过财务结构、财务数据定基比来分析公司资产重组后的变化。南方汇通重组后经历了阵痛期，但同时销售利润在逐渐提高，资产重组有较显著的效果。要想保持这种增长，南方汇通需要继续进行技术研发，提高自身竞争力和资产的利用率。

18.1 公司简介

18.1.1 公司发展历程

南方汇通前身为铁道部贵阳车辆厂，始建于1966年，原为铁道部直属企业，后因国家体制改革，先后成为中国铁路机车车辆工业总公司、中国南方机车车辆工业集团公司下属企业，并先后更名为贵阳车辆工厂、贵阳车辆厂。1999年5月，经国家有关部门批准，贵阳车辆厂主体经营资产重组改制为南方汇通，1999年6月，公司股票在深圳证券交易所上市交易，股票简称"南方汇通"，股票代码为000920。公司注册于贵阳市国家高新技术产业开发区，属中央在黔大型企业，现第一大股东为中国中车股份有限公司。2014年末，公司当时第一大股东中国南车集团公司主导对公司进行资产重组，剥离铁路运输装备制造资产及业务，置入复合反渗透膜业务股权。从此，公司转为以膜法水处理业务为主、植物纤维综合利用和股权投资运营为辅的控股型上市公司。

公司2015年拥有各类员工900余人，占地面积800余亩，资产13亿元。公司已先后通过ISO9001质量管理体系认证、职业健康安全管理体系认证，是国家安全生产标准化二级企业。

---

① 铁道部1949年10月1日成立，2013年3月16日撤销，改为国家铁路局和中国铁路总公司。

18.1.2　公司经营范围

2014 年，南方汇通实施重大资产重组，转变为以复合反渗透膜业务为主的投资控股型上市公司。报告期新增投资汇通净水、参股贵州银行及智汇通盛，并参与投资设立了智汇产业基金。目前，公司主要控股子公司业务包括膜业务、棕纤维业务及净水设备业务。

1. 膜业务

贵阳时代沃顿科技有限公司（以下简称时代沃顿）主要从事复合反渗透膜和纳滤膜产品的研发、制造和服务，拥有膜片制造的核心技术和规模化生产能力，是拥有强大技术支持的系统设计与应用服务的提供商。产品广泛应用于饮用纯水、工业用高纯水、食品饮料、海水淡化、市政供水处理等行业。时代沃顿产品主要有家用膜、工业用膜等系列。

采购模式：制造中心下设采购部负责原材料采购工作，制订、调整、执行采购计划。

生产模式：制造中心下设生产部负责产品生产制造工作，采取"以销定产"的生产模式。

销售模式：营销总部负责市场营销工作，销售采取"直销+经销"模式，部分大客户采用直销模式，有较为完善的经销商管理体系，双方根据签署的"产品分销协议书"开展合作。

膜原件及组件属于耗材，一般使用 3～5 年就需要更换，不具有特定的行业周期性。在报告期内上述经营模式未发生重大变化。

2. 棕纤维业务

贵州大自然科技有限公司（以下简称大自然公司）主要从事植物纤维弹性材料及制品、健康环保家具寝具，以及棕榈综合开发产品的研发、制造和销售业务。主要产品为"大自然"牌床垫、床具和枕头，作为居民家居生活用品。

采购模式：根据采购管理作业程序，由采购部门负责采购原材料。

生产模式：床垫等相关产品由公司自行生产，实木家具及部分寝具类产品委托加工。

销售模式：经销商销售、网络销售、店面直销、集团销售。经销商销售目前是公司主要销售方式。

公司所属行业为家具制造业，属于完全竞争市场行业，行业内企业多，大多规模较小，竞争激烈。

　　国内家具行业当前处于成长期的中期阶段，国内床垫业将进入成长期的后半段，新增需求对行业增长的拉动作用有所下降，而更新需求将迎来快速增长周期。大自然公司是我国植物纤维弹性材料的开创者和领导者，是首家将棕榈用于床垫制造的公司，细分行业内的领军企业，国内第一部床垫国家标准（GB/T 26706-2011《软体家具　棕纤维弹性床垫》）的主导起草者，在业内具有较高的品牌知名度。

　　3. 净水设备业务

　　贵州南车汇通净水设备有限公司（暂定名，最终以工商行政管理机关核准的名称为准）主要从事净水设备及污水处理设备的生产、设计、销售及服务。国内家用净水行业目前处于起步成长期，市场增长率较高，竞争日趋激烈。报告期内该公司完成工商注册相关手续并正式设立，处于产品研发阶段，未正式投产。

　　公司将依托复合反渗透膜和棕纤维业务的核心竞争力，创新商业模式，优化产业管理机制，大力发展环保水处理和棕纤维综合利用产业。通过孵化、并购、股权投资等形式拓展多元化业务，提升跨行业发展能力，实现公司又快又好发展。

18.2　核心竞争力分析

　　报告期内公司与控股股东中国南车集团公司下属企业进行了重大资产重组，以解决公司与之存在的同业竞争问题，此次重组完成后，公司不再从事铁路货车相关业务，对子公司时代沃顿的出资比例由 42.82%提升至 79.61%，公司主营业务转变为膜材料和植物纤维及股权管理相关业务。多年来，公司对子公司的经营发展给予高度重视和大力支持，通过经营团队持股，充分调动团队的积极性和创造力，建立规范的法人治理体系，提升经营管理、市场开拓、技术创新能力及规范运作水平，近年来子公司呈现出良好的发展态势。

　　公司控股子公司时代沃顿是国内技术领先、经营规模最大的复合反渗透膜专业化生产企业，拥有自主知识产权，经营团队队伍稳定，具备较强的技术研发能力和丰富的市场推广经验。多年来时代沃顿一直致力于技术研发，积极推进配方工艺优化和装备自动化升级，产品性能不断提升，产品已获得国内外市场的广泛认可，行业内已形成较强的品牌优势，并以其技术优势和较强的研发能力成为"863"计划、"973"计划、"国家装备制造振兴计划"等多个国家级项目、课题的牵头承担单位。报告期内时代沃顿在贵阳沙文工业园区的生产基地项目建设顺利，该生产基地达产后，除了将大幅提升该项业务的产能规模外，新生产线根据经营团队长期技术积累和管理经验布局设计，对设备、工艺、流程进行了革命性改造和优化，产品质量、一致性、产出率、成品率将实现全面提升。目前膜元件取得了 NSF/ANSI58（反渗透饮用水处理系统）和 NSF/ANSI61（饮用水系统元器件对人体健康影响的标准）认证，为增强该业务的行业竞争力、进一步开拓国际市场起到积极作用。

公司控股子公司大自然公司是植物纤维弹性材料行业的开创者和领导者，是全国最大的植物床垫生产制造企业，具有自主知识产权，在国内率先进行了植物纤维弹性材料、睡眠环境人机工程等领域的科学研究，该公司的技术中心被评为贵州省企业技术中心，拥有化学、力学、睡眠、中试、高分子胶粘剂等多个实验室，技术创新获得国家级成果奖，同时是国家标准《软体家具 棕纤维弹性床垫》、行业标准《床垫用棕纤维丝》的主导起草者。该公司长期坚持"科技改善人类睡眠，创新引领企业发展"的企业发展理念，产品具有绿色、环保、健康的特性。根据不同消费者的健康需求，已推出了梦境、幻境、梵境、菲洛奇、婴宝、强护脊等近二十个产品系列，产品受到消费者的广泛认可，"大自然"品牌作为健康睡眠倡导者，其品牌认知度和市场美誉度逐步得到提升。报告期内，大自然公司沙文工业园区的生产基地建设顺利，已经进入设备调试阶段，工艺、设备换代升级，信息化处理深入应用，提升了生产线的自动化率，对生产效率和产品质量、成本控制等都产生了积极的影响。报告期内，大自然公司继续开展山棕种源优选级优质种苗技术研究，推进种苗培育和种植，为长期保障原料供应打下良好基础，同时为产业延伸、应用领域拓展做好了相应的技术及资源储备。

报告期内，根据公司未来发展方向及公司的资源能力条件，投资设立了贵州南车汇通净水设备有限公司，在精细化水处理领域进行开拓发展。报告期内公司参股企业，贵州汇通华城股份有限公司在全国中小企业股份转让代办系统成功挂牌。

18.3　行业现状分析

2015 年公司完成重组资产交割转移工作，公司主营业务由铁路货车相关业务转为复合反渗透膜业务、棕纤维业务、其他股权投资及管理。重组后公司各项业务的技术研发及产能规模均处于国内领先、国际先进水平，这将提升公司整体盈利能力，促进公司的持续稳定发展。

膜业务：市场对环境污染、饮水安全的广泛关注，以及国家对环境治理政策的持续推出和进一步落实，都将为膜法水处理行业的发展带来机遇。报告期内公司在沙文工业园区生产基地项目建设顺利推进中，预计能够在计划前实现达产，该基地生产线以多年来膜片、膜元件生产特点及管理经验设计布局，更为科学合理，达产后除产能规模扩大将打破现有产能不足的局限外，在产品质量、一致性、稳定性及产出率、成品率等方面均能得到有效提升，将很大程度上加强该项业务的行业竞争力。膜行业技术更新快，对研发力的要求高，新建基地配备了独立的技术研发中心，将提升工艺升级、产品研发。公司不断强化技术研发，推进精益生产，拓展市场领域，搭建和完善销售网络，优化供应商和经销商管理，提高服务能力，这有利于公司及时抓住市场机遇，实现持续稳步发展。同时，膜行业内企业研发压力较大，研发人才和研发资金投入是行业内企业增强和保持竞争力的主要决定因素。

棕纤维业务：植物纤维软体家具行业作为绿色健康环保产品逐步受到了广大消费者的青睐，随着人们健康环保意识的增强及相关政策的支持，将长期推进行业发展。国内房地产去库存压力持续，对行业整体的不利影响短时间难以消除，同时，随着行业内进入者增多，市场竞争加剧，行业利润压缩，加大了行业内企业的经营压力。大自然公司作为植物纤维弹性材料行业的开创者和领导者，将继续致力于植物纤维弹性材料、睡眠环境人机工程、棕榈作物栽培与综合开发等领域的科学研究，加快产品升级，加强品牌建设。2014 年大自然公司将整体搬迁至沙文工业园区，随着新生产线的信息技术和工业自动化的深入应用及生产布局的进一步优化，将推进公司产能、效率的同步提升。

18.4　报 表 分 析

18.4.1　利润表分析

如表 18-1 和表 18-2 所示，南方汇通 2011～2015 年营业总成本占营业总收入比重较高，尽管 2015 年营业总成本有所下降，但营业总成本占营业总收入的比重依然高达 86.13%，营业成本的占比也和营业总成本占比变动趋势一致，2015 年变化明显，从 2014 年的 77.60% 下降到了 55.95%。

表 18-1　南方汇通 2011～2015 年利润表简表　　　　　单位：万元

项目	2011 年	2012 年	2013 年	2014 年	2015 年
一、营业总收入	176 824.74	221 066.82	228 454.64	206 211.89	90 459.36
二、营业总成本	167 378.33	209 555.90	217 488.11	200 438.61	77 910.06
其中：营业成本	139 473.30	176 902.95	185 233.57	160 027.47	50 614.69
销售费用	5 933.78	6 763.47	7 121.48	9 851.06	9 009.52

续表

项目	2011 年	2012 年	2013 年	2014 年	2015 年
管理费用	21 655.55	22 876.44	23 215.52	27 845.24	17 541.16
财务费用	−220.73	232.29	650.43	299.14	−395.13
三、营业利润	10 264.38	12 002.77	11 361.92	8 785.09	12 955.68
四、利润总额	11 596.95	13 150.02	15 036.50	26 836.56	14 205.28
五、净利润	9 687.59	11 263.89	12 862.72	24 146.91	12 123.63

表 18-2　南方汇通利润表结构分析表　　　　　单位：%

项目	2011 年	2012 年	2013 年	2014 年	2015 年
一、营业总收入	100.00	100.00	100.00	100.00	100.00
二、营业总成本	94.66	94.79	95.20	97.20	86.13
其中：营业成本	78.88	80.02	81.08	77.60	55.95
销售费用	3.36	3.06	3.12	4.78	9.96
管理费用	12.25	10.35	10.16	13.50	19.39
财务费用	−0.12	0.11	0.28	0.15	−0.44
三、营业利润	5.80	5.43	4.97	4.26	14.32
四、利润总额	6.56	5.95	6.58	13.01	15.70
五、净利润	5.48	5.10	5.63	11.71	13.40

　　营业利润占营业总收入的比例从 2014 年的 4.26% 提高到了 2015 年的 14.32%，主要是由于营业外收入大量增加及综合保税区拆迁损益转入营业外收入。

　　净利润在营业总收入中的占比整体呈现出稳步提升的状况且从 2011 年开始净利润占比就达到了 5.48%，说明南方汇通经营成效显著，利润空间较大。

　　期间费用中，南方汇通 2011～2015 年销售费用、管理费用和财务费用整体结构变化不大。

　　如表 18-1 所示，南方汇通 2015 年营业总收入、营业成本、期间费用（销售费用、管理费用、财务费用）相比 2014 年降低了 56.13%、68.37%、31.16%，主要是 2014 年公司进行了重大资产重组，不再从事铁路货车相关业务。

　　南方汇通 2014 年净利润相比较上年同期增长 87.73%，主要由于报告期内综合保税区拆迁损益转入营业外收入，而 2015 年净利润又恢复至正常，则主要是由于上年同期确认拆迁补偿收益，本报告期无此项收益。

　　如表 18-3 所示，期间费用中，销售费用 2011～2013 年定基比变化趋势与营业成本定基比变化趋势一致，但是 2014 年和 2015 年销售费用定基比继续升高，而营业成本定基比出现了明显下降，这是由于开展新业务和推出新产品难以避免广告及营销开支。

表 18-3　南方汇通利润表定基比趋势分析表　　　　单位：%

项目	2011 年	2012 年	2013 年	2014 年	2015 年
一、营业总收入	100.00	125.02	129.20	116.62	51.16
二、营业总成本	100.00	125.20	129.94	119.75	46.55
其中：营业成本	100.00	126.84	132.81	114.74	36.29
销售费用	100.00	113.98	120.02	166.02	151.83
管理费用	100.00	105.64	107.20	128.58	81.00
财务费用	100.00	−105.24	−294.67	−135.52	179.01
三、营业利润	100.00	116.94	110.69	85.59	126.22
四、利润总额	100.00	113.39	129.66	231.41	122.49
五、净利润	100.00	116.27	132.78	249.26	125.15

18.4.2　资产负债表分析

如表 18-4 和表 18-5 所示，南方汇通 2011～2015 年流动资产合计占资产总计的比例从 2011 年的 56.60%下降到了 2015 年的 26.86%，说明该公司由保守型资本结构向激进型资本结构转变。保守型资产结构可以保证企业在竞争激烈的现代商业市场中，拥有足够强流动和强变现能力的资产，用以支付到期债务，保证生产和销售等企业日常运营行为的顺利进行，降低企业面临的运营和财务风险。但是，高比例的流动资产，增大了企业流动资产的机会成本，不利于加速资金循环，致使资金利润率水平降低。2014 年南方汇通的转变，说明其开始积极利用资金进行各种产业投资，尤其是 2014～2015 年这两年时间。

表 18-4　南方汇通 2011～2015 年资产负债表简表　　　　单位：万元

项目	2011 年	2012 年	2013 年	2014 年	2015 年
货币资金	40 650.24	32 988.25	47 931.09	30 629.42	20 574.94
应收票据	743.26	1 552.85	2 741.34	1 312.14	1 798.10
应收账款	13 791.14	26 762.91	37 577.92	2 975.54	5 675.84
预付款项	9 862.66	13 102.36	10 432.09	3 885.78	2 525.18
存货	37 847.53	31 039.96	32 307.90	12 810.28	12 001.71
流动资产合计	105 768.21	106 824.45	133 625.40	55 925.46	44 939.70

续表

项目	2011 年	2012 年	2013 年	2014 年	2015 年
可供出售金融资产	13 218.87	18 285.20	21 158.21	45 942.45	52 378.09
投资性房地产	5 924.23	8 558.67	8 781.34	7 782.14	7 264.13
固定资产	46 241.27	46 375.58	56 000.24	8 277.14	42 239.80
在建工程	2 958.59	5 645.03	11 578.74	17 191.35	6 605.74
无形资产	10 462.00	10 874.05	13 578.55	10 206.89	10 049.95
非流动资产合计	81 088.82	92 683.85	113 495.63	101 284.93	122 375.70
资产总计	186 857.03	199 508.30	247 121.03	157 210.39	167 315.40
短期借款	7 000.00	5 000.00	7 500.00	3 400.00	11 400.00
应付票据	10 832.38	16 551.54	17 544.35	6 159.56	3 026.40
应付账款	37 400.85	42 793.84	42 763.89	5 237.15	13 110.83
预收款项	17 973.20	2 171.64	7 465.13	8 845.49	13 778.81
应付职工薪酬	2 645.44	3 257.88	4 206.41	343.70	227.74
应交税费	788.32	721.72	365.68	1 278.45	568.64
流动负债合计	81 949.66	73 933.77	103 867.71	25 719.76	42 524.52
非流动负债合计	2 319.48	6 336.91	18 604.17	22 345.81	17 163.82
负债总计	84 269.14	80 270.68	122 471.88	48 065.57	59 688.34
股本	42 200.00	42 200.00	42 200.00	42 200.00	42 200.00
所有者权益总计	102 587.89	119 237.62	124 649.15	109 144.82	107 627.06
负债和所有者权益总计	186 857.03	199 508.30	247 121.03	157 210.39	167 315.41

表 18-5　南方汇通资产负债表资产结构分析表　　单位：%

项目	2011 年	2012 年	2013 年	2014 年	2015 年
货币资金	21.75	16.53	19.40	19.48	12.30
应收票据	0.40	0.78	1.11	0.83	1.07
应收账款	7.38	13.41	15.21	1.89	3.39
预付款项	5.28	6.57	4.22	2.47	1.51
存货	20.25	15.56	13.07	8.15	7.17
流动资产合计	56.60	53.54	54.07	35.57	26.86
可供出售金融资产	7.07	9.17	8.56	29.22	31.31
投资性房地产	3.17	4.29	3.55	4.95	4.34
固定资产	24.75	23.24	22.66	5.27	25.25
在建工程	1.58	2.83	4.69	10.94	3.95
无形资产	5.60	5.45	5.49	6.49	6.01
非流动资产合计	43.40	46.46	45.93	64.43	73.14
资产总计	100.00	100.00	100.00	100.00	100.00

2011～2013 年南方汇通的应收账款占资产总计比例呈现上升趋势，到 2013 年达到了 15.21%这个较高的水平，但是随后管理层开始对应收账款政策进行重新管理，2014 年和 2015 年分别下降到了 1.89%和 3.39%，说明其对应收账款的管理步入高效的阶段，这样做利于货款的回收，减少了呆账或坏账的产生。

2011～2015 年南方汇通非流动资产合计占资产总计比例总体逐步升高，2015 年公司完成重组资产交割转移工作，公司主营业务由铁路货车相关业务转为复合反渗透膜、棕纤维业务、其他股权投资及管理。

南方汇通的无形资产占资产总计比例整体保持稳定趋势，基本在 5.45%～6.5%波动。固定资产比例在 2014 年有明显减少的波动，从 2013 年的 22.66%下降至 5.27%，但是在 2015 年又恢复到了 25.25%，这主要是由于南方汇通在 2014 年进行了资产重组和交割，属于正常情况。

如表 18-6 所示，南方汇通的流动负债合计占负债和所有者权益总计的比例总体呈现出下降的趋势，从 2011 年的 43.86%下降到了 2015 年的 25.42%，这是由于资产重组带来的债务重组和拆分。

表 18-6　南方汇通资产负债表资本结构分析表　　　　单位：%

项目	2011 年	2012 年	2013 年	2014 年	2015 年
短期借款	3.75	2.51	3.03	2.16	6.81
应付票据	5.80	8.30	7.10	3.92	1.81
应付账款	20.02	21.45	17.30	3.33	7.84
预收款项	9.62	1.09	3.02	5.63	8.24
应付职工薪酬	1.42	1.63	1.70	0.22	0.14
应交税费	0.42	0.36	0.15	0.81	0.34
流动负债合计	43.86	37.06	42.03	16.36	25.42
非流动负债合计	1.24	3.18	7.53	14.21	10.26
负债总计	45.10	40.23	49.56	30.57	35.67
股本	22.58	21.15	17.08	26.84	25.22
所有者权益总计	54.90	59.77	50.44	69.43	64.33
负债和所有者权益总计	100.00	100.00	100.00	100.00	100.00

流动负债中，短期借款比例 2011～2014 年呈现波动，2015 年上升到了 6.81%。应付票据和应付账款整体表现为下降趋势，但是预收款项则是先下降后上升的 U 形趋势。

南方汇通虽然非流动负债合计比例提高了，但是并不是长期借款，而是长期应付职工薪酬和其他非流动负债科目造成的，说明该公司并不是通过增发债券来进行筹资。

如表 18-7 所示,南方汇通流动资产中的应收票据和应收账款在 2012 年和 2013 年两个会计年度增长迅速,2012 年增幅达到了 108.92%、94.06%,2013 年增幅达到了 268.83%、172.48%。

表 18-7　资产负债表定基比趋势分析表　　　　单位:%

项目	2011 年	2012 年	2013 年	2014 年	2015 年
货币资金	100.00	81.15	117.91	75.35	50.61
应收票据	100.00	208.92	368.83	176.54	241.92
应收账款	100.00	194.06	272.48	21.58	41.16
预付款项	100.00	132.85	105.77	39.40	25.60
存货	100.00	82.01	85.36	33.85	31.71
流动资产合计	100.00	101.00	126.34	52.88	42.49
可供出售金融资产	100.00	138.33	160.06	347.55	396.24
投资性房地产	100.00	144.47	148.23	131.36	122.62
固定资产	100.00	100.29	121.10	17.90	91.35
在建工程	100.00	190.80	391.36	581.07	223.27
无形资产	100.00	103.94	129.79	97.56	96.06
非流动资产合计	100.00	114.30	139.96	124.91	150.92
资产总计	100.00	106.77	132.25	84.13	89.54
短期借款	100.00	71.43	107.14	48.57	162.86
应付票据	100.00	152.80	161.96	56.86	27.94
应付账款	100.00	114.42	114.34	14.00	35.05
预收款项	100.00	12.08	41.53	49.21	76.66
应付职工薪酬	100.00	123.15	159.01	12.99	8.61
应交税费	100.00	91.55	46.39	162.17	72.13
流动负债合计	100.00	90.22	126.75	31.38	51.89
非流动负债合计	100.00	273.20	802.08	963.40	739.99
负债总计	100.00	95.26	145.33	57.04	70.83
股本	100.00	100.00	100.00	100.00	100.00
所有者权益总计	100.00	116.23	121.50	106.39	104.91
负债和所有者权益总计	100.00	106.77	132.25	84.13	89.54

南方汇通的存货除 2013 年略有增加外,2014 年和 2015 年持续减少,2015 年存货只相当于 2011 年存货的 31.71%,这是由于南方汇通转变了业务方向,公司不再从事铁路货车相关业务。

南方汇通 2014 年固定资产只有 2011 年固定资产的 17.90%，这是资产重组导致的。

南方汇通在建工程 2013 年和 2014 年增长迅猛，主要是业务范围转变，建设新的厂房和生产基地导致的。2015 年新业务正式开展之后，在建工程恢复正常，固定资产也有了明显增加。

南方汇通 2011～2013 年应付职工薪酬总体呈上升趋势，但是 2014 年和 2015 年出现了急速下降，这是转变业务方向、裁撤铁路交通员工导致的。

南方汇通的流动负债合计总体呈现先上升后下降的 N 形趋势，但是非流动负债合计总体上一直在迅猛增长，其中，2013 年和 2014 年相比 2011 年分别增长了 702.08%和 863.40%。

虽然资产和负债都在变化，但是南方汇通的股本在 2011～2015 年一直没有变化，说明并没有对自身增加新的投资。

18.4.3　现金流量表分析

如表 18-8 和表 18-9 所示，南方汇通 2011～2014 年现金流入中，销售商品和提供劳务收到的现金占现金流入小计比例较为稳定，保持在 85%左右，但是 2015 年占比下降到了 66.34%，主要由于 2014 年公司进行重大资产重组，公司不再从事铁路货车相关业务，所以本报告期经营活动现金流入、现金流出规模较上年同期有所降低。

表 18-8　南方汇通 2011～2015 年现金流量表简表　　　单位：万元

项目	2011 年	2012 年	2013 年	2014 年	2015 年
一、经营活动产生的现金流量					
销售商品、提供劳务收到的现金	194 201.93	182 123.09	182 720.68	191 215.81	83 750.31
经营活动现金流入小计	197 918.87	188 174.64	190 579.41	202 544.85	102 255.37
购买商品、接受劳务支付的现金	126 395.68	125 595.60	127 855.60	139 947.70	36 975.76
经营活动现金流出小计	169 273.89	175 672.66	181 022.76	196 500.07	80 216.95
经营活动产生的现金流量净额	28 644.98	12 501.98	9 556.65	6 044.78	22 038.42
二、投资活动产生的现金流量					
投资活动现金流入小计	2 371.46	853.58	18 757.51	5 439.21	11 747.49
投资活动现金流出小计	20 161.65	18 920.40	20 524.48	28 019.72	47 117.82
投资活动产生的现金流量净额	−17 790.19	−18 066.82	−1 766.97	−22 580.51	−35 370.34
三、筹资活动产生的现金流量					
筹资活动现金流入小计	24 525.00	26 638.81	16 060.47	15 270.00	12 249.50
筹资活动现金流出小计	17 772.98	28 462.97	12 251.16	19 062.98	5 876.02

续表

项目	2011 年	2012 年	2013 年	2014 年	2015 年
筹资活动产生的现金流量净额	6 752.02	−1 824.16	3 809.31	−3 792.98	6 373.48
四、汇率变动对现金及现金等价物的影响	34.67	12.91	−141.42	84.83	267.62
五、现金及现金等价物净增加额	17 641.48	−7 376.10	11 457.56	−20 243.89	−6 690.81

表 18-9　南方汇通现金流入结构分析表　　　　单位：%

项目	2011 年	2012 年	2013 年	2014 年	2015 年
销售商品、提供劳务收到的现金	86.38	84.45	81.07	85.65	66.34
经营活动现金流入小计	88.04	87.25	84.55	90.72	80.99
投资活动现金流入小计	1.05	0.40	8.32	2.44	9.30
筹资活动现金流入小计	10.91	12.35	7.13	6.84	9.70
现金流入小计	100.00	100.00	100.00	100.00	100.00

2015 年经营活动产生的现金流量净额较上年同期增长 264.59%，主要由于 2015 年经营活动现金流入量较流出量增加。

投资活动现金流入小计占现金流入小计的比例从 2014 年的 2.44%提高到了 2015 年的 9.30%，主要是由于南方汇通 2015 年收回了股票投资款。

如表 18-10 所示，南方汇通经营活动现金流出小计占比相对较为稳定，但是 2015 年出现了急速下降，这和经营活动现金流入小计占比下降是同样的原因，即 2014 年公司进行重大资产重组，公司不再从事铁路货车相关业务，导致本报告期经营活动现金流入、现金流出规模较上年同期有所降低。

表 18-10　南方汇通现金流出结构分析表　　　　单位：%

项目	2011 年	2012 年	2013 年	2014 年	2015 年
购买商品、接受劳务支付的现金	61.00	56.31	59.80	57.45	27.76
经营活动现金流出小计	81.69	78.76	84.67	80.67	60.22
投资活动现金流出小计	9.73	8.48	9.60	11.50	35.37
筹资活动现金流出小计	8.58	12.76	5.73	7.83	4.41
现金流出小计	100.00	100.00	100.00	100.00	100.00

2015 年投资活动的现金流出小计较上年同期增长了 68.16%，主要是由于南方汇通进行了股权投资。但是 2015 年筹资活动现金流出小计占比从 2014 年的 7.83%下降到了 4.41%，同比上期降低了 69.18%，主要由于其偿还短期借款总额比上年度减少。

18.5　经营业绩评价

18.5.1　盈利能力分析

如表 18-11 所示，南方汇通销售毛利率 2011～2014 年一直保持在 20%左右，但是 2015 销售年毛利率出现了明显提升，这是由于南方汇通调整了业务范围，从低附加值的密集型制造业向高附加值的高端制造业改变，营业利润率也表现出了同样的变化，从 2011～2014 年前四年的平均 5%水平上升到了 2015 年的 14.32%，这说明南方汇通的经营和管理策略正确。

表 18-11　南方汇通盈利能力指标　　　　　单位：%

项目	2011 年	2012 年	2013 年	2014 年	2015 年
销售毛利率	21.12	19.98	18.92	22.40	44.05
营业利润率	5.80	5.43	4.69	4.26	14.32
销售净利率	5.48	5.10	5.34	11.71	13.40
净资产收益率	6.47	5.92	6.03	19.28	9.26
总资产报酬率	6.97	38.58	35.11	36.16	55.48

南方汇通销售净利率在 2014 年出现了明显增长，从 2013 年的 5.34%提高到了 2014 年的 11.71%，增幅达到了 119.29%，主要得益于资产重组、业务优质。

南方汇通净资产收益率 2014 年出现明显增长，主要是由于资产重组，固定资产减少，提升了其资产的利用效率。

南方汇通总资产报酬率呈现出稳步上升的趋势，激增点为 2012 年和 2015 年，均因为管理层调整经营策略，说明公司管理效率和效益较好。

18.5.2　营运能力分析

如表 18-12 所示，南方汇通总资产周转率总体上呈现出持续下降趋势，说明其对于总资产的利用效率不够理想；流动资产周转率也呈现出了相同的变化趋势，说明其利用效率也不够理想。但是南方汇通固定资产周转率 2011～2014 年稳步提升，说明其对于固定资产的使用效率得到了改善，但这是 2014 年固定资产总体减少导致的。

表 18-12　南方汇通营运能力指标

项目	2011 年	2012 年	2013 年	2014 年	2015 年
总资产周转率/次	1.06	1.14	1.02	1.02	0.56
流动资产周转率/次	2.02	2.08	1.90	2.18	1.79
固定资产周转率/次	3.69	4.73	4.42	6.41	3.55
应收账款周转率/次	10.13	10.90	7.10	10.17	20.91
应收账款周转天数/天	35.54	33.02	50.69	35.40	17.21
存货周转率/次	4.94	5.14	5.85	7.09	4.08
存货周转天数/天	72.86	70.09	61.56	50.75	88.24

　　南方汇通应收账款周转率 2011～2014 年均保持较为稳定的水平，然而 2015 年有着明显提升，说明其抛弃原有铁路设备生产业务之后，现有业务应收账款的管理较为有序和有效。

　　南方汇通存货周转率整体水平较为稳定，但是 2014 年重组业务之后出现明显下降，这是由于现有的产品生产周期比铁路设备短得多。

18.5.3　偿债能力分析

　　如表 18-13 所示，南方汇通 2011～2015 年连续五年的资产负债率均低于 50%，其资本结构较保守。资产负债率比较保守的经验判断一般为不高于 50%，国际上一般认为 60% 比较好。单纯从偿债能力来讲，其长期偿债能力很强，但同时也反映出南方汇通财务杠杆运用不够。

表 18-13　南方汇通偿债能力指标

项目	2011 年	2012 年	2013 年	2014 年	2015 年
资产负债率/%	45.10	40.23	49.56	30.57	35.67
流动比率	1.29	1.44	1.29	2.17	1.06
速动比率	0.83	1.03	0.98	1.68	0.77

　　流动比率国际上公认的标准为 2.00，速动比率国际上公认的标准为 1.00，然而南方汇通流动比率只有 2014 年高于 2.00 为 2.17，速动比率也只有 2014 年高于 1.00 为 1.68，说明其短期偿债能力较差，债务风险较高。

18.5.4　发展能力分析

　　如表 18-14 所示，南方汇通的主营业务收入增长率只有 2011～2013 年为正值，

2014 年和 2015 年变为负值，这主要是其转变业务范围导致的，主营业务收入出现明显下降。

表 18-14　南方汇通发展能力指标　　　　　　　单位：%

项目	2011 年	2012 年	2013 年	2014 年	2015 年
主营业务收入增长率	22.26	25.02	3.34	−9.74	−56.13
净利润增长率	16.34	16.27	8.41	97.75	−49.79
总资产增长率	28.19	6.77	23.87	−36.38	6.43
资本积累率	6.02	16.23	12.55	−18.67	−1.39

南方汇通的净利润增长率、总资产增长率及资本积累率整体趋势与主营业务收入增长率一致，2015 年净利润增长率出现了逆势上扬，主要是收回投资款导致的。

18.5.5　杜邦分析法分析

如表 18-15 所示，南方汇通销售净利率呈现出上扬趋势，说明业务调整和资产重组给企业带来了一定的生机。

表 18-15　杜邦分析计算表

项目	2011 年	2012 年	2013 年	2014 年	2015 年
销售净利率/%	5.48	5.10	5.34	11.71	13.40
总资产周转率/次	1.06	1.14	1.02	1.02	0.56
权益乘数	1.82	1.67	1.84	1.44	1.55
股东权益报酬率/%	6.47	5.92	6.03	19.28	9.26

南方汇通总资产周转率和权益乘数整体呈现出持续下降的趋势，这主要是资产重组和业务更新造成的阵痛，横观整体趋势，未来南方汇通的发展趋势还是较为明朗的。

18.6　结论及建议

2014 年底南方汇通实施重大资产重组，由以铁路货车为主营业务转变为以复合反渗透膜业务为主的投资控股型上市公司。2015 年南方汇通新增投资了汇通净水、参股贵州银行及智汇通盛，并参与投资设立了智汇产业基金。目前，南方汇通主要控股子公司业务包括膜业务、棕纤维业务及净水设备业务。2015 年南方汇通全年实现营业总收入 90 459.36 万元，较上年同期下降了 56.13%。重组后尽管营业总收入下降但营业成本得到了有效控制，2015 年实现营业利润 12 955.68 万元，较上年同期增长了 47.47%；2015 年净利润 12 123.63 万元，较上年同期下降了 49.79%。

重组完成后，南方汇通主营业务从铁路货车相关业务转变为复合反渗透膜业务、棕纤维业务及净水设备业务，从 2015 年经营业绩看，利润及资产均有不同程度的增长，但重组后由于主营业务发生较大变化，公司应对新建立的业务部员工进行有效梳理及培训，以避免管理和技术出现断层。

2011～2015 年，南方汇通投资活动频繁，非流动资产合计占资产总计的比重逐年上升，2015 年，非流动资产合计占资产总计的比重高达 73.14%，其中，可供出售金融资产占资产总计的比重高达 31.31%，近年来，资本市场观望气氛浓厚，公司在不亏损的情况下应对持有的对外投资予以收回，以规避投资风险。由于主营业务发生较大转变，公司加大了对在建工程、固定资产的投资力度，在扩大投资规模的同时，应对市场进行分析预测，以避免产能过剩。

雷淑然　周晋兰

第 19 章 红星发展 2015 年报告分析

随着我国经济改革的发展，现代企业的经营者、债权人及政府管理者，都从各自的目的和利益出发，要求了解企业的财务状况和经济成果，这就使得财务分析极为重要。本章以贵州红星发展股份有限公司（以下简称红星发展）为例，分析公司的发展历程、经营范围与核心竞争力，在此基础上，对公司的行业现状和报表进行分析，给出经营的业绩评价，并提出公司的业绩发展前景。希望本章的研究，能够给红星发展一定的参考。

19.1 公 司 简 介

19.1.1 公司发展历程

红星发展位于贵州省镇宁县，成立于 1999 年 4 月，由青岛红星化工集团公司镇宁红蝶钡业有限公司发起，是联合四家公司（包括贵州省安顺地区国有资产投资营运有限责任公司、青岛红星化工集团进出口有限公司、青岛红星化工集团自力实业公司、镇宁县红蝶实业有限责任公司）共同建立的股份有限公司。经过两年的发展，公司于 2001 年 3 月，在上海证券交易所正式挂牌上市。

经过十多年的发展，公司形成了多元化的发展模式，有多家控股参股企业，当前，公司的主要产品为钡盐产业与锶盐产业，碳酸钡与碳酸锶的产量加起来能够达到三十多万吨，占世界总产量的三分之一。红星发展在世界无机盐市场上也十分具有竞争力，尤其是公司生产的钡盐与锶盐，在世界市场上占有较大的份额。据统计，公司生产的 80%以上的产品会进行出口，远销亚洲、欧洲、美洲等的二十多个国家与地区，在同行业中有"世界钡王、亚洲锶王"之称。

19.1.2 公司经营范围

红星发展主要生产和经营的产品包括钡盐、锶盐与锰系产品。其中，钡盐产品主要包括各专用型碳酸钡、多品种硫酸钡、高纯碳酸钡、高纯氯化钡。红星发展的钡盐以碳酸钡为主打产品，占公司钡盐产品收入的 60%以上。锶盐产品主要包括碳酸锶、硝酸锶、氯化锶、氢氧化锶、高纯碳酸锶。锰系产品主要包括电解二氧化锰、高纯硫酸锰、四氧化三锰等。同时，还生产和销售一系列其他产品，涉及的产业包括硫黄、硫脲、钡渣环保砖煤炭的生产、液体物流码头和天然色素产业。

碳酸钡主要用于陶瓷及陶瓷釉料、功能玻璃、磁性材料、电子元器件及其他钡盐产品的生产；硫酸钡是塑料、油漆、蓄电池、涂料、冶炼等产品及工艺的原材料，其中，改性硫酸钡还能够用于棚膜行业，包括地膜、保护膜、缠绕膜等。锶盐的应用也十分广泛，主要用于磁性材料、玻璃板、金属冶炼、烟花等行业。电解二氧化锰系列产品则主要是一次电池及锰酸钾正极材料，可用于电池行业。

19.1.3　公司核心竞争力分析

1. 技术优势

红星发展所属的三家主要生产企业均为高新技术企业，母公司企业技术中心 2015 年度被贵州省认定为省级企业技术中心。公司能够根据下游市场需求，针对同行业及所属领域中的重大关键性、基础性和共性技术问题集中力量进行攻关研究，持续不断地对自有专利进行系统转化，为适合企业规模生产提供成熟配套的技术工艺和技术装备，不断推出具有高增值效益的系列新产品。母公司不断提高碳酸钡产品工艺技术水平，占据了碳酸钡专用钡市场的大部分份额；贵州红星发展大龙锰业有限责任公司紧盯市场，其产品——碱性电池专用高性能电解二氧化锰获得用户好评，高纯硫酸锰产能增长迅速。

2. 共性资源整合优势

公司所属各主要企业在工艺技术管理、新产品开发、设备升级与改造、节能和资源综合利用等方面具有较多共性环节，可对具有显著效果的工艺、设备进行推广应用，也可以通过集中攻关解决共性问题。

19.2　行业现状分析

19.2.1　无机盐行业

我国无机盐行业正朝着环保、节约、精细化的方向发展。当前，世界开始大力倡导环保节约的理念，对工厂开始提出了新的要求。国家也出台了一系列相关的法律法规，如《中华人民共和国节约能源法》《中华人民共和国环境保护法》《中华人民共和国安全生产法》等，对红星发展此类化工企业提出了更高的环保要求。
国家一系列法律法规的出台与推行，对无机盐行业的生产提出了更高的要求，也
提高了企业生产管理的成本。同时，随着公司生产管理水平的提升，对先进设备
的引进，整个无机盐行业的生产效率也有了大幅度的提升。

1. 碳酸钡行业

碳酸钡主要应用于陶瓷及釉料、玻璃、磁性材料三个行业中。可查的资料显
示，我国的碳酸钡总产量在每年 55 万～60 万吨，无论是国内市场还是国外市场，
对碳酸钡的需求均相对稳定。同时，在该产品市场上，商品同质化较为严重，主
要是以价格竞争为主。在国家大力倡导环保生产的环境下，会有一部分公司的成
本控制能力、盈利能力及市场占有情况受到影响。

当前，红星发展的碳酸钡产量及市场规模在市场上位居第一，具有一定的成
本优势，产品质量较为稳定，价格相对较低，但由于公司产地的限制，在物流运
输和出口方面，也存在运输成本高、时间长的缺陷。

2. 锶盐行业

2015 年，原来使用锶盐的很多下游企业，由于自身生产模式及生产产品的调
整，减少了对普通锶盐的需求量，而增加了对精细化、高新的锶盐产品的需求。
近年来，国内的很多锶盐生产厂家也在逐步调整产品格局，推动锶盐产品朝着纳
米级、高纯电子级、低钡食品级的方向转变，以提升产品的附加值。

2015 年，红星发展生产的锶盐主要是碳酸锶，在国内碳酸锶市场上的份额达
到 60%左右。该产品主要用于有色金属冶炼、其他锶盐的原料、锶铁氧体磁性材
料及少量的传统显像管玻壳的制造等方面。

19.2.2　锰系产品行业

公司锰系列产品主要有两种，分别是电解二氧化锰和高纯硫酸锰，能够用于
电池行业。

1. 电解二氧化锰方面

据统计，全球电解二氧化锰的总产能约为 42 万吨，而中国的电解二氧化锰产
能达到 28 万吨，占全球产量的 67%，可见，我国电解二氧化锰行业具有较大的优
势。然而，当前我国电解二氧化锰行业存在较为明显的产能过剩，各公司均面临
较大的库存压力。电解二氧化锰产品主要用于电池行业，随着国内大力推行电动

自行车与电动汽车，电池的需求量也大量增加，因而，也会增加对电解二氧化锰产品的需求，这样能够有效缓解电解二氧化锰的库存压力。

红星发展的产能为 3 万吨左右，能够用于碱性和锂锰电池的生产。国内也有一批规模相当、竞争实力相当的公司，如广西靖西一洲锰业有限公司、湘潭电化科技股份有限公司等。

2. 高纯硫酸锰方面

高纯硫酸锰能够用于汽车电池方面。2012 年，国家发布了《节能与新能源汽车产业发展规划（2012—2020 年）》，提出截止到 2020 年，国内纯电动汽车及混合电动汽车的产能应达到 200 万辆，累计销量实现 500 万辆。可见，国家在大力推动电动汽车行业的发展，这也增加了对硫酸锰产品的需求量。红星发展自 2008 年开始研发硫酸锰，经过多年的发展，已经取得了较大的突破，无论是产品的质量、生产的工艺还是客户的服务，都具备了一定的市场竞争力。

19.3　报 表 分 析

19.3.1　利润表分析

利润表能够反映企业在一定会计期间内的经营成果，又可以称为损益表或收益表。利润表全面揭示了企业在某一特定时期实现的各种收入、发生的各种费用、成本和支出，以及企业实现的利润或发生的亏损情况。红星发展的经营成果，如表 19-1 所示。

表 19-1　红星发展利润表基础数据分析　　　　单位：万元

项目	2011 年	2012 年	2013 年	2014 年	2015 年
营业总收入	117 773	115 624	105 306	109 278	104 260
营业总成本	104 512	108 333	103 475	106 973	110 308
营业利润	11 296	2 862	−2 504	1 691	−19 312
净利润	8 807	2 876	801	2 905	−20 109

如表 19-1 所示，2011～2015 年红星发展的营业总收入整体上呈现出不断下降的趋势，由 2011 年的 11.78 亿元下降至 2015 年的 10.43 亿元；营业总成本却在整体上呈现出上升的趋势，由 2011 年的 10.45 亿元增长至 2015 年的 11.03 亿元。可

见，营业总成本的增加，营业总收入的下降，也将会引起营业利润的降低。2011
年，该公司的营业利润为 1.13 亿元，2012 年下降至 2862 万元，2013 年为负值，
随后又有一个较低的上升，2014 年达到 1691 万元，2015 年公司的营业利润为负
值，即−1.93 亿元。在考虑了营业外收入与支出后，公司的净利润也呈现出下降的
趋势，由 2011 年的 8807 万元下降至 2015 年的−2.01 亿元，可见，公司的盈利能
力有所下降，且在 2015 年的亏损较为明显。红星发展的亏损情况也可以从其趋势
分析表中看出，如表 19-2 所示。

表 19-2　红星发展利润趋势分析表　　　　　　单位：%

项目	2011 年	2012 年	2013 年	2014 年	2015 年
营业总收入	100	98.18	89.41	92.79	88.53
营业总成本	100	103.66	99.01	102.35	105.55
营业利润	100	25.34	−22.17	14.97	−170.96
净利润	100	32.66	9.10	32.99	−228.33

2015 年红星发展的营业总收入只有 2011 年的 88.53%，营业总成本却是 2011
年的 105.55%。营业总收入的降低及营业总成本的增加将会直接使得公司营业利
润下降。可以看出，2015 年公司的营业利润为负值，而 2011 年为正值，占 2011
年的−170.96%，下降的幅度很大。净利润更是出现了更大的亏损，2015 年的净利
润是 2011 年的−228.33%。造成红星发展在 2015 年产生巨额亏损的原因是多方面
的。2016 年 1 月 30 日，红星发展发布《2015 年度业绩预亏公告》，也对该年公司
亏损的原因进行了分析。结合《2015 年度业绩预亏公告》，本书认为，造成红星
发展产生亏损的原因主要有以下几点。

一是结合当前国家煤炭行业的发展趋势和综合成本等因素，2015 年第四季
度，红星发展决定逐步减少并暂停其投资的贵州容光矿业有限责任公司的煤炭生
产，并对贵州容光矿业有限责任公司的长期应收账款补充确认投资损失，进而增
加了公司的损失。

二是红星发展所处的无机盐行业及锰系产品行业，均为同质化严重、价格竞
争激烈、产品差异化不明显的产业。这部分行业的特点是盈利的空间越来越小，
加之近年来国家加大了对这部分行业公司的环保控制力度，增加了公司的生产成
本，因而进一步压缩了红星发展的利润。

三是公司针对其控股的子公司在以前年度确认的、可以弥补递延所得税的资
产进行转回，包括贵州红星发展大龙锰业有限责任公司和重庆大足红蝶锶业有限
公司，由于转回的规模较大，也对红星发展 2015 年的盈利产生了一定的不利影响。

四是公司控股的重庆大足红蝶锶业有限公司龙水工厂在 2015 年进行了产品的转型升级与产业调整，因而导致部分生产设备停用，在扣除设备预计净残值后全额计提了固定资产减值准备及公司根据部分应收账款的实际可回收情况和部分存货的可变现情况计提了相应减值准备，从而影响了红星发展在 2015 年的运营业绩和盈利能力。

19.3.2　资产负债表分析

资产负债表能够反映企业在某一时期的财务状况，通过该表，可以及时了解公司的资本结构。本节将对红星发展的资本结构及资产负债总体情况加以分析，进一步考察该公司的运营状况。

表 19-3 列出了红星发展 2011～2015 年的资产负债总体情况，从该表可以看出，该企业的资产状况整体呈现出较为稳定的趋势。2011～2014 年，资产合计每年都在稳定中持续上升，由 2011 年的 16.42 亿元增长至 2014 年的 18.05 亿元，而到了 2015 年，公司的资产合计有了小幅度的下降，下降至 16.08 亿元，为五年来的最低值。这也与公司生产经营的调整、对部分生产设备的停用有较大的关系。在红星发展的资产合计中，主要由流动资产组成，占总资产的 60%以上。企业的负债合计则呈现出逐年上升的趋势，由 2011 年的 3.40 亿元增长至 2015 年的 5.19 亿元，其中，2015 年负债的增长速度最快，与 2014 年相比增长了 9.49%，这与公司不断增加的营业成本有较为明显的关系，但整体来看，相对资产数额较小。同时，公司的负债主要是由流动负债组成的，这是因为红星发展的融资主要来源于银行贷款，其通常期限较短、流动性较高。为了进一步了解该企业的资产负债结构，将对其资本结构进行分析。

表 19-3　红星发展资产负债总体情况　　　　　　　　　单位：万元

项目	2011 年	2012 年	2013 年	2014 年	2015 年
流动资产	102 325	111 830	115 292	116 191	102 246
非流动资产	61 886	61 935	61 371	64 277	58 537
资产合计	164 211	173 765	176 663	180 468	160 783
流动负债	32 913	41 257	45 257	46 820	51 306
非流动负债	1 038	1 035	694	606	621
负债合计	33 951	42 292	45 951	47 426	51 927

表 19-4 列出了 2011～2015 年红星发展资本结构百分比的整体情况，可以看

出，红星发展的资产合计中流动资产占比较高，每年均超过了 60%。可见，该公司资产的流动性较高，说明其资产结构属于保守型。保守型的企业即为风险偏低的企业，该企业在资本积累的过程中，会尽可能提高无风险资产的比重，降低高风险资产的比重，使得整个企业维持在一个较低的风险水平上。保守型的企业通常资产具有较强的流动性，资本也较为容易变现，进而在企业面临运营危机时，能够快速变现资产、更好地抵御风险，防止企业资金链的断裂，同时，由于企业资产结构具有优势，企业的偿债能力较强，能够以较低的成本获得短期借款。然而，由于公司资产流动性较强，进而会增加公司持有流动性资产的机会成本，降低了流动性资产的使用效率。从负债情况来看，公司的负债主要来源于流动负债，2011～2015 年流动负债占比均在 95%以上。

表 19-4　红星发展资本结构百分比分析　　　　　　单位：%

项目	2011 年	2012 年	2013 年	2014 年	2015 年
流动资产占比	62.31	64.36	65.26	64.38	63.59
非流动资产占比	37.69	35.64	34.74	35.62	36.41
资产合计占比	100.00	100.00	100.00	100.00	100.00
流动负债占比	96.94	97.55	98.49	98.72	98.80
非流动负债占比	3.06	2.45	1.51	1.28	1.20
负债合计占比	100.00	100.00	100.00	100.00	100.00
资产负债率	20.68	24.34	26.01	26.28	32.30

从整体上来看，红星发展的资产负债率呈现出逐年上升的趋势，但整体上仍然比较低，2011 年公司的资产负债率为 20.68%，2015 年为 32.30%。可见，红星发展主要以自有资本为主，资本结构比较保守。国际公认标准认为，资产负债率在 50%较合理，即企业的资本一半由债权人提供一半由股东提供，这样既利用了财务杠杆，财务压力又不至于过大。红星发展连续五年的资产负债率均远低于国际公认标准的 50%，一方面说明了红星发展自有资本实力强，抗风险的能力强；但另一方面也说明其资本结构较保守，没能充分利用财务杠杆来获取利润。在保守型融资结构下，企业对流动负债的依赖性较低，从而减轻了短期偿债压力，财务风险较低；与此同时，由于主权资本融资和长期负债融资的成本较高，又会增大企业的资金成本。

19.3.3　现金流量表分析

现金流量表能够反映企业一定会计期间的现金和现金等价物流入与流出状

况，可以了解企业的支付能力和偿债能力，了解企业的现金流量并预测企业未来的现金流量。通过相关指标的计算还可以进一步了解现金流量的充裕程度。

从表 19-5 所示的红星发展的现金流量净额，可以看出公司经营活动产生的现金流量净额在 2011 年、2012 年及 2015 年为正值，2013 年与 2014 年为负值；投资活动产生的现金流量净额则在 2011～2015 年，均为负值；筹资活动产生的现金流量净额也不够理想，在 2011 年、2012 年及 2015 年均为负值，只有 2013 年与 2014 年出现了正值；而现金及现金等价物净增加额则每年均为正值，但是总体上净增加额却在逐年下降，由 2011 年的 26 387 万元下降至 2015 年的 16 511 万元。这说明红星发展在经营、投资及筹资活动中，现金流量净额均容易出现负值，现金的回笼能力有待进一步加强。

表 19-5　红星发展现金流量净额　　　　　　　单位：万元

项目	2011 年	2012 年	2013 年	2014 年	2015 年
经营活动产生的现金流量净额	3 384	4 281	−46	−4 546	11 468
投资活动产生的现金流量净额	−18 678	−8 561	−10 066	−1 533	−5 592
筹资活动产生的现金流量净额	−2 635	−13	7 009	2 191	−4 525
现金及现金等价物净增加额	26 387	22 070	18 853	14 958	16 511

如表 19-5 所示，2015 年红星发展经营活动产生的现金流量净额由 2014 年的 −4546 万元增长至 2015 年的 11 468 万元，造成现金流量净额增加的原因主要是，在 2015 年公司减少了以现金方式支付的原材料货款。投资活动产生的现金流量净额由 2014 年的 −1533 万元下降至 2015 年的 −5592 万元，造成该现金流量净额下降的原因主要是，2015 年公司对外支付了收购子公司重庆大足红蝶锶业有限公司 15% 的股权款。而筹资活动产生的现金流量净额也有大幅度下滑的趋势，由 2014 年的 2191 万元下降至 2015 年的 −4525 万元，造成筹资活动现金流量净额变动的主要原因是，在 2015 年公司增加了偿还银行借款额。可见，公司在 2015 年现金流量净额变动幅度较大。

表 19-6 列示了红星发展 2011～2015 年的现金流入构成情况。可以看出，红星发展的现金流入主要以经营活动为主，经营活动产生的现金流入占比在 90% 左右，其中，2011 年与 2012 年经营活动产生的现金流入占比更是达到了 99%，随后占比有所下降，到了 2015 年公司经营活动产生的现金流入占比达到了 86.23%。其中，经营活动产生的现金流入大部分来源于销售商品和提供劳务。需要强调的

是，2014 年及 2015 年公司增加了对筹资活动的需求量，这与公司日益变化的融资结构是分不开的。投资活动产生的现金流入量则增长较为缓慢。可见，红星发展在逐步推进多元化的运营模式，在销售产品的基础上，提供更多多元化的产品与服务。

表 19-6　红星发展现金流入结构分析表　　　　　　单位：%

项目	2011 年	2012 年	2013 年	2014 年	2015 年
经营活动产生的现金流入占比	99.15	99.52	90.86	87.37	86.23
投资活动产生的现金流入占比	0.69	0.33	0.62	1.78	1.13
筹资活动产生的现金流入占比	0.16	0.15	8.52	10.86	12.64
现金流入占比	100	100	100	100	100

表 19-7 列示了红星发展 2011～2015 年连续五年的现金流出结构情况。可以看出，公司的现金流出主要来源于经营活动产生的现金流出，其占现金流出总量的 80%以上，其中，2012 年更是达到 93.19%；其次为投资活动产生的现金流出，2011～2015 年分别为 13.63%、6.65%、2.79%、7.72%及 5.39%。但可以看出，投资活动产生的现金流出占比总体呈现出下降的趋势，而筹资活动产生的现金流出占比的增长较为明显，由 2011 年的 1.98%增长至 2015 年的 16.21%，说明红星发展加大了筹资的力度、增加了筹资的支出。这与该公司的运营模式也是分不开的，由于当前现金流净额大多为负值，增加了对资金的需求量，从而增加了筹资活动产生的现金流出占比。

表 19-7　红星发展现金流出结构分析表　　　　　　单位：%

项目	2011 年	2012 年	2013 年	2014 年	2015 年
经营活动产生的现金流出占比	84.39	93.19	88.16	88.90	78.40
投资活动产生的现金流出占比	13.63	6.65	2.79	7.72	5.39
筹资活动产生的现金流出占比	1.98	0.16	9.05	3.38	16.21
现金流出占比	100	100	100	100	100

19.4　经营业绩评价

19.4.1　盈利能力评价

表 19-8 列示了红星发展的盈利状况,可以看出,该公司的销售毛利率水平较低,维持在 20% 左右,且总体上呈现出下降的趋势,由 2011 年的 33.45% 下降至 2015 年的 22.10%,这与我国的整体行业发展趋势有较为明显的关系。企业的营业利润率更是下降明显,2011 年该公司的营业利润率为 9.59%,2013 年公司的营业利润率为负值,达到–2.38%,2014 年有所上升,到了 2015 年公司的营业利润更是下降至–18.52%。公司的销售净利率、净资产收益率在 2011～2014 年,均为正值,但净资产收益率仍然较低,到了 2015 年,有了较大幅度的下滑,变为负值。公司的资产报酬率在 40% 左右,表明公司资产的盈利能力不足,资产的使用效率有待进一步提升。可见,红星发展的盈利能力并不十分理想,2015 年,公司的经营利润均有十分明显的下降趋势,这与公司经营战略的转变及面临的行业环境具有密不可分的关系。

表 19-8　红星发展主要盈利能力状况指标　　　　　　　单位: %

项目	2011 年	2012 年	2013 年	2014 年	2015 年
销售毛利率	33.45	27.47	22.25	23.66	22.10
营业利润率	9.59	2.48	–2.38	1.55	–18.52
销售净利率	7.48	2.49	0.76	2.66	–19.29
净资产收益率	6.68	2.49	0.27	2.06	–18.57
资产报酬率	46.35	43.38	44.49	44.48	38.63

19.4.2　营运能力评价

如表 19-9 所示,红星发展的总资产周转率较为稳定,大多在 0.6～0.7 波动,只有 2012 年达到 0.75,说明资产使用效率较为平稳,但数值偏小,因而不够理想;流动资产周转率则整体上呈现出下降的趋势,由 2011 年的 1.08 次下降至 2015 年的 0.95 次;固定资产的周转率也在不断下降,由 2011 年的 3.10 次下降至 2015 年的 2.53 次,可见,流动资产与固定资产周转率均呈现出下降的趋势,使用效率有待进一步提升;同样,应收账款周转率在 2011 年为 10.49 次,经过逐年下降,2015

年该公司的应收账款周转率只有 6.49 次；存货周转率则波动相对较小，基本在 1.7 次左右，但存货周转率相对较低。可见，无论是总资产周转率还是应收账款周转率，都较低且总体呈现出下降的趋势，这表明公司的资产利用率不高，并面临较大的库存压力。

表 19-9　红星发展主要营运能力指标　　　　　　单位：次

项目	2011 年	2012 年	2013 年	2014 年	2015 年
总资产周转率	0.75	0.68	0.60	0.61	0.61
流动资产周转率	1.08	1.15	0.93	0.94	0.95
固定资产周转率	3.10	3.62	2.65	2.71	2.53
应收账款周转率	10.49	9.86	8.13	7.34	6.49
存货周转率	1.76	2.29	1.56	1.59	1.78

19.4.3　偿债能力评价

如表 19-10 所示，红星发展的资产负债率在 2011～2014 年均在 30%以下，2015 年有所上升，达到 32.30%，通常，依据国际经验而言，资产负债率维持在 60%左右时，较为合理。而该公司最高的资产负债率只有 32.30%，可见，其负债水平较低，资本结构相对较为保守。单从偿债能力而言，可以看出该企业的偿债能力较强，但也在一定程度上反映出，该企业并没有充分利用财务杠杆。公司的流动比率是逐年下降的，由 2011 年的 3.11 下降至 2015 年的 1.99，国际上公认的流动比率标准为 1.00，显然该公司的流动比率与国际标准相去甚远。红星发展的速动比率总体上也呈现出下降的趋势，由 2011 年的 1.78 下降至 2015 年的 1.21，也远低于国际公认的 2.00 的标准。可以看出，红星发展虽然负债的比例较低，属于保守型，但是其流动比率与速动比率却很低，又进一步表明公司的短期偿债能力很弱，偿债的风险较大。

表 19-10　红星发展主要偿债能力指标

项目	2011 年	2012 年	2013 年	2014 年	2015 年
资产负债率/%	20.68	24.34	26.01	26.28	32.30
流动比率	3.11	2.71	2.55	2.48	1.99
速动比率	1.78	1.46	1.36	1.39	1.21

19.4.4　发展能力分析

　　如表 19-11 所示，红星发展反映发展能力状况的指标数值均有所下降，说明该公司的产品销售收入不理想。红星发展主营业务收入增长率在 2012 年、2013 年两年连续出现负值，到了 2015 年又出现负值，且在一年内下降了 8%左右，表明该年主营业务收入在明显下降。整体来看，公司的主营业务收入较为不稳定，波动较大，公司的主营业务盈利能力明显不足。净利润增长率的波动幅度也十分巨大，2011 年公司的净利润增长率为 132.39%，2014 年为 262.81%，其余年份则为负增长，2015 年公司净利润的增长率为–792.29%。净资产增长率在 2011 年、2012 年及 2014 年为正值，其余年份则为负值，2015 年公司净资产增长率最低，为–18.18%。总资产增长率在 2011~2014 年仍然为正值，表明总资产仍然在逐年增长，但增长率有所下降，2015 年公司的总资产增长率却为负值，下降为–10.91%。这一结果表明，红星发展的发展能力并不理想，主要是营业收入及销售利润不足。尤其是在 2015 年，公司的主营业务收入及盈利能力出现了急速下降。可以看出，公司在未来发展的过程中，将会面临产品价格竞争激烈、生产成本不断提升的问题。因此，公司要想真正实现可持续发展，改变当前现状，就应该转变当前的运营模式。可以考虑改进现有的生产模式，降低生产的成本，同时加大对高新产品的研发力度，顺应世界范围内环保、低碳、节能的发展趋势。

表 19-11　　红星发展主要发展能力指标　　　　　　单位：%

项目	2011 年	2012 年	2013 年	2014 年	2015 年
主营业务收入增长率	23.69	−1.82	−8.92	3.77	−4.59
净利润增长率	132.39	−67.34	−72.17	262.81	−792.29
净资产增长率	4.64	0.93	−0.58	1.78	−18.18
总资产增长率	9.59	5.82	1.67	2.15	−10.91

19.4.5　杜邦分析

　　如表 19-12 所示，相对于 2014 年而言，2015 年红星发展的总资产收益率与以前年度相比呈现出下降的趋势，2015 年红星发展资产收益率下降主要是销售净利率与总资产周转率下降引起的。因此，红星发展应提高对资产的使用效率，提高销售净利率，降低成本，从而提高总资产的收益率。

表 19-12　红星发展杜邦分析计算表

项目	2011 年	2012 年	2013 年	2014 年	2015 年
总资产收益率/%	5.61	1.76	0.46	1.63	−11.79
权益乘数	1.26	1.32	1.33	1.36	1.48
销售净利率/%	6.67	2.59	0.31	2.30	−18.26
总资产周转率/次	0.75	0.68	0.60	0.61	0.61

19.5　结论及建议

19.5.1　红星发展存在的问题分析

2015 年全球经济格局依然较为脆弱,中国的经济也进入了新常态,面临转型。红星发展作为传统的化工产品生产企业,面临着较为严重的产品同质化局面,加之国家出台了一系列的法律法规与政策,对公司生产提出更高的要求,增加了生产的成本,使得公司在 2015 年出现了较大的经营业绩下滑。面对当前出现的问题,应从多个方面加以分析。

(1)结合当前国家煤炭行业的发展趋势和综合成本等因素,2015 年第四季度红星发展决定逐步减少并暂停其投资的贵州容光矿业有限责任公司的煤炭生产,并对贵州容光矿业有限责任公司的长期应收账款补充确认投资损失,损失金额达到 125 531 765.37 元,进而增加了公司的损失。

(2)红星发展所处的无机盐行业及锰系产品行业,均为同质化严重、价格竞争激烈、产品差异化不明显的产业。这部分行业的特点是盈利的空间越来越小,加之近年来国家加大了对这部分行业公司的环保控制力度,增加了公司的生产成本,因而进一步压缩了红星发展的利润。

(3)公司针对其控股的子公司在以前年度确认的、可以弥补递延所得税的资产进行转回,包括贵州红星发展大龙锰业有限责任公司和重庆大足红蝶锶业有限公司。公司共计提坏账准备 36 231 万元,其中,重庆大足红蝶锶业有限公司应收河南安飞电子玻璃有限公司货款共计 1448.08 万元,上述欠款账龄超过六年,该欠款人已进入破产程序,在合并报表中体现资产减值损失增加 289.62 万元;还有一部分按照公司正常坏账政策分析计提的坏账准备,在合并报表中体现资产减值损失增加 72.69 万元。

(4)公司控股的重庆大足红蝶锶业有限公司龙水工厂在 2015 年进行了产品的转型升级与产业调整,因而导致部分生产设备停用,在扣除设备预计净残值后全额计提固定资产减值准备及公司根据部分应收账款的实际可回收情况和部分存货的可变现情况计提了相应减值准备,从而影响了红星发展在 2015 年的运营业绩和盈利能力。公司对账面的差额也进行了相应的调整,针对账面成本高于可变现净值的存货的部分,红星发展计提了 2979.53 万元的跌价准备。

19.5.2　对红星发展的建议

1. 综合分析产品市场,灵活调整产业格局

针对当前红星发展经营状况较差、盈利能力不足的情况,应加大公司产品市场调整力度。针对钡盐产业,公司应结合公司多元化的产业链优势,根据产品市场及时调整市场行情,并不断加强终端销售管理,逐步提高市场的整体合力,建立钡盐市场的价格体系与销售市场格局。针对锶盐行业化的产品,公司应在巩固现有产品市场的基础上,积极拓展多元化和精细化的产品,加强客户关系维护管理,提高客户黏性。针对电解二氧化锰产品,则应该加强该产品的研发力度,不断改进电解二氧化锰性能,设计更加多元化和个性化的产品,以满足不同客户的需求,增加产品的特色化和差异化,提升客户的稳定性。

2. 加强产品市场开发与拓展

针对当前的产品市场,红星发展应在完善产品生产的基础上,加强对产品市场的开发与拓展。当前碳酸钡销售份额占公司钡盐产业销售份额的 60%,针对碳酸钡市场,应加强各生产企业相互之间的协调与配合,及时调整产品的价格。进一步对客户市场进行分类,细化当前的产品需求市场,开展差异化的销售模式。同时,针对当前碳酸钡市场产品同质化较为严重的现象,可以考虑积极拓展其他钡盐产品市场,如轻体粉钡、电子级碳酸钡和专用碳酸钡等。针对锶盐客户市场,可以考虑对不同需求的客户市场开展差异化的营销方式,加速产品销售资金的回笼,降低产品库存成本。

陈　雯　周晋兰

第20章　朗玛信息2015年报告分析

本章从财务报告使用者的视角，结合财务报表分析的相关理论及财务指标，对贵阳朗玛信息技术股份有限公司（以下简称朗玛信息）2011～2015年年报所披露的主要财务数据进行分析。本章从公司简介、公司核心竞争力、行业现状、报表、经营业绩五个方面进行具体分析，找出朗玛信息2011～2015年主要财务指标的变化情况和变化趋势，并分析其原因，试指出朗玛信息在财务管理、经营决策等方面存在的问题，力求全面客观地反映公司的经营状况和财务成果，为财务报告使用者进行财务决策提供支持。

20.1　公司简介

朗玛信息是由贵阳朗玛信息技术有限公司于2010年11月1日整体变更设立，设立时股本为4000万元。

根据中国证券监督管理委员会下发的《关于核准贵阳朗玛信息技术股份有限公司首次公开发行股票并在创业板上市的批复》（证监许可〔2011〕2156号）文件的规定，该公司于2012年2月8日向社会公开发行人民币普通股票（A股）1340万股，每股面值1元，每股发行价格为22.44元，发行后该公司股本为5340万元。根据该公司2014年度股东大会决议，公司以资本公积转增股本22 529.4268万元，转增基准日为2014年12月31日，变更后的注册资本为33 794.1402万元。

朗玛信息主要经营业务为互联网诊疗服务，"电话对对碰"业务，计算机及手机软件的开发、销售，以及计算机网络互联设备销售、互联网信息服务、网络游戏开发及运营、第二类增值电信业务中的信息服务业务、互联网信息服务业务、利用互联网经营的游戏产品等。

20.2　公司核心竞争力分析

20.2.1　拥有实体医院的资质

在现有的医疗卫生法律法规框架下，合法从事和开展互联网医疗业务的公司必须拥有实体医院的资质，朗玛信息于2015年通过收购贵阳市第六人民医院取得了实体医院的资质。与此同时，朗玛信息在解决互联网医疗合规问题之后，通过引进医疗专家团队、吸引优质医疗资源来满足用户诊疗需求，从而打造优质的互联网医疗品牌。

20.2.2　医疗资源整合能力

在实体医院资质的支撑及地方政府的支持下，朗玛信息在医疗资源整合方面有突出优势，具体体现在公司目前开展的基于互联网的疑难重症二次诊断业务已经吸引了多位国家顶级专家及其团队参与其中；公司已与贵州省卫生和计划生育委员会、贵阳市卫生和计划生育委员会、黔西南州人民政府等多个政府相关部门，签署关于互联网医院的合作关系，以贵州互联网医院为平台整合地方医疗资源。

20.2.3　政策优势

朗玛信息发展互联网医疗业务得到了地方政府的大力支持，在产业整合、医疗资源整合、行业政策支持上均能得到极强的支撑。

20.2.4　技术优势

朗玛信息充分利用开发维护新浪 UC 产品中积累的技术资源，依托多年来音视频通信技术和移动终端软件开发技术优势，以及丰富的互联网产品运营管理经验，为互联网医疗业务的开拓和产品的研发提供了强大的技术支持。

20.2.5　团队优势

朗玛信息在互联网医疗业务的布局，吸引了多位超过 20 年医疗行业从业经验的专业人士及其团队的加入，与公司具备互联网运营经验的团队形成优势互补。

20.3　行业现状分析

朗玛信息目前主要从事医疗健康大数据和互联网语音及娱乐领域两大业务，其中医疗健康大数据为公司未来发展的主要业务，互联网语音及娱乐领域业务是目前公司的重要现金流业务。

20.3.1　互联网医疗业务

随着中国进入老龄化社会，医疗健康行业具备广大的发展前景，国务院 2013 年发布的《关于促进健康服务业发展的若干意见》中指出，"到 2020 年，要基本建立覆盖全生命周期、内涵丰富、结构合理的健康服务业体系"。另外，国家日益重视互联网与医疗行业的深度融合，《国务院关于积极推进"互联网+"行动的指导意见》中提出："鼓励互联网企业与医疗机构合作建立医疗网络信息平台，加强区域医疗卫生服务资源整合，充分利用互联网、大数据等手段，提高重大疾病和突发公共卫生事件防控能力。"在国家政策的引导下，互联网医疗成为新的驱动引擎，行业发展可观，市场空间广阔，但由于医疗行业有其自身特点，互联网技术刚刚渗透，整个行业的发展仍处于探索期。

朗玛信息在 2014 年完成对广州启生信息技术有限公司（以下简称启生信息）旗下的 39 健康网收购，其优势在于，掌握了国内领先的医疗健康网站资源，39 健康网拥有优质的医疗健康信息资源，可以提供高效、优质、及时的在线医疗服务，同时网站拥有稳定的流量，互联网广告业务势头良好，成为业内少有的实现规模盈利的互联网医疗公司。2015 年，39 健康网流量继续稳定增长，其中，移动互联网流量快速增长，带动该公司互联网医疗业务收入稳步增长。2015 年，朗玛信息实现互联网医疗信息服务收入 16 278.08 万元。

2015 年，在贵阳市人民政府批准贵阳市第六人民医院设立贵阳市互联网医院后，朗玛信息积极布局，完成了对贵阳市第六人民医院的收购，自此，朗玛信息依托实体医院的资质，突破了传统互联网医疗仅从事信息服务的局限，进入了核心的互联网诊疗环节，在互联网医疗的战略转型中，迈出了实质性的一步。2015 年，朗玛信息还参与设立了贵阳市医药电商服务有限公司，正式开启了医疗药品配送业务，该业务预期成为公司新的利润增长点。

20.3.2　语音社区业务

语音社区业务"电话对对碰"是朗玛信息重要的现金流产品。"电话对对碰"业务中，公司与基础电信运营商合作，共同建成了一个基础服务免费、增值服务收费的语音社区，其增值服务费经过和电信运营商的分成后，给公司带来了稳定的利润。在面对此前年度出现的"电话对对碰"用户分流的问题时，公司通过深挖产品特性、细分用户群体、增强业务黏性，满足了用户需求，实现了稳定发展，转而为互联网医疗业务的发展提供了稳定的现金流支持。2015 年，公司实现语音社区业务收入 11 372.31 万元，与 2014 年基本持平。

20.4　报　表　分　析

20.4.1　利润表分析

1. 利润表相关项目趋势分析

如表 20-1 所示，朗玛信息 2012 年营业收入、净利润、利润总额、营业利润较 2011 年都有所上升，业务水平稳步增长，其原因是 2012 年朗玛信息在深圳证券交易所创业板挂牌上市，在募集资金、拓展市场、运营推广、加强内控方面都较上年有了大幅提升，当期公司营业收入 99% 以上来自核心产品"电话对对碰"业务，营业收入及净利润均取得了稳定增长。

表 20-1　朗玛信息利润表简表　　　　　　单位：元

项目	2011 年	2012 年	2013 年	2014 年	2015 年
营业收入	112 181 641.23	150 484 583.10	151 611 757.49	121 340 952.09	316 626 488.83
营业成本	11 681 268.99	70 390 661.22	99 427 143.01	108 857 727.61	232 938 331.30
营业利润	54 506 589.47	80 093 921.88	52 049 847.37	12 520 808.32	87 730 927.69
营业外收入	14 031 555.08	14 126 985.05	9 908 860.89	22 993 759.81	22 972 822.66
利润总额	68 417 226.94	94 152 060.25	60 955 502.40	35 445 570.41	110 387 395.60
净利润	58 142 544.76	87 785 890.86	55 111 117.55	29 721 134.02	94 385 827.33

在 2014 年公司营业收入明显下滑。2014 年，随着移动互联网业务的发展，稳定创收的"电话对对碰业务"出现分流，潜在用户流失，业务发展放缓，导致本期营业收入同比下降了 19.97%，为 121 340 952.09 元。2014 年营业成本为 108 857 727.61 元，同比增长了 9.48%，主要是公司将客服人员集中于贵阳总部办公，增加了客服人员和办公电脑，职工薪酬和折旧相应增加，导致营业成本增加。

此外，2015 年朗玛信息营业收入为 316 626 488.83 元，同比增长了 160.94%，增长明显，其原因是经过公司战略转型的阵痛后，启生信息实现营业收入 16 278.08 万元，净利润 8767.91 万元，超额完成了业绩承诺目标，有力改善了公司的整体盈利能力。2015 年"电话对对碰"业务实现营业收入 11 372.31 万元，完成了年初设定的业务目标，良好的现金流支撑着公司向互联网医疗转型。2015 年公司出售朗玛网语音互联网社区项目（"语玩"业务），计提资产减值准备，向动视云管理层出让所持有的贵阳动视云科技有限公司 10%的股权，拟注销贵州朗视科技传媒有限公司，逐步退出原有的互联网社区、娱乐业务，专注于互联网医疗业务的发展，此战略的实施，使得公司在 2015 年实现营业利润 87 730 927.69元，同比增长了 600.68%，获利能力明显增强。

2. 利润表结构分析

如表 20-2 与表 20-3 所示，2011～2015 年，朗玛信息营业利润占营业收入的比重变化明显，2012 年为最高值，2014 年为最低值，降幅较大，主要原因是营业成本过高。通过对比阿里健康（00241）、九安医疗（002432）、万达信息（300168）三家互联网医疗公司发现营业利润占营业收入比值偏低，甚至出现亏损的情况，且营业成本占营业收入比值偏高，这在一定程度上说明，处于起步阶段的互联网医疗行业的整体获利能力不高。

表 20-2　2011～2015 年朗玛信息利润表结构百分比分析　　　　单位：%

项目	2011 年	2012 年	2013 年	2014 年	2015 年
营业收入	100.00	100.00	100.00	100.00	100.00
销售费用	8.00	7.85	15.18	18.35	13.30
管理费用	30.97	30.45	42.52	67.82	33.88
财务费用	−1.51	−6.92	−6.96	−8.05	−2.01
营业利润	48.59	53.22	34.33	10.32	27.71
利润总额	60.99	62.57	40.20	29.21	34.86
净利润	51.83	58.34	36.35	24.49	29.81

表 20-3　2015 年各竞争公司营业业绩比较

项目	朗玛信息		阿里健康		九安医疗		万达信息	
	数额/ 百万元	结构 百分比/%	数额/ 百万元	结构 百分比/%	数额/ 百万元	结构 百分比/%	数额/ 百万元	结构 百分比/%
营业收入	316	100.00	31	100.00	398	100.00	1869	100.00
营业成本	233	73.73	14	45.16	537	134.92	1623	86.84
营业利润	87	28.53	−88	−283.87	−153	−38.44	247	13.22

朗玛信息管理费用占营业收入的比重较大，主要是公司人工成本、研发投入及办公费用增加。但 2014 年管理费用为 82 293 510.76 元，同比增长了 27.65%，

其原因主要是收购启生信息发生的中介机构服务费用增加较大。

朗玛信息销售费用所占营业收入比重增加主要原因是随着公司的发展和战略布局的调整，加大了投入市场促销费和宣传推广费的支出。

朗玛信息财务费用 2011～2015 年连续五年均为负值，体现为利息收入的增加，2011～2014 年公司银行存款到期利息大于计提利息所致。2011～2014 年，由于刚上市不久，公司筹集的大量资金尚未投入新的项目而存入银行，给公司带来了较高的利息收入，最终导致财务费用为负，与此同时，也反映出公司"资产回报率"低于"银行利率"，资产结构不合理。2015 年公司财务费用同比下降了34.79%，其原因主要是报告期间定期银行存款减少和存款利息收入减少。

20.4.2　资产负债表分析

1. 流动资产分析

如表 20-4 和图 20-1 所示，朗玛信息流动资产合计在 2012 年有明显增长，其中货币资金涨幅明显，由 2011 年的 100 468 007.24 元增长至 2012 年的373 916 394.20 元，涨幅达 272.17%，究其原因主要是 2012 年 2 月朗玛信息在深圳证券交易所创业板成功上市后，新股发行募集到大量资金。2012～2015 年公司流动资产规模总体平稳，但 2014 年有所下降，其原因是 2014 年在对启生信息收购中，支付了部分股权款。

表 20-4　2011～2015 年朗玛信息资产负债表简表　　　单位：元

项目	2011 年	2012 年	2013 年	2014 年	2015 年
货币资金	100 468 007.24	373 916 394.20	408 989 310.86	343 469 581.50	410 549 920.27
流动资产合计	141 794 585.23	466 713 145.37	514 875 375.10	455 795 115.85	507 529 583.68
无形资产	11 050.46	133 797.70	1 235 286.97	8 137 412.03	31 655 274.76
开发支出	0.00	13 469 436.52	39 447 931.36	48 781 818.54	0.00
非流动资产合计	5 930 170.30	23 891 015.07	55 241 514.95	720 200 578.68	699 227 606.89
资产合计	147 724 755.53	490 604 160.44	570 116 890.05	1 175 995 694.53	1 206 757 190.57
应付账款	213 099.76	177 566.70	143 442.00	8 962 118.47	8 849 205.11
一年内到期的非流动负债	0.00	0.00	0.00	87 969 000.00	63 447 840.40
流动负债合计	9 640 878.08	5 383 103.30	12 748 790.91	131 543 700.47	147 866 456.33
长期应付款	0.00	0.00	0.00	126 895 201.75	63 447 840.15
非流动负债合计	70 000.08	30 000.12	3 182 646.11	130 407 191.71	72 649 514.95
负债合计	9 710 878.16	5 413 103.42	15 931 437.02	261 950 892.18	220 515 971.28
所有者权益合计	138 013 877.37	485 191 057.02	554 185 453.03	914 044 802.35	986 241 219.29

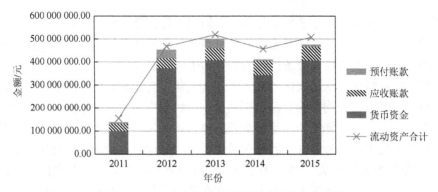

图 20-1　2011～2015 年朗玛信息流动资产结构图

朗玛信息应收账款除 2011 年占流动资产合计数 23.65%外,都控制在 9.58%～13.89%范围内,且每个会计年度都有按照单项金额重大、信用风险特征组合等详细标准计提坏账准备,前五大欠款方为中国移动通信集团公司、中国联合网络通信集团有限公司、中国电信集团公司、百度在线网络技术（北京）有限公司等公司,偿债能力较强,发生坏账的风险较低。2011～2015 年,预付账款的规模也是处于稳定的低比例空间。

2. 资产分析

如图 20-2 所示,2012～2014 年朗玛信息资产合计呈明显上升趋势,原因是2012 年朗玛信息上市,资金募集到位,2014 年,朗玛信息收购启生信息 100%股权,合并成本为 650 000 000.00 元。购买日,启生信息可辨认净资产公允价值为79 872 215.11 元,合并成本大于合并中取得的被购买方可辨认净资产公允价值份额的差额 570 127 784.89 元确认为商誉,因此商誉在总资产中占比较大,同时 2015年该商誉未存在减值的情况, 故其规模保持不变。

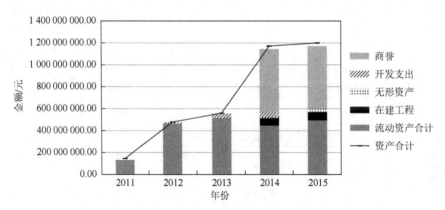

图 20-2　2011～2015 年朗玛信息资产结构图

值得一提的是，朗玛信息作为高新技术企业，2012～2014 年，开发支出持续增长，涨幅达 262.17%，此阶段公司支出主要是对 phone+（蜂加软件）移动互联网多方语音系统、朗玛语音互联网社区等项目研发工作提供支持。2015 年本期 phone+开发完成并转入无形资产。新技术、新产品的研发是高新技术企业保持生命力的前提，也为公司发展壮大、形成核心竞争力提供了战略保障。

3. 流动负债分析

如图 20-3 所示，2014 年和 2015 年朗玛信息流动负债规模增长明显，其原因是持有一年内到期的非流动负债的发生，此处一年内到期的非流动负债分别是公司收购启生信息股权转让款 87 969 000.00 元和 63 447 840.40 元。

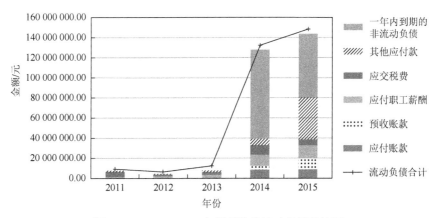

图 20-3　2011～2015 年朗玛信息流动负债结构图

此外，2015 年其他应付款增幅明显，其中股权款 30 000 000.00 元，占其他应付款的 73.08%，主要是公司收到自然人吴镇发非公开发行股票保证金。

4. 负债分析

如图 20-4 所示，朗玛信息在 2011～2013 年，负债合计趋于平稳，在 2014 年出现明显增幅：一部分为流动负债的增长（已在上文中分析）；另一部分为长期应付款的增长。究其原因是朗玛信息收购启生信息尚未支付的交易对价 126 895 201.75 元。在 2015 年长期应付款的核算中，除去已支付的对价，尚有 63 447 840.15 元未支付。

据此分析，2011～2013 年朗玛信息没有充分利用财务杠杆为企业筹集资金，在 2014 年和 2015 年，公司所形成的负债也仅限于收购子公司所产生的负债，除此之外，其他负债科目所占权重很低，不能有效地利用外部资金，公司整体发展战略过于保守。

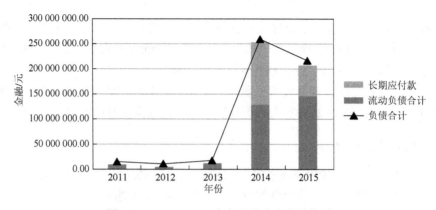

图 20-4　2011～2015 年朗玛信息负债结构图

5. 所有者权益分析

如图 20-5 所示，2014 年朗玛信息资本公积出现明显变动，当期增加 320 390 081.30 元，减少 6 702 307.26 元，期末余额 536 755 850.49 元。具体原因包括：一是朗玛信息收购启生信息，向启生信息原股东发行人民币普通股股本溢价扣除相关发行费用后，导致资本公积的增加。二是朗玛信息于 2014 年 10 月收购吕世峰所持北京梦城互动科技有限公司 5.39%的股权，新取得的长期股权投资成本与按照新增持股比例计算应享有子公司自购买日开始持续计算的可辨认净资产份额之间的差额，冲减合并财务报表中的资本公积（股本溢价）5 583 875.07 元；北京梦城互动科技有限公司股东增资，公司持股比例下降 0.06%，冲减资本公积 1 118 432.19 元。此两项原因导致 2014 年资本公积的减少。

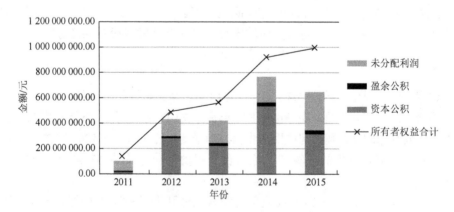

图 20-5　2011～2015 年朗玛信息所有者权益结构图

2015 年朗玛信息未分配利润明显增加，且当期盈利，但未提出普通股现金红利分配预案，是因为公司进行了战略调整，布局"互联网+医疗"领域，其虽为新兴领域，但市场竞争异常激烈，朗玛信息必将进一步加大对互联网医疗业务的投入，所以资金压力较大，将未分配利润结转至下一年度。2011～2015 年，朗玛信息的所有者权益合计稳步上升，公司发展总体稳健，但 2015 年增幅放缓，这也在一定程度上反映出公司在调整期所面临的压力。

20.4.3 现金流量表分析

现金流量表是反映企业一定会计期间现金和现金等价物流入与流出的报表。分析现金流量表可以看出，公司筹资活动、投资活动、经营活动质量。

1. 现金流入分析

如图 20-6 所示，2012～2014 年，经营活动现金流入小计较为平稳，说明公司收入增长较为稳定。而截至 2015 年，公司经营活动现金流入小计再次出现显著增长，同比增长 112.68%，主要是本期合并了启生信息的经营活动现金流入 179 284 838.58 元。

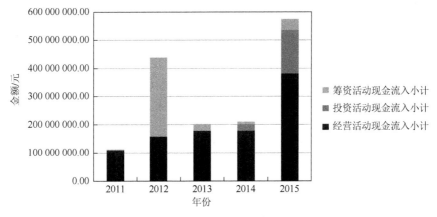

图 20-6 现金流入分析图

2015 年，投资活动现金流入小计同比增长 606.29%，增长明显，主要是本期合并启生信息的投资活动现金流入 148 831 257.99 元。

综上说明，在公司的现金流入结构中，经营活动所占比例较高，始终占据基础地位，为公司的运营持续输送"血液"，筹资活动和投资活动带来的现金流入不具有持续性。这一方面说明公司的经营活动带来充足的现金流入，公司经营战略稳健，货币资金充裕；另一方面说明公司仍处在战略转型期，企业合并引起现金流结构的明显变化。

2. 现金流出分析

如图 20-7 所示，2011～2015 年朗玛信息现金流出持续增加，2014 年和 2015 年投资活动产生的现金流出，皆是因为购买启生信息的股权款及资产重组中发生的中介机构服务费等产生的。2015 年经营活动现金流出小计同比增长了 90.54%，主要是当期合并了启生信息的经营活动现金流出 99 506 004.20 元。

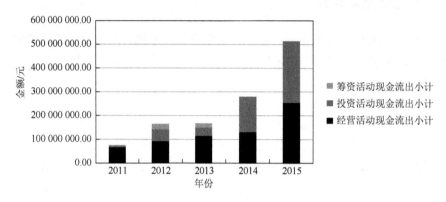

图 20-7　现金流出分析图

3. 现金流量净额分析

如图 20-8 所示，朗玛信息 2011～2015 年连续五年经营活动产生的现金流量净额为正数，尤其是 2015 年现金流增幅明显，同比增长了 177.27%；投资活动产

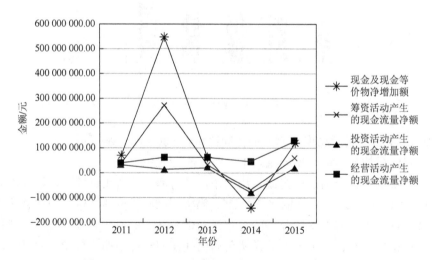

图 20-8　2011～2015 年朗玛信息现金流量净额分析图

生的现金流量净额和筹资活动产生的现金流量净额除 2014 年为负值外，其他年份均为正数。可以判断，公司处于高速发展期，作为传统优势产品的互联网语音及娱乐项目继续保持市场份额，而战略转型后的医疗数据大健康项目则呈现快速上升趋势，表现为公司在完成战略布局调整后的经营活动中货币资金大量回笼。与此同时，公司的高速发展仍需要追加大量投资，而仅靠经营活动产生的现金流量净额可能无法满足所需投资，必须筹集必要的外部资金作为补充。

此外，2014 年现金及现金等价物净增加额为–70 519 729.36 元，说明随着移动互联网的快速发展，朗玛信息的主营语音业务的潜在用户群体被分流，导致业务发展放缓，给公司现金流带来了不利的影响。

20.5　经营业绩评价

20.5.1　盈利能力状况分析

如表 20-5 所示，2011～2014 年朗玛信息销售毛利率、净资产收益率、总资产报酬率都呈现逐年递减的趋势。2011 年，电话语音聊天业务方兴未艾，手机会员用户在 2011 年内由 52 万人增长至 89 万人，增长率为 71.15%，为公司提供了较大的利润空间。然而在 2012 年公司上市后，主营电话语音聊天业务虽稳定增长，但市场优质产品增多，竞争激烈，尤其是微信等新兴聊天工具的普及给传统电话语音聊天业务带来巨大冲击，加之新产品需要进行研发、测试、推广等环节，周期较长，不能及时有效形成利润增长点，直至 2014 年出现最低值，2015 年在完成互联网医疗和移动医疗领域的转型后，盈利能力有所增强。

表 20-5　朗玛信息主要盈利能力状况指标　　　　单位：%

项目	2011 年	2012 年	2013 年	2014 年	2015 年
销售毛利率	89.59	53.22	34.42	10.29	26.43
营业利润率	48.59	53.22	34.33	10.32	27.71
销售净利率	51.83	58.34	36.35	24.49	29.81
净资产收益率	53.37	28.17	10.60	4.05	9.93
总资产报酬率	55.57	29.50	11.49	4.06	9.27

20.5.2　营运能力状况分析

如表 20-6 所示，朗玛信息 2011～2014 年总资产周转率、流动资产周转率大幅下降，说明公司总资产和流动资产的利用效率逐渐降低，2015 年公司在经过对启生信息的合并重组后，总资产和流动资产的经营质量与利用效率有所上升。虽然应收账款周转率波动较为明显，且公司整体定位较为保守，客户多为中国移动通信集团公司、中国电信集团公司等资信和实力较为雄厚的企业，故公司对资金使用效率很高。朗玛信息是提供移动互联网语音和互联网医疗的服务型高新技术企业，管理水平较高，固定资产周转率、无形资产周转率都处于较高水平，其自主研发的 phone+ 移动互联网多方语音系统、多屏互动视频服务平台、基于可穿戴与便携设备的健康管理服务平台、互联网问诊服务平台等研发形成的无形资产占无形资产总额的 95.15%，且无形资产周转天数较短，说明公司对无形资产的使用效率很高。此外，通过对公司产品更替可以发现，新转型后的互联网医疗相关的无形资产比移动互联网语音相关的无形资产的周转天数长，但因传统互联网语音业务的市场饱和、客户分流，朗玛信息必须适应转型后带来的新变化，并制定相应的管理战略。

表 20-6　朗玛信息主要营运能力状况指标

项目	2011 年	2012 年	2013 年	2014 年	2015 年
总资产周转率/次	91.12	47.15	28.59	13.90	26.58
流动资产周转率/次	95.35	49.46	30.89	25.00	65.74
固定资产周转率/次	2 157.48	2 120.40	1 703.34	1 120.47	2 730.11
应收账款周转率/次	381.83	384.70	312.60	209.93	526.20
应收账款周转天数/天	95.59	94.88	116.76	173.87	69.36
无形资产周转率/次	792 787.43	207 782.53	22 147.90	2 589.24	1 591.38
无形资产周转天数/天	0.05	0.18	1.65	14.10	22.94

20.5.3　偿债能力状况分析

如表 20-7 所示，朗玛信息资产负债率均处于 1%～23%，其资本结构过于保守。单从偿债能力来讲，其长期偿债能力非常强，但与此同时也反映出朗玛信息财务杠杆运用不够。以流动比率 200%、速动比率 100% 为标准，朗玛信息的流动比率与速动比率均远远超过这一标准，并且基本无存货，说明其短期偿债能力非常强，债务风险很低。

表 20-7　朗玛信息主要偿债能力状况指标　　　　　　　单位：%

项目	2011 年	2012 年	2013 年	2014 年	2015 年
资产负债率	6.57	1.10	2.79	22.27	18.27
流动比率	1470.76	8669.96	4038.62	346.50	343.24
速动比率	1470.76	8669.96	4038.62	346.50	342.95

由于公司资本结构较为保守，虽然增强了其偿债能力，但是公司资产大量闲置，尤其是货币资金，没有充分利用财务杠杆，不利于公司资产的优化配置。所以，公司在下一步经营中，可以适当举债、调整资本结构，以给企业带来额外收益。

20.5.4　发展能力状况分析

如表 20-8 所示，2011～2014 年朗玛信息营业收入增长率逐年下降的趋势非常明显，说明在此四年，电话语音业务的发展已明显处于下滑状态，虽然公司仍拥有一定规模的用户群体，但市场竞争激烈，用户流失异常严重，其劣势在 2012 年公司上市时就已经显露出来。经过 2013 年、2014 年两年的转型布局，2015 年依托以优势技术的互联网医疗相关产品和服务成为新的收入增长点，营业收入比上一年度增长了 195 285 536.74 元。

表 20-8　朗玛信息主要发展能力状况指标　　　单位：%

项目	2011 年	2012 年	2013 年	2014 年	2015 年
营业收入增长率	52.94	34.14	0.75	−19.97	160.94
净利润增长率	58.58	50.98	−37.22	−46.07	217.57
总资产增长率	49.96	232.11	16.21	106.27	2.62
资本积累率	72.80	251.55	14.22	64.93	7.90

2012 年朗玛信息上市和 2014 年完成对启生信息的收购，使得总资产增长率出现明显上涨。资本积累率与总资产增长率呈正相关，说明近年来处于成长阶段的朗玛信息的发展并不平稳，从公司发展能力状况指标上分析，2014 年的战略转型取得了预期效果，互联网医疗行业也存在巨大的发展空间，但对于朗玛信息而言，转型最终成功与否，仍需要时间和市场的检验。

20.5.5　杜邦分析法

如表 20-9 所示，2011 年朗玛信息净资产收益率高达 50.53%，这与较高的销售净利率和总资产周转率息息相关，说明公司销售业务带来巨大利润空间的同时，也带来非常理想的收益。2012～2014 年，虽然"电话对对碰"业务仍是支撑公司销售净利率的主要力量，但由于产品形式单一、移动互联网各类社交与娱乐应用的快速普及，市场潜在用户出现明显分流，新拓展的 phone+、朗视传媒与爱碰、视频秀、手机游戏、移动通信转售等业务短期内难有大的营收贡献，最终导致净资产收益率持续大幅下滑。2014 年底，随着公司布局互联网医疗领域的完成，其相关业务收入稳步增长，同时电话语音业务仍有一定的黏性，并且与中国电信集团公司和中国联合网络通信集团有限公司合作的语音增值业务收入将逐步稳定，使得公司 2015 年销售净利率出现回暖，整体盈利能力增强，股东资金使用效率有所提高。

表 20-9　朗玛信息杜邦分析计算表

项目	2011 年	2012 年	2013 年	2014 年	2015 年
销售净利率/%	51.82	58.34	37.12	28.64	31.08
总资产周转率/次	91.11	47.15	28.59	13.90	26.58
总资产收益率/%	47.21	27.50	10.61	3.98	8.26
权益乘数	1.07	1.01	1.03	1.29	1.22
净资产收益率/%	50.53	27.81	10.92	5.12	10.10

20.6　结论及建议

2015 年是朗玛信息转型发展互联网医疗的关键一年，"电话对对碰"业务运营稳健，部分原有互联网社区及娱乐业务实现退出，互联网医疗服务崭露头角，互联网医疗体系雏形已现。公司旗下的 39 健康网在 2015 年运营稳健，用户流量保持持续较快增长，推动互联网医疗信息服务业务收入稳定增长，并带动业绩快速增长，公司整体盈利能力增强。

自公司 2014 年收购启生信息，进军互联网医疗以来，经过两年的发展，公司互联网医疗业务已经完成初步布局，并形成了整体战略，即依托互联网医院，利用互联网、大数据及云计算等技术，有机结合医疗设备智能穿戴技术，重组医疗资源，科学搭建健康管理的新型体系，让更多的人享受高效、优质、便捷的诊疗服务，推动公司成为互联网医疗领域的优秀公司。

随着中国整体宏观环境的变化、社会老龄化的到来，医疗健康服务业将成为未来国民经济的亮点。国家医疗卫生体制改革进一步深化，"互联网+医疗"战略的提出，更使得互联网医疗成为投资界的"风口"。诸多资金的涌入，特别是医药行业大公司涉足互联网、BAT（中国互联网三巨头：百度、阿里巴巴、腾讯）等互联网巨头在医疗健康领域的布局，使得互联网医疗行业的竞争日益加剧。另外，医疗卫生行业的特殊性，尤其是政策法规监管、医疗行业的支付体系、现有医药行业的格局、医疗行业的相对封闭等，使得互联网医疗的深入发展面临诸多困境。如何应对外部竞争的加剧、做好业务创新，是公司的主要风险点。尽管公司先于市场察觉到"互联网+医疗"的市场机会，率先完成对 39 健康网和实体医疗机构的收购，并获得了极好的政策支持，为互联网医疗业务发展奠定了良好基础，但在未来业务的发展中，唯有遵从医疗行业的客观规律，才能在市场竞争中脱颖而出，持续把握未来行业发展的方向，实现自身发展。

徐　超　周晋兰

作 者 信 息

周晋兰：贵州财经大学会计学院　教授

书中作者信息按章节排序：
第1章　黎星恋，贵州财经大学2015级会计学专业研究生
第2章　胡双燕，贵州财经大学2016级会计学专业本科生
第3章　南向飞，贵州财经大学2015级会计学专业研究生
第4章　李阳，上海电机学院2014级国际经济与贸易专业本科生
第5章　郑匀婷，贵州财经大学2015级会计学专业研究生
第6章　杨吉莹，贵州财经大学2015级会计学专业研究生
第7章　吴周倩，贵州财经大学2015级会计学专业研究生
第8章　陈忠立，贵州财经大学2015级会计学专业研究生
第9章　欧阳英桃，贵州财经大学2015级会计学专业研究生
第10章　孔庆华，贵州财经大学2015级会计学专业研究生
第11章　杨洋，贵州财经大学2015级会计学专业研究生
第12章　任文婷，贵州财经大学2015级会计学专业研究生
第13章　林文，贵州财经大学继续教育学院，副教授
第14章　蒋星星，贵州财经大学2015级会计学专业研究生
第15章　沈莉惠，贵州财经大学2015级会计学专业研究生
第16章　邱书婷，贵州财经大学2015级会计学专业研究生
第17章　吴煜朗，贵州财经大学2015级会计学专业研究生
第18章　雷淑然，贵州财经大学2015级会计学专业研究生
第19章　陈雯，贵州财经大学2015级会计学专业研究生
第20章　徐超，贵州财经大学2015级会计学专业研究生